人間の都市

マニラを鼓動させる
ジープニーとおっちゃん

西尾善太

花伝社

はじめに

「関西空港発→フィリピン・マニラ行」、5J827便、到着予定時刻は二三時四〇分。通い慣れた空路、窓側の席に座ってしまったのだから仕方ない、と思いながら外をみる。暗闇のなかでマニラの街がチカチカとちらちらと輝いていた。きっと電線や木陰の下から地上の光が漏れ出して、滑空する飛行機にその合間をみせてくれているのだ。チカチカ。そうして目が多くの光へと導かれていく、何千、何万という膨大な数の光の群れ、「有機交流電燈の一つの青い照明」がただ現われては消え、みえてはみえなくなり、その集合が巨大なエネルギーを発している。この瞬く光、その瞬きの強さと不安定さ、群れであり一つの光である有象無象が、私が捉えたかったものなのかもしれない。そんなことを心に描きながら一つの青い照明としてこの街に加わるのだった。

本書は、フィリピン・マニラ首都圏の交通インフラである小型路線バス・ジープニーとそれを運転し修理する労働者である「おっちゃんたち」についての話である。同時に、いまにも崩壊しそうなあやうい足場で、生きて、生存するだけでなく、そこに自己を刻もうともがく人々の話である。上空からみた光は、この地上で繰り広げられる苛烈な排除と疎外のなかでかれらが絶え間なく打ち続け、引き抜かれ、この街で生き続けるための営為が引き起こす熱から生じたものだ。だが、その熱を、光を放つ「かれら」とは誰だろうか。

非常にニッチな対象であるジープニーとおっちゃんたちについて一冊の本にすることにどんな社会的な価値や意義があるか訝しがる読者の方もいるかもしれない。それについて真面目な理由をあげることもできる。たとえば、現代社会を支える労働者の存在は、強固に不可視化されており、そうした存在を描き出す本書の試みは、日本や途上国都市のエッセンシャルワーカーと位置づけられる人々にも向けられていること。貧富の格差に特徴づけられるマニラ首都圏において考慮されない存在が社会を変えていく政治的経路を模索すること。あるいは、人と人とを結ぶ公共財としてのインフラから社会のあるべき姿を考えなおすこと、などである。

前記のもっともらしい理由は、本書のもととなったフィールドからの問いかけ、研究発表によって鍛えられた問いや議論を学術的に発展させたものだ。しかし、より根本的に本書の核となったような私の感覚はなんだったのかについて伝えておきたい。それはマニラという街への「愛おしさ」と呼ぶべきものであった。ただその感覚をかっちりとした言葉で説明するのは簡単ではない。それでも言葉にするならば、どこにでもいる労働者、ビジネスマン、政府の役人、ストリートチルドレン、そうしたカテゴリーからふるりとこぼれ落ちた別の顔を目の当たりにする経験から「愛おしさ」はきたのかもしれない。

ジープニーに描かれる様々なグラフィックには、それを所有するおっちゃんの夢や願望が込められている。ただの公共交通がまとっている過剰なまでの生の表現は、単なる機能としてだけではない生きることの熱を伝える。同じようにマニラ中で描かれては消されていく子どもたちの落書きも、私を捉え、そしてこの街へとひき寄せる強い力となっている。翌朝には消されてしまう／擦りきれてしまうチョークで引かれたその線は、その瞬間瞬間の楽しさや喜びを帯びている。ただ生きていること、ただ遊んでいること、ただ仲間と喜びを分かち合うこと、ただ疲れて家族のもとへ帰ること、その瞬間に時折こぼれ落ちた社会的仮面、その時にみせる横顔やはだけた柔さが私の胸を打ってきたのだと思う。

人間の生はとてもカラフルで活動的で一時的なものであり、燃焼することでまわりを照らし、灰となって沈殿していく。この燃焼と沈澱こそが私たちの足元を迫り上げ、沈んでいく世界を支えている。人間の燃えた灰が積もり積もって生じる都市は、もっとも人間的な場所なのである。

本書は、ジープニーとおっちゃんたちをとおして、働くこと、ケアすること、運動に参加すること、それらを描き出すことを目的とする。それぞれのトピックは、社会的な価値や意義のあるものだと私は信じている。なぜなら、私たちは、人間のモノ化、秩序への従属、社会的ペルソナの強要、選択と責任を個人に押し付ける圧力のなかを生きている。さきに述べた熱を帯びた生や人間の柔さへの愛おしさとは、そうした様々な力に抗することと不可分に結びつく。本書を通じて、摩擦や衝突を伴いながらも、生を楽しむこと、楽しめない時にも小さな喜びを手放さないことや見つけ出すこと、そうした感覚を読者の方々にも伝わるように描き出したいと思っている。

雨上がりの路面に街灯が反射する、タギッグ市

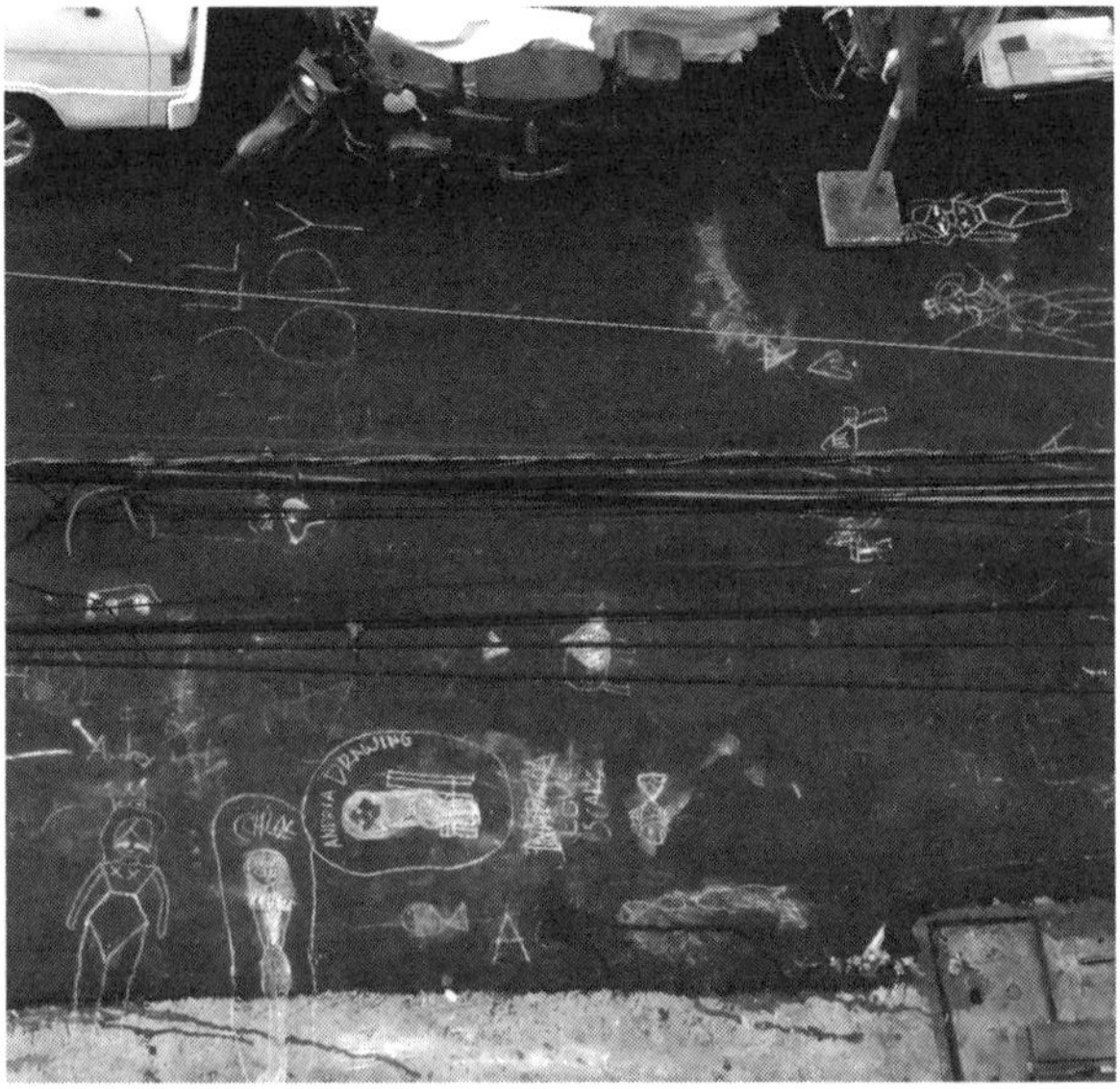

落書き、マカティ市

人間の都市――マニラを鼓動させるジープニーとおっちゃん◆目　次

第二部　ジープニーと生きる場を拓き、育む

第三部　否定された者たちのポリティクス

凡例
・英語は立体、タガログ語は斜体で表記した。
・出典は本文中に（　）で示した。
・二〇一九年時点では一ペソは約二・一円。
・出典のない写真は、筆者の撮影である。

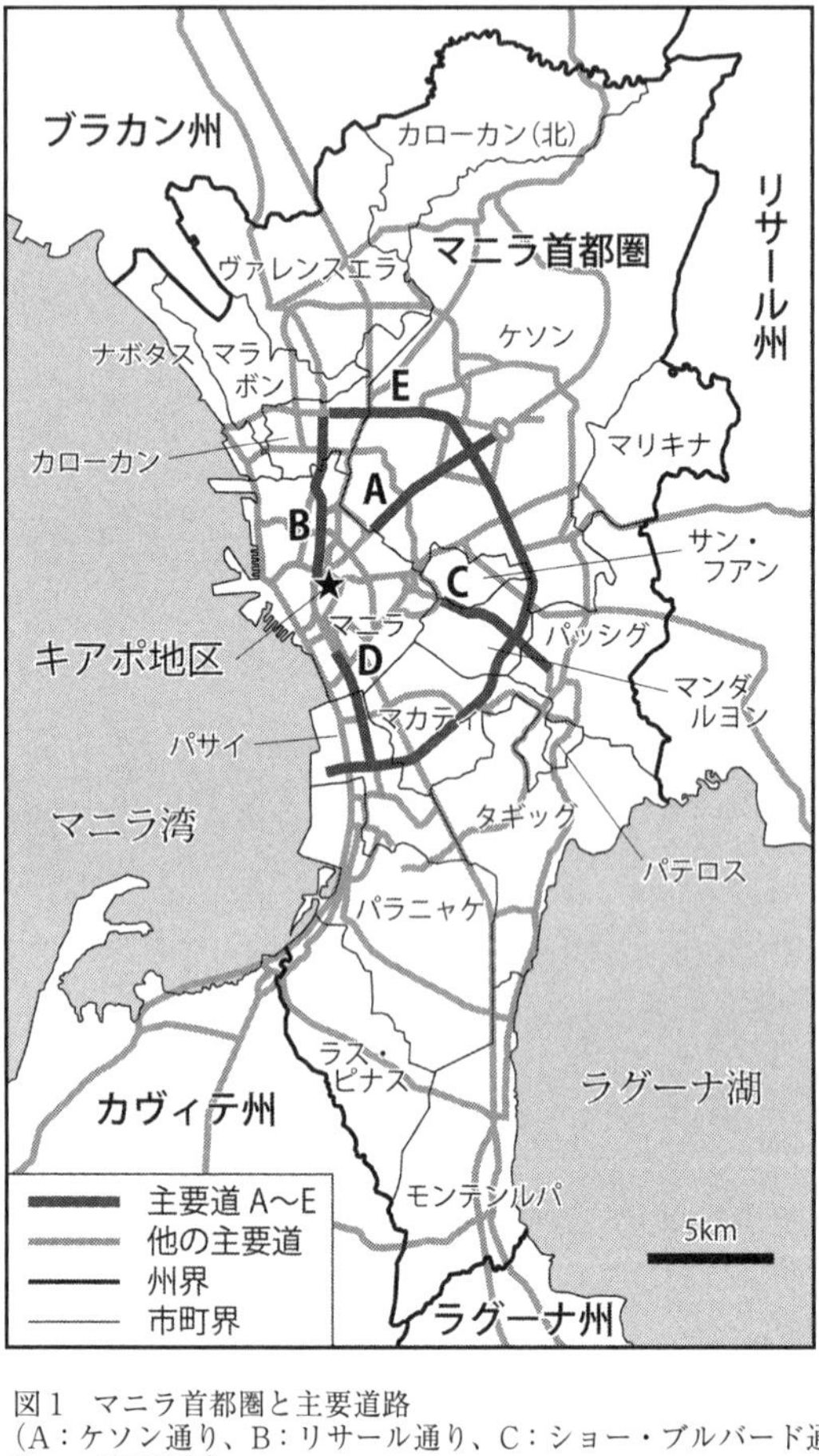

図1　マニラ首都圏と主要道路
（A：ケソン通り、B：リサール通り、C：ショー・ブルバード通り、D：タフト通り、E：エドサ通り）

序章　マニラの多現実性：苛烈な分断と過剰な接続

本書の目的は、フィリピン・マニラ首都圏の小型路線バスであるジープニーとそれに携わるおっちゃんたちから、人間が都市をつくり出す過程を描写することだ。[1] ジープニーとは、マニラのみならずフィリピン全土で利用される公共交通車両であり、その車両の起源は太平洋戦争で使用された軍用ジープにある。一九四五年の太平洋戦争の終幕はフィリピンにとって独立（一九四六年七月四日）への移行であり、不要となった軍用車両からつくられたジープニーの歴史は独立と発展の歩みと重なっている。人々の足となったジープニーは、フィリピン社会が活動するために不可欠な存在であり続けている。ジープニーについて深く掘り下げていくことは、これまでの都市理解に新しい視角をもたらすものである。

本書をつらぬくテーマは、都市形成における人間の創造的行為とプロセスへの視角を提示することにある。都市は、ある日突然、キノコのように自然に生えてくるものではない。人間の行為が都市をつくる。しかし、意外なことに人間が都市を創造する点を中心に据えた研究は限られている。その理由はおそらく以下のようなものだ。都市はあまりにも広く、グローバルなネットワークで結びついており、一つの属性に収まりきらない多様な人々が暮らしている。「人間が都市をつくる」と一言でいっても、都市をつくる創造力は特定の活動や一部の人々の行為からのみ考えられてしまう。たとえば、都市を理解する手立てとなるメジャーな活動は政治と経済である。首都は、国家を統治する政府機関が集中する場所であり、国境を越えた経済活動を指揮するビジネスの中心でもある。その場合、政治家、官僚、計画者や建築家、大規模な資本家が都市をつくる人々として注目されるだろう。研究者はそのような活動や一部の人間に着目することで、都市を理解する理論的視角を選択してきた。政治の視角を選べば、それは権力がかたちづくる都市となる。経済の視角を選べば、資本主義的な搾取や疎外の構造がつくり出す都市となる。

前者を権力がつくり出す都市、後者を資本主義がつくり出す都市とすれば、さきの一部の人間以外はそうした政治経済によって支配されたり、搾取されたりする対象になる。批判的な視角は、そうした権力構造と経済構造の強固さをみつめ、それらを主題として議論を展開する。たとえば、ミシェル・フーコーの「統治性」概念から影響を受けた議論は、権力が生それ自体をいかに管理するかを問い、そこからの人間の主体性の回復を訴えてきた。「疎外」に関するマルクス主義の議論は、資本主義が人間の創造力やエージェンシーをモノのように扱い、商品による社会の支配を喝破してきた。このような批判理論は、どちらもある構造やシステムが人間を非人間化する過程を暴き出す。しかし、それらが「主題-主体」(subject)となることで、議論される「対象-物」(object)として人間が置かれてしまう。そのため、構造からの解放を目指したプロジェクトは人間のエージェンシーを低く見積もるか等閑視する結果に陥ってしまうことが多い。そうしたアプローチだけでは、人間がいかに都市をつくっているかを論じることができない。エージェンシーをもたないモノのような人間理解からでは、

「いまの都市をどうつくり変えていくのか」というヴィジョンを確保できないのだ。

現代では、世界人口の半数以上に当たる四二億人が都市で生きている（UN 2019）。都市が世界の様々な活動を制御し、管理し、搾取する存在として、その地位と重要性を高めていくほどに、右記のような非人間化する都市像は支配的な理解として定着する。さきの統治性に関していえば、人々の心身に浸透して、生のあり方そのものに作用する権力が、数多くある都市を横断して理解する手立てとなる。経済構造からのまなざしは、国境を越える資本という拡大再生産する吸血鬼のようなモンスターの根城として都市を解釈するだろう。たしかに重要な批判であるが、それらをもつくり出しているのは人間ではないのだろうか。仮にそれらが神話の神々のような、あるいは自然現象のような存在であれば、人間は従うことしかできない。

「いまの都市をどうつくり変えていくのか」というヴィジョンの欠如を指摘したが、それに向かって考え抜くためには、どうつくり出してきたのかを始点としなければならない。なぜか。人間がつくり変えることができるのは、つくり出したものだけだからだ。本書のタイトルに付けられた「人間の都市」とは、ある時代の人間が都市をつくり、そして支え、時に支配し、だが、別の人間がその都市をつくり変え、支えていくという人間の営為を直視するための言葉である。貨幣や資本という吸血鬼モンスターも、それは人間が生の営みのなかで発明したものである。つくることにこだわること、それはデイヴィッド・グレーバーによる「世界の究極の、しかし隠された真実は、世界は私たちがつくるものであり、同じように違うものへとつくり変えることができる」という言葉を真剣に考え、前進させるものになるだろう（Graeber 2009: 514）。

こうした人間の都市へと私が惹きつけられたのは、研究者の道へ進むきっかけとなった出会いからすでにはじまっていたように思う。

二〇一一年一〇月九日、友人とマニラ湾沿いに位置するナボタス市を散歩した。日曜日なのに数百人以上だろうか、小学校に人が集まっていた。話を聞いてみると、一〇日ほど前の台風で被災した人たちだった。親切な老婆が私たちを彼女の家まで案内してくれた。入り組んだスラムを抜けて、ひらけた空間に出た。彼女は海上を指さして、ここに私たちの家があり、コミュニティがあったことを伝えた。数千を超える「杭」が海から突き出している。私がのうのうとマンションで寝ていた夜、この人たちはすべてを一夜にして失った。それから約一年間、留学中だった私は毎週のように通い、最後はスラムに住みながら避難所生活を続けるかれらを追いかけた。小学校から市内の屋根付きバスケットコートに移って数週間経たないうちに、かれらはその場所に小さな街をつくり出していた。政府の当てにならない給水車ではなく、近隣の住民と交渉して水と電気をインフォーマルに引き、被災世帯は小さな雑貨屋を避難所内部につくった。休日にはビンゴで金をかけてギャンブルをし、酒を飲み交わす。避難所の空間に浸るうちに、ようやく「あの杭」の上に何が在ったのかが私にも少し観えるようになった。私が目にしたのは、二千を超える家族が何十年ものあいだ突き刺し、打ち込み、何度も押し流され、それでも抗して立ち続けた人間の都市、それを「支えた杭」だった。あれほどの空間をつくり出してきた膨大な人間の営みとその熱量が、いまここ、避難所すらもつくり変えていた。

権力の視角からみれば、かれらは災害をきっかけにスラムの居住空間を追われ、統治の「対象」として囲い込まれていく存在だろう。資本の視角でみれば、この災害を契機に一気に進んだ海岸線沿いの開発から、惨事便乗型資本主義が人々を「対象」に排除するプロセスとして映る。私自身もそのような分析や考察をしたことがある。しかし、そうした視角や批判を展開するほどに、私が驚きをもって出会ったかれらの姿から遠のいていく感覚があった。その視角では、人間のもつ創造力を捉え損ねてしまう。人間の都市をみつめる視角は、さきの「杭」、避難所をつくり変えていく「人々の力」にしっかりと焦点を当て、そこを議論の始点としなければならない。本書においてその始点となるのが、戦争の荒廃からあざやかに飛び出してきたジープニーと、ジープニーを運行しケアし共に生きてきたおっちゃんたちなのである。

現代都市の絶望を批判し、同時に希望をつかむために

マニラから「人間の都市」を捉える本書は、私たちが生活する日本や先進国の都市にとっても重要な意義をもつ。なぜなら、マニラで暮らす人々が経験する民主主義の後退、マイノリティの排除、グローバリゼーションによる都市内部の格差は、私たちの暮らすこの場所でも経験される事柄だからである。

なかでも経済格差から生じる都市の分断は、劣悪な居住や労働環境へと特定の人々を追いやっている。スラム住民でなくとも、日本ではホームレスやネットカフェ難民と呼ばれる人々がそうだ。ふつ

うの生活がしたい、そう望む大多数の人々を相手にしない不動産開発は、そうした人々が何とか生活してきた場所を立ち退かせ、ピカピカなマンションや商業施設を建てる。公共インフラが真に誰にとってもアクセス可能でなければならないという理念すら揺らいでいる。理念と効率性(あるいは収益率)とが天秤にかけられ、後者へと傾く。たとえば、二〇一四年四月、ミシガン州フリント市は効率性のために上水道の水源を切り替え、人々は汚染された水を利用することになった。いのちの水は、子どもたちに鉛中毒やレジオネラ症を引き起こした。市の判断は、その地域が低所得層とアフリカ系アメリカ人が多くを占めていたからだった。都市を分断する論理が悲劇をもたらした。この悲劇は、新自由主義的都市政策というグローバル化する論理によっても後押しされている。効率性を名目とする公共サービスの民営化は、まず発展途上国の都市で実施された。その結果が先進国の都市に逆輸入されている。

一九九〇年代以降のグローバリゼーションは、国境を越える人、資本、情報の移動を活性化した。コンビニに行けば、東アジア、東南アジア、南アジア出身の労働者がレジを打っていることからもわかる。かれらの移動は国家間の協定によって管理されており、その管理から逃れた者は不法な存在として処罰される。だが、かれらにはそれを変えるための権利が与えられていない。労働する人間であっても政治に参加できる市民ではないのだ。否定された者たちはどうやったら社会を変え、経済構造を変える主体へとなることができるのだろうか。

右記の現代都市に通底する分断とグローバリゼーションは、本書の舞台となるマニラのリアリティを特徴づけるものだ。これらは、都市が人間の創造力を強固に抑圧する社会的現実を示すものである。

そうした抑圧と支配による非人間化からの解放は、どのように可能となるのか。さきに紹介した権力や資本主義として都市を論じる研究は、非人間化する力と構造を素描し、それを唾棄することを目的としてきた。しかし、「解放を目指したプロジェクトは人間のエージェンシーを低く見積もるか等閑視する結果に陥ってしまう」問題は指摘したとおりだ。その理由は、このような研究がいわば非人間化させる社会的現実をシリアスに考え抜く過程で、実際には存在している人間の創造的な行為を周縁（minor）に追いやってしまうことに由来する。本書はそれを問題だと考えている。いわば、絶望の都市がいかに絶望であるかを論じ続けるスタイルは、かすかな希望をもまるで無力で無価値なものとして捨ててしまう。

私たちは、絶望を直視し、希望を見つけるという二つのことを同時に行わなければならない。本書もそれに取り組むものだ。章題の「多現実性」（multi-realities）[2]とは、支配、疎外、排除、抑圧といった現実とともに人間の創造性を映し出す現実もあるのだという都市の多面性を示す言葉である。大きな絶望と小さな希望は同時に存在する。絶望が希望をその色に染め上げてしまえば、私たちは現在を変えて、未来をつくりなおすプロジェクトに手を付けることができない。本章が後述するマイナーな現実とは、メジャーな現実に介入し、希望の輝きを強めていくための視角なのだ。その取り組みは、理論的なアプローチというより、ジープニーとそれに携わる人々から具体的な事例をとおして描き出されるものである。ある特定の人々がどのように都市をつくってきたのか、その軌跡をつぶさに追いかけることは、マイナーな社会的現実をテキストの上でしっかりと存在させることとなる。

第1節　グレート・ディバイド

マニラと聞くと貧困やスラムといったイメージと結びつける人も多いかもしれない。それはマニラが抱える現実の一つである。しかし、実のところフィリピン経済は急激な速度で成長を遂げている。GDPの成長率は二〇一〇年から二〇一九年までの十年間で平均六・四%を記録し、平均年齢は二六歳ととても若く、日本の四七歳と比べると非常に多くの若者を抱えている。かつて「アジアの病人」といわれたフィリピンは、今日では安定した経済成長が期待される一国となっている。

マニラ首都圏は一六市と一町で構成されており、二〇二〇年時点の人口は約一三四八万人に達している[3]。多くの貧困層を抱え、経済的格差が存在しながらも、こうした成長を支える原動力となっているのは、海外フィリピン人労働者による絶え間ない送金とその流れである。この仕組みについて説明する必要がある。海外からフィリピンへの送金の総額はGDPの一〇%を占め、海外労働者も人口の一〇%に達する（JETRO 2019）。つまり一億人のうちの一〇〇〇万人がフィリピンの外にいる。世界有数の労働者送り出し国家であるフィリピンは、フィリピンの外と結びつくことで経済成長を続けているのである。海外就労という選択肢は、一九八〇年代に生じた経済危機のなかで国家政策として打ち出され、不況によって仕事がないフィリピンではなく外へ出て行って外貨を稼いでくることが奨励された。現在では一〇〇カ国以上に渡航し、かれらの送金額は二〇〇〇年と二〇　九年のあいだで六九・六億ドルから三三五億ドルへと劇的に伸び続けた。海外雇用庁という政府機関が海外の雇用需要を調べ、それに即した訓練や資格を提供することで労働者を送り出している。

海外に向かった人々は様々な方法でフィリピンに物資を、金を送り続ける。そうした金によって農村ではコンクリートの豪華な住宅が立ち、都市でもマンションや自家用車が飛ぶように売れる。きらびやかな高層ビルやマンションが立ち並ぶマニラの景観は、人と金の循環によってかたちづくられてきた。多くの労働者は一度海外に向かったらその後、何度もその動きを繰り返していく。たとえば、一度目の渡航では自宅を改装する資金を、二度目の渡航は子どもを良い私立学校に入れる学費を、三度目は兄弟の学費を工面するために、という風に。この流れは、マニラの景観を変え続け、またかれらを海外就労と消費の循環に晒し続ける。一四歳のスラム出身の子と高架鉄道に乗っていた時、彼は車窓から見える高層マンションを眺めて「いつかあの街に住むんだ」と口にした。大雨の度に洪水するスラムではなく、光り輝くあの街に住みたいという欲望は幼さを残す彼のなかにも宿っていた。

貧富の格差によって分断されながら、一方でグローバルにつながって成長を遂げる。この二つのマニラに対するパースペクティヴは、一つは強固に分断された都市、もう一つはグローバル資本主義に過剰に取り込まれた都市として整理することができる。まず、先行研究が二つの都市理解からいかにマニラを議論してきたのかを明確にした上で、ジープニーというマイナーな立場からアプローチする意義を明示する。このアプローチは、「あれか、これか」という一つを選択することではなく、「あれも、これも」という可能性を模索し手繰り寄せ、多現実としてのマニラに接近するためのものである。

フィリピン社会をつらぬき走る大分断の歴史

二つの都市像のうち、分断都市としてのマニラはフィリピン社会が経験した植民地支配と深くかかわっている。文学者キャロライン・ハウは、フィリピン社会を論じること、それ自体が大分断（great divide）の伝統に特徴づけられると指摘する。「フィリピンの文学的および知的伝統は、支配階級（*principalia*）と民衆（*tao*）、エリートと大衆、持てる者と持たざる者の間の大分断をめぐる論争によって形成」されてきた（Hau 2017: 128-29）。この大分断は、スペインによる植民地支配、それに抗するナショナリズムの高揚と独立運動、その失敗、アメリカによる新たな植民地支配というフィリピン社会の歴史的経験によってつくり出されたものだ。前者の「支配階級、エリート、持てる者」は、支配者の側に立っており、かれらの文化、精神、経済的富が西洋に由来すると位置づけられてきた。一方、後者の「民衆、大衆、持たざる者」は、被支配者の側に立っており、かれらの文化、精神、経済的困窮が植民地支配の圧政と搾取に抵抗しながら土着のフィリピン文化に根ざしていると位置づけられた。一九四六年にフィリピンが国家として独立を果たした後も、フィリピンとアメリカとのあいだで継続する経済的、政治的、文化的な従属関係は、新植民地主義と呼ばれている。

支配者と被支配者、主人と奴隷、そうした大分断は、個々の小説家、歴史家、研究者に対してどちらの立場に立つかを問いただし、「フィリピンの文学的および知的伝統」となった。とりわけ、一九世紀末のフィリピン独立運動をめぐる解釈では、この大分断が顕著にみられた。自分たちの国家を求める集合的行為を可能にした「我々フィリピン人」とは誰だったのかという問いは、この大分断をもっとも象徴するものである。たとえば、スペイン植民地支配とその腐敗を鋭く批判したホセ・リサールは、間違いなく独立運動に貢献した立役者の一人である。彼は裕福なメスティーソを出自とし、父方の親族は中国の福建省からの移民であった。また彼はヨーロッパへ留学し、最先端の西洋の知識を身につけたエリートでもあった。独立運動をリサールの出自や教育と結びつける場合、この「我々フィリピン人」意識は、エリートや西洋に由来するものになってしまうだろう。一方、独立運動の原動力をエリートではなく大衆に求める場合、植民地支配下にあったフィリピンにおいて独立革命を求める秘密結社カティプナンを組織したアンドレス・ボニファシオのような貧しく家柄も低い家庭に生まれた人物[4]に注目が集まる。誰が独立へと導いたのか。この問いは、「我々フィリピン人」は誰なのかという問いであり、そこでは教養と経済的富を持つ者と無学ながら独力で学んだ持たざる者のあいだで分断線が引かれている。

エリートによる独立運動は無学な大衆を教え導くことの正当性をつくり、大衆による独立運動はエリートに依らない土着性や文化から内在的に発生したことを強調する。両者は互いを否定しあいながら、それぞれが強固かつ主流のパースペクティヴとなった。独立運動は、エリートか大衆のどちらか一方だけで説明できるものではなく、両者が運動に関与し、それ以外の立場にある多様なアクターや主体も運動に参加していただろう。大分断が問題となるのは、それによってマイナーな視角や存在までどちらかに割り振ってしまうか、そもそも議論の俎上に上がることすらなくなることにある。大分断は、フィリピンの歴史をたった二つの現実へと切り詰め、異なった現実を不可視化してしまう。

キャロライン・ハウは、大分断の存在を認めつつ、「私たちの歴史は、離散と帰還、紆余曲折を繰り返し、タイミングを逃したりつかんだりしながら、比較に悩まされ、時代に遅れたり先んじたりしながら、敗北と失敗に何度も打ちのめされ、一致団結した行動の限界を何度も思い知らされながらも、耐久力と忍耐力によって支えられてきた民族の歴史」であると述べた（Hau 2017: 304-5）。彼女は、単なる引き裂かれではなく、両者の「解放のための闘争という共通の経験」を強調し、大衆は山へと篭って解放の可能性を模索し、エリートは海を渡って同じように、しかし別様な解放のための可能性を模索してきたのだと論じる。どちらかがフィリピンをつくり出したのではなく、どちらもがフィリピンをつくり出しているのだという彼女の主張はきわめて重要である。なぜなら共通する地点を探すことは、単一の歴史理解、唯一の語りに抗して研究者自身による別様な視角の模索を示すからである。

分断された都市

現代のマニラ首都圏は、市民と大衆、中間層と貧困層、高層マンションやゲーテッド・コミュニティとスラムというように、主体のカテゴリー、経済格差、居住空間の違いによって分断されている。分断は決して最近の現象ではなく、マニラが都市として誕生した時から継続するものである。こうした分断は、支配者であるスペイン人が住まう城壁都市、そのまわりで生活する原住民（大衆としてのフィリピン人）と華人といった植民地都市からはじまっていた。その詳細は第一章で論じるとして、ここで重要な点はスペイン植民地期（一五六五年～一八九八年）からはじまり、アメリカ植民地期（一八九八年～一九四六年）で強化され、現代でもみられる大分断の特徴である。政治学者・日下渉によれば、それは第一に言語、第二にメディア、第三に生活空間である（日下 2013）。

少数のスペイン人が統治するに過ぎなかったフィリピンでは、ラテンアメリカのスペイン植民地やオランダ領インドネシアと比較すると言語の統一が確立されなかった。これは言語的な分断をうむことになった。アメリカによる植民地支配への移行によって、制度として英語を用いた学校教育が導入され、英語（かつてはスペイン語）と土着語という言語上の分断が継続することとなる。

言語的な分断は、社会認知の基盤となるメディア（言語空間）をも分断する。アメリカ植民地期において、アメリカによる統治を支持する「擁護派」と独立を望む「反体制派」とに対立したことで、メディアの分断が生じた（同右：78）。体制を擁護するメディアは、スペイン語や英語が流通する教養ある市民に向けて、エリート、財界、教会、宗主国の価値観や信念を伝達するものであった。一方の体制に反対するメディアは、アメリカ植民地期には英語による「自由主義」「独立」「民主主義」といった言葉を用いて統治に抵抗していった。独立の達成後は、英語と土着語のメディアが対立するようになる。一九九〇年代に安価なタブロイド紙の出現により、「大衆の新聞」が発展した（同右：85）。

アメリカ植民地政府は、民主主義と近代化を広めることから統治の正当性を引き出したため、人種的分断の廃止を推し進めた。メスティーソ、華人、原住民は、アメリカ植民地支配において同じフィリピン人となった。この国民への統合過程は、英語教育の実施にうまく適応できる者、そうではない者という新たな分断を引き起こした。人種的区分は、教養の有無、言語能力の有無、経済的豊かさの違いとして再定位された。アメリカが導入した近代的都市計画も、公衆衛生といった包摂的政策によって原住民を伝染病の温床とみなしたため、分断を解消することはなかった。

歴史的に構築された分断は、一九四六年の独立後も維持されるだけではなく、現代のフィリピン人の間でより強固に定着している。マニラに限らず多くの植民地支配を経験した都市では、独立後においても不平等や階級的・人種的分断が継続していることが指摘されている。かつて植民地都市であったグローバルサウス都市では、こうした歪な構造を至る所で見出すことができる。支配者の言語と被支配者の言語、それぞれの言語がつくり出すメディア、支配者の居住空間と被支配者の居住空間の分断は、フィリピンの歴史において否定できない強力なリアリティとなってきたのである。

前記のようなマニラを分断から捉える視角は、現在のマニラを論じる研究にも引き継がれている。ここでは日下渉と社会学者マルコ・ガリドの著作を再検討することで、分断のリアリティがどのように導き出されているのかを概観する。

日下とガリドの両者は、二〇〇〇年代における大規模抗議活動であるピープルパワー2（二〇〇一年）とピープルパワー3（二〇〇六年）を市民と大衆の対立から論じた。日下は貧しい大衆の側から異なる公共圏のあいだでの言説と道徳の分断について、ガリドは市民であるミドルクラスの側からゲーテッド・コミュニティとスラムという空間の分断について論じる点において両者の視角は異なっている。

日下は、著書『反市民の政治学』において言語、メディア、生活空間の分断としてマニラを位置づけ、豊かで教養ある市民と貧しく無教養な大衆が知的・道徳的主導権をめぐる闘争を生じさせていると述べる（日下 2013）。一九八六年に道徳的ナショナリズムが高揚したことによってフィリピンは真の民主化を達成する。[5] 一九七二年に戒厳令を敷き開発独裁を行ったフェルディナンド・マルコス大統領に対する民衆による街頭の抗議活動は、ピープルパワーと呼ばれた。一九九八年の大統領選挙では、映画俳優として活躍したジョセフ・エストラダが貧困層の広い支持を得て政権を握った。しかし、エストラダによる汚職が明るみになるにつれ、ミドルクラスの市民を中心として路上での大規模な抗議活動（ピープルパワー２）がエストラダに対する弾劾を訴追し退陣へと追いやった。市民の活動は、汚職に塗れた政治家に奪われた民主主義を救う行為として正当化された。そのため、一九八六年に続くピープルパワー（人民）の力が現われた行為として語られたのだった。

一方で、貧しい大衆が支持する大統領の退陣に対して、その支持者たちはピープルパワー３を組織した。日下は、市民と大衆との分断、両者の異なる道徳感情にもとづく対立に原因があると論じた[6]。貧しい大衆にとって、自らを「貧者のためのエラップ」（*Erap Para sa Mahirap*）と名乗る映画スター、エストラダが大統領になることは、自分たちの尊厳に寄り添う政治が実現する可能性を感じさせる出来事だった。大衆は経済格差によって日々感じてきた自身の尊厳に対する傷、侮蔑の経験がエストラダによって承認へと向かう希望を見出していた。一方で、ミドルクラスの市民は、映画俳優として成り上がったエストラダを他の政治家と比べて無教養な大統領の出現とみなし、民主主義の廃退の象徴として捉えた。

貧しい大衆がエストラダを支持する抗議活動へと至った理由について、日下は、市民やエリートから侮蔑や嘲笑を向けられるエストラダの境遇に大衆が共感したためであると分析する。大衆は、エストラダが受けた扱いを自身の経験と重ね合わせたのである。ここで鍵となるのが、恥や侮蔑の経験と貧者としての階級意識に関する議論である。日下による階級意識の理解は、人類学者マイケル・ピンチェスの研究に依拠している。スラムに暮らす大衆は、日常生活において市民やエリートから様々な侮蔑を受けるという（Pinches 1992）。侮蔑の経験は、生存と尊厳を希求する「対抗的公共圏」と道徳的な基盤を提供する。ここでは、市民と大衆の分断がマニラ首都圏の政治的動向を可視化する概念として用いられている。

公共圏は政治を構成する根源的な領域の一つである。ユルゲン・ハーバーマスに代表される議論では、公共圏とは自由な市民が集まり、討論や議論を通じて公共の利益について合意を形成する場であり、理性的かつ対等なコミュニケーションを行うことで、民主主義的な意思決定を可能にする政治の基盤と位置づけられている。しかし、理性的かつ平等なコミュニケーションは、不平等と差別と格差につらぬかれる分断都市において不可能である。そのため、日下は貧しい大衆の用いる言説やコミュニケーションが流通する場を対抗的公共圏と呼び、ハーバーマス的な裕福さと教養に基礎づけられる市民的公共圏と区分する。彼は、大衆によって構成される対抗的公共圏についてハーバーマスの一元的な公共圏に批判的な介入を行ったナンシー・フレイザーの議論を参照している（Fraser 1990）。フレイザーは、異なる階級やジェンダー、民族、文化などによる権力差が現実には存在し、従属的な集団が主流の公共圏に対抗して自らの意見や経験を共有して社会的変革を求めるために独自の公共圏が生成されることを理論化した。日下は、市民と大衆の対立を二重公共圏として捉え、フィリピン政治を説明した。これは、フィリピンにおける知的伝統としての「大分断」を、現代の政治領域において再解釈し、位置づけなおす試みといえるだろう。

マルコ・ガリドは、著書『パッチワークシティ』において居住空間の差異から階級分断を論じている（Garrido 2019）。貧しい大衆の経験や言説を重視する日下とは対照的に、ガリドはミドルクラス[7]がいかに下層階級との差異化によってアイデンティティを構築するかに着目する。彼にとって空間的配置とは、単なる居住地の差異ではなく、居住者にスティグマを付与し、階級と階級意識をもった主体を生産するメカニズムであった（Wacquant 2008）。密接に織り交ざったパッチワークのように異なる居住空間が混在する様は、「社会階級間の関係を悪化させる」効果をもたらしている（Garrido 2019: 54）。[8] ゲーテッド・コミュニティにみられる物理的な壁は、周辺を取り囲むスラム住民に対するミドルクラスの警戒心の表出である。ここでの壁は、城壁都市と同じように窃盗や殺人を引き起こすおそれのある都市下層階級の悪影響から裕福な人々が身を守るための手段である。ゲーテッド・コミュニティの武装化された壁や門は、ミドルクラスと都市下層階級の居住を物理的に分ける力として働き、その分離がそれぞれのアイデンティティを形成する。マニラにおける分断線の構築は、今日まで続き、グローバル化の影響を受けた都市再開発がより一層根深いものにしている。彼は、この分断がマニラを二極化していき、二〇〇〇年代に生じた二つの大規模な抗議活動とはその結果として生じた象徴的な出来事であったと結論づけた。

日下とガリドは、マニラが西洋を模範とする市民社会と土着の道徳的共同性に根ざした大衆の社会という二つの社会によって分断されているとみなす。二人の共通する問題意識は、民主主義の後退である。日下は著書を締めくくるにあたり、「我々／彼ら」という味方と敵に分断し、両者のあいだでの善悪という道徳的対立がフィリピンの民主主義を隘路へと導いていると結論づけた。分断都市という社会的現実は、民主主義の回復困難な状況を捉えるものだろう。

しかし、前述のような市民と大衆、ミドルクラスと下層階級というわかりやすい概念は、マニラの多現実性を不可視化してしまう。人類学者ブリュノ・ラトゥールは、社会学的カテゴリーの抱える問題について、研究者による社会集団の選択・決定が社会現象に関する還元的な説明を可能にしてきたと指摘する。彼は「社会学者にとってまず問題となるのは、一つの特権的なグルーピングを決めることであるようだ」と主張した（ラトゥール 2019: 56）。

ラトゥールは、社会学者を含む研究者が特定のリアリティを安定化させる傾向を批判している。社会的現実を理解するアプローチは、一つではなく、いくつもありうるのである。ラトゥールの批判は、分断都市として一元化されるマニラを解きほぐすために有用な視角だろう。日下もガリドも、道徳的かつ空間的な分断とそれに準じる階級をグルーピングすることで、ある人物の語りや行為は、一様に分断を構成するどちらかを表象するものに回収される。すべてが分断を強化する材料となってしまう。研究とは多かれ少なかれそのような営為ではあるが、分断という二項対立的な視角がもたらす限界と弊害について意識することは重要である。なぜなら、善悪のような二項対立は決して調停し得ないからである。日下もその乗り越えを模索するが、自身の拠って立つ分断という視角が希望や可能性のほとんどを否定し押し流してしまった後であった。だからこそ、マイナーな現実性がマニラという都市を再考し希望を模索するためには必要なのである。

第2節　グローバル・コネクション

大分断の語り口だけではなく、グローバルネットワークに接続されたマニラという社会的現実も強い影響力をもっている。それは、どのように議論されてきたのだろうか。本節で取り上げるのは、文化理論家ネフェルティ・タディアーのグローバル化に関する研究と彼女にインスパイアされた研究群である。ポストモダニズムの論客として知られるフレドリック・ジェイムソンのもとで博士論文を執筆した彼女は、開発独裁からの解放がフィリピン社会をグローバル資本主義のもとに再配置したことの影響や帰結という側面からマニラを論じた研究者である（Tadiar 1996）。

一九九三年にタディアーが執筆した論文「マニラの新しい都市形式」は、サスキア・サッセンの『グローバルシティ』に対する第三世界都市からの応答とも読むことができる先見性に満ちていた（Tadiar 1993; Sassen 1991）。この論文は、一九八六年の民主化以後に出現した「フライオーバー」（高架式交差道）が飛び地のように存在する富裕層向けの空間を結びつけ、貧困層が生活する混沌とした計画外のマニラから切り離したと指摘する。フライオーバーは、単なる渋滞緩和のインフラではなく、グローバルなネットワークとフローによる新しい都市形式を象徴する物質であった。切り離された領域とは、日下やガリドが論じた貧しい大衆が暮らすマニラである。グローバルネットワークに接続されていくマニラについて、彼女は、富裕層の飛び地を「群島」、貧困層の生活するスラムを「海」と表現する。彼女の用いる比喩は、資本蓄積を行う安定した場所を所有する裕福な階級と、グローバルなネットワークによって労働力として抽出される不安定でまとまることができない下層階級という対比を示すものであった。彼女の議論において都市の分断は、グローバル資本のネットワークにそれぞれがいかに接続するのかを見定める役割を担った。

前記の論文は、グローバル化の影響や新自由主義的経済政策による都市の分断を論じる研究の嚆矢となった。先の論文を引用した地理学者スティーブン・グラハムとサイモン・マーヴィンによる『分裂するアーバナイゼーション』はグローバル都市論に大きな影響をもたらした（Graham and Marvin 2001）。かれらの定義によれば、都市とはインフラの集合体から形成され、そのインフラも金融資本、技術、ノウハウといった社会技術がネットワークによって接続された集合体である。新自由主義的都市開発の進展は、国営かつ中央集権的に管理された交通、通信、エネルギー、水道、道路といった公共インフラを民間セクターに委譲することで排他性を帯びる。グラハムとマーヴィンは、効率性を掲げるインフラの民営化が、貧者や社会的弱者をインフラネットワークから排除し、都市の分裂を引き起こし、公共性の喪失をもたらすというシナリオを描いた。

サスキア・サッセンのグローバルシティ論は、ニューヨーク、ロンドン、東京から世界を論じたものであった。それに対してタディアーの研究は、第三世界都市の側からグローバリゼーションとの出会いによって何が生じるのかを可視化するものである。二〇一〇年代のマニラの都市研究は、タディアーから直接・間接的な影響を強く受けている。グローバル資本の蓄積が第三世界都市の貧しい人々の居住空間や生活と切り離せないという視角は、ジェントリフィケーション、スラムの排除と再定住、ゲーテッド・コミュニティの増加、インフラの民営化など様々なテーマで共有されている（Shatkin 2008; Cheng 2014; Ortega 2016; Choi 2016; Alvarez 2019; Alvarez and Cardenas 2019）。

「インフラ人間」を培養し貯蔵し供給するマニラ

グローバル資本主義とマニラがネットワークによって接続されるという時代診断からさらに踏み込んだタディアーは、マニラがグローバルネットワークそのものになるという理解まで議論を深化させている。二〇一六年に書かれた「すべての場所が都市になる」（City Everywhere）は、フィリピンのすべての場所がこのネットワークに接続され、さらにフィリピン社会全体がグローバリゼーションを稼働する（しかし、もっとも搾取される）存在として位置づけた（Tadiar 2016; 2022）。彼女によれば、「フィリピンは、グローバル経済の再生産のために、労働力の製造、供給、仲介を行う最大の国の一つ」となった（Tadiar 2023: 137）。

一九九〇年代においてフライオーバーが富裕層の空間を結ぶことでグローバル資本とマニラを接続したが、二〇一〇年代の高速道路網とインターネット回線はフィリピン全土をグローバルネットワークに接続した。地理学者ニール・ブレナー（2024）が都市化を高密度空間から広範囲の事象として論じなおすことで惑星都市理論を提示したように、タディアーもグローバル資本主義による影響を富裕層の地域だけではなく、スラムも農村も漁村をも包摂したものとして拡張的に捉えた。社会の隅々にまで浸透するこのネットワークは、たとえば、余剰人口を配車アプリ Uber や Grab などのデジタルプラットフォームに接続し、柔軟で不安定な労働をつくり出し、グローバル資本主義による搾取構造を深化させる。この視角は、グローバル資本主義のネットワークがこれまで非資本主義的とされた共同性や生活領域のすべてを囲い込み、搾取可能な潜在領域に変容させていることを捉える（Dempsey and Pratt 2019）。

タディアーの一九九三年論文は、貧困層が生活するスラムを「海」と表現した。それは資本蓄積が不可能な不安定さを強調する言葉であった。しかし、二〇一六年論文では、そのニュアンスを維持しながらも、「余剰人口の貯蔵プール」へと表現を変更した（Tadiar 2016: 7）。スラムは、貧者が集合的かつインフォーマルにつくり出した非資本主義的な居住空間だけを意味するのではない。国家も資本も、スラムをインフォーマル経済の場として意図的に放置することで社会福祉や経済的な支援を最小限に抑えながら、自己増殖する人間の培養プールとして活用している。エリートやミドルクラスが暮らす「群島」とは、この「海」からの資源や生産物を享受することで成立しているのである。

タディアーは、マニラのスラムや農村といった非資本主義的な共同体が育んだ人間がグローバリゼーションを稼働させるために不可欠で使い捨て可能な資源となっていると主張する。こうしたグローバル資本主義の運動を円滑にするために働く人間を「インフラとしての人々」（people as infrastructure）と彼女は位置づける。いわば、インフラ人間たちは、先進国の家庭の家事手伝いからグローバル資本のロジスティクスまでを含むスケール横断的な都市の維持、運行、拡大に重要な資源である。たとえば、先進国の都市へと送り出された住み込みで働く家事労働者のフィリピン人女性は、主人の生活とモビリティを高める万能なロボット[9]であり、より社会的経済的価値がある（とされる）主人の生活をケアし再生産するための基盤を提供する存在である。インフラとは、本来、人間に用いられる言葉ではない。道路、橋、鉄道、電力網、インターネット、上下水道、病院といった公共的な価値をもつが、それ自体は価値増殖を行わない生産のための設備となる不変資本がインフラである。死んだ労働とも呼ばれる不変資本とは、過去に人が働いて生み出された価値が、人の手を離れ、独立した存在（たとえば、工場の機械や建物のように）となって、現在の生きた労働を支え可能にする「物」である[10]（Addie 2021）。タディアーは、生きながらにして生きていない（死んだ）設備の一部のように扱われる存在、その矛盾をインフラ人間として概念化したのであった。

インフラ人間という概念は、グローバリゼーションにおけるフィリピン人労働者の多様な職種のあいだに通底する役割を可視化する。人類学者ヨハンナ・マルクラは、グローバリゼーションの言葉で表現されている円滑な人・モノ・情報・資本の移動性が実際には魔法のようなものではなく、それらを動かす労働者の存在に目を向けるよう促している（Markkula 2021）。世界全体の海運業の約一三％（約二一・五万人）を占めるフィリピン人船員は、世界の海運業に、ひいてはグローバル資本主義のロジスティクスに不可欠なインフラ人間である[11]（Bello 2022: 805）。人類学者ケイル・ファハルドによれば、絶え間ないグローバルなモビリティのために、船員は海上での過酷な業務に携わるだけでなく、自身の感情をも押さえ込み、管理することが求められる（Fajardo 2011）。不可欠でありながら完全に機械化することもできない業務内容は、フィリピン人労働者に適切な感情管理を要請する。食事や掃除といった船内の再生産労働やケア労働に従事するかれらは、上司であるノルウェー人労働者に快適な環境を提供しなければならない。グローバルな物流が途切れることなく円滑であり続けるためには、設備の一部でありながら人間でもあるかれらの存在が摩擦やトラブルを軽減させる潤滑油として欠かせないのである。同時に、設備であるために、それが耐久年数を超え「故障」して使えなくなってしまったら、新しい物（インフラ人間）に交換し、古い物は廃棄される。

　海運業のようなグローバルネットワークだけでなく、近年ではインターネットにおけるインフラ人間の需要も高まっている。世界中からビジネスアウトソーシングを受注するハブとなったマニラでは、ルーティン的なメンテナンス業務（テープ起こし、データ入力、顧客サービス、クレーム対応など）を受けもつことで北側の国々で行われる高度でクリエイティヴな認知的業務を支える基盤となった。

たとえば、Facebookなどのソーシャルメディアは、そのコミュニケーション空間を健全な状態に保ち続けるために掃除人を必要とする(Marte-Wood and Santos 2021)。ハンス・ブロックとモーリッツ・リーゼヴィークが制作したドキュメンタリー『ソーシャルメディアの〝掃除屋〟たち』(二〇一九年)は、マニラのコンテンツモデレーター(SNSの投稿の監視員)が有害なコンテンツ(児童ポルノ、暴行、自殺の記録映像など)を一日何百、何千と見続け、それを削除するのか、承認するのかを心ある機械のように遂行する様を描写する。機械のように淡々と、投稿された画像や映像の「削除と承認」の判断[12]を繰り返すが、他者を傷つける可能性に対してつねに人間性にもとづいた配慮をし続けなければならない。この業務は他の誰かが不意に負うかもしれない心理的損傷を事前にスクリーニングすることである。しかし、この業務の累積は、モデレーターの心身を蝕み続け、自殺者まで出ている。かれらは誰かが傷つかないように傷つく存在ともいえる。三〇億人が利用するともいわれるソーシャルメディアの清掃は、プラットフォームの機能の一部でありながらも人間性をもつ存在を必要とする。

家事労働者、船員、コンテンツモデレーターといった例に共通するインフラ人間の性質とは、媒介(mediation)する能力である。この能力は、異なる存在同士を結びつけるコミュニケーションの回路を模索し、生じうる摩擦を低減させ、創造的な活動を可能にする。媒介する力は、スラムでの住宅建設や、異なる出自や言語を持つ人々が協力して居住空間を創出することを可能にしたものであった。こうした能力は、人間が協働して生を育んでいくためにつねに必要であり、すべての資本蓄積にとっても不可欠なものである。タディアーは、この媒介の能力が現在のグローバル資本主義にとって最良の燃料であり、その生産場所がマニラだと主張している。グローバル化による過剰な接続から見出されるマニラの社会的現実はとても重たい。

第3節　ジープニーからみえるマニラのマイナーな現実

ここまで本章は、マニラをめぐる二つのメジャーな議論を整理してきた。フィリピンの知的伝統を引き受ける分断都市としてのマニラ像は、民主主義の困難、公共圏のあいだでの対立、居住空間の分離としての現実を可視化してきた。一方で、グローバルネットワークへの過剰な接続として論じられるマニラ像は、都市における分断自体を否定するものではなく、この分断がグローバル資本主義をいかに加速していくのかを可視化してきた。両者のマニラ像は、対立するものというより相補的関係であり、分断都市における貧しさは、グローバル都市として成長するマニラにとって必要な資源として活用されるものであった。両者を合わせると、歴史的かつ政治的に分断され、現代においてグローバルに囲い込まれ搾取される都市がマニラといえるだろうか。

本書は、この二つのマニラ像が提示する現実を否定するものではない。しかし、これらが支配的な議論となることに対して、ジープニーの事例から批判的な介入を試みたいと考えている。とりわけ、両者は、マニラの現実をあまりにも強く描き出しているため、異なる現実の提示を非常に困難にしている。

では、ジープニーとおっちゃんたちの立場からは、どのようなマニラの現実を可視化することができるのだろうか。この立場からマニラをみることで、二つのメジャーな議論を再検討する。

分断の呪縛を解きほぐす

日下とガリドが描いた分断の現実は、両者が二〇〇〇年代の二つの大規模な抗議活動を分析対象としたためにより強固なものとなった。それぞれの抗議活動をみていけば、ピープルパワー2はミドルクラスの市民を中心とし、ピープルパワー3は貧しい大衆によって構成されていた。政治哲学者カール・シュミットの友敵関係が説明するように、異なる集団間の区別と分断が政治の本質であるとすれば、大統領という一つの席に誰を座らせ、誰を座らせるべきでないかという椅子取りゲームが二つの抗議活動であった。しかし、政治とはそのようなものだけなのだろうか。

両者とも、二重公共圏や差異の政治を引き合いに出しながら、民主主義が後退する隘路を論じた。しかし、分断の社会的現実を前景化する両者にはそれぞれ問題点がある。まず日下については、公共圏の概念がもつ意義を取り違えている。日下は分析のために複数の公共圏を設定することで、貧しい大衆が独立した一つの公共圏に属すると想定した。しかし、この公共圏内部には差異がなく、市民の公共圏内部にも差異がない。すべての人々が貧困層や大衆として声を上げる。異なる意見や立場を可視化するものでなければ、この公共圏は何が現われる場なのか。本書は、公共圏という概念が依然として重要であることを日下から引き継いでいるが、それは二つにクリアに分断されるわけではなく、単一のアイデンティティやカテゴリーによって固定されるものでもないと考えている。第七章で詳述するように、もし大衆やインフォーマルな労働者といった従属集団が対抗的公共圏のような言説空間を安定して保持するのであれば、なぜストライキやデモは繰り返し行われるのだろうか。なぜミドルクラスもデモに参加するのだろうか。

公共圏とは、異なる立場、異なる経験、異なる要望をもつ人々が社会に対して現われて、その存在を社会に向けて発する場である。経済的な理由で貧者とされる人々のなかにも、ジェンダー、エスニシティ、セクシュアリティ、宗教といった様々な差異を抱えているはずだ。であれば、日下のいう大衆的公共圏には、そうした経済的弱者のなかでも抑圧される経験と声で満ちていなければならない。公共圏とはそういうものだ。だが、日下の公共圏には、彼が選択したグルーピング、つまり貧困層として話をする人々しかいない。公共圏は差異が現われる場であり、分断したグループにそれぞれ個別の公共圏を与えることは、単に声を単一化する学術的な結果をもたらすだけだ。当然だが、現われることは市民社会や教会などの抑圧や規範による反発を受ける。公共圏を分割してしまえば、この現われることの困難、現われることの意義自体が霧散する。その上で、政治の概念をカール・シュミットのような狭い範囲に限定するならば、研究者の仕事は椅子取りゲームが終わった後の解説役に終始する。そうではなく、公共圏や公共性の政治とは、その比喩となることも多い「テーブルを囲むこと」に対し、「自分の席がないな!」といいながら、自分の椅子を持ち込み、割り込ませ、そのテーブルに加わることで政治のコミュニケーション自体を変えていくことである。

次にガリドの論じるマニラは、空間の分断をとりわけ強調するものであった。ゲーテッド・コミュニティの象徴的な壁や門は、スラムに暮らす貧困層を排除し都市を分断する。パッチワークとしてイメージされ、異なる布地が緊密に縫い合わされた空間としてのマニラである。上空から地図を眺めるように、マニラを空間的配置として理解すれば分断されている(写真・一九頁)。彼がパッチワークとして概念化するマニラは、距離的な近接性を特徴とする。だが、パッチワークとは、異なった柄の布同士が「糸」で縫い合わされることだ。糸のように都市を一枚の布へと結んでいるものが何なのかをガリドは論じられなかった。ある柄と違う柄のあいだにコントラストがあり、それが反発していることに気を取られていた。

対立、排除、差別、不平等は、人々が異なる都市に住んでいることを意味するわけではない。搾取や分断とは、交流の欠如を意味するのではなく、特定の交流が一方的に行われる、抽出される状況や関係を指している。決して友愛的な関係ではないが、両者のあいだの交流をみなかったことにすると、劣位に置かれた存在や対立を嘆くばかりで、その人たちがもっているエージェンシーや創造力を不可視化することになる。都市が動き続けているのは、ジープニーのような存在が都市の経済活動に不可欠なサービスを提供しているからである。少なくとも、ミドルクラスを都市に結びつけているのは、ジープニーや家事労働者によるものではないのだろうか。ミドルクラスやエリートはジープニーに乗るかもしれないし、乗らないかもしれない。しかし、そこだけで判断すれば重要な点を取り逃がす。なぜなら、かれらが乗らなくても、かれらが経営する会社の労働者や自宅を清掃する家事労働者には必要なものである。その人たちなくして、かれらのビジネスと生活は成立するのだろうか。本書の第一部では、こうした公共サービスとしてのジープニーの歴史を明らかにすることで、ガリドの議論では捉えきれなかった階級分断とは異なるマニラの歴史が描き出される。

富裕層と貧困層、市民と大衆、資本家と労働者のように異なる立場に割り振られていたとしても、同じ一つの都市で生きている以上、それはある共生のかたちである。共生とは、理念ではなく状況だ。マニラの都市で共に生きてしまっていることを認めなければ、どのようにより望ましい場所へとマニラを変えていくのか、いかなる政治を求めていくのかについても話し合うことはできない。ジープニーのおっちゃんたちは、分断都市をつくり出す一要素でもあり、しかし、分断できない公共サービスの担い手でもある。個別の利益を求めて都市で競争し疾走しながらも、かれらの集合的な営みがマニラの公共交通であった。分断都市へと縮約された現実に対して、ジープニーからみたマニラを描く本書は、マイナーながらもよりニュアンスに富んだ現実を投げかけるものである。

状況に身を置いて知識をつくる

タディアーが可視化したマニラの現実はとても暗い絶望である。私もそうしたインフラ人間となったフィリピン人労働者に接したことがある。経済連携協定プログラムのフィリピン人に介護福祉国家試験の勉強を教えていた時のことだ。日本とフィリピンのあいだで結ばれた経済連携協定プログラムは、日本の自動車メーカーが海外進出するための基盤を提供し、フィリピンがケアワーカーを輸出する基盤となっている。日本の自動車とフィリピンの労働者が交換される。フィリピンが介護福祉国家試験を教えることは、公助、共助、自助という日本のケア区分、自律性や自発性を根幹に置く日本の介護看護の方針を何度も唱えなおさせ、日本の社会福祉制度が求める人材へとかれらを加工するプロセスでもあった。

第四章で論じるように、ジープニーのおっちゃんたちをインフラ人間のプロトタイプとしてみることも可能である。車両としてのジープニーは非常に脆弱であるため様々なケアを施すことでしか走り続けることができない。おっちゃんたちは、ジープニーに対して親身になり、まるでジープニーの一部であるかのようにメンテナンスを行う。資本主義は、非資本主義的でインフォーマルな活動を利用することでその運動を継続する。かれらは、フォーマルな雇用契約や社会福祉の制度に守られていないため、風邪をひいても解熱剤を飲んで運転し続け、過労や心筋梗塞で時折亡くなる。そのがむしゃらな働き方は、マニラの資本主義経済を支える潤滑油であった。

だが、人間はモノではないし、インフラでもない。人間がつくるものがインフラである。タディアーの論じるインフラ人間の貯蔵庫としてのマニラは、資本主義の論理が人間を扱う視角、その視角と同一化した時にはじめて観えてくる。彼女は資本の運動がすべての事柄を不可抗力的に決定すると考えているわけではない。他の著作では、それがジェンダー、セクシュアリティ、レイシズムといった別の論理と交わっていることを論じている（Tadiar 2004）。それでも、彼女のパースペクティヴに問題がないわけではない。彼女は、資本主義の視角に同一化することで、資本がいかに人間を非人間的に扱うのかを炙り出す。この場合、ではどのようにインフラ人間を生み出さない社会へとつくり変えていくことができるのか、そのための政治はどのような方法があるのかを問うことができなくなってしまう。

タディアーの議論は、マニラやフィリピンがいかにグローバルな状況での搾取構造に置かれているかを様々な角度から緻密に検討する特徴をもつ。それは非常に強力なパースペクティヴを生み出し、私たちが見ている表層ではなく、深層にどんな構造やネットワークが存在するかを観えるようにする。たとえば、彼女は現代の家事労働者がどのようにサバルタンになるのかを論じる。インフラ人間とは、人間でありながらも一人前の人間の発言として受け止められることのない現代のサバルタンである。

人間でありながらも機械の一部のように扱われるインフラ人間は、政治に参加可能な主体の範囲に存在しないため、自らを表現することはできないことになる。そしてタディアーは、いかに資本主義、ジェンダー、レイシズムの構造がそうしたサバルタンの状況に人間を配置するかを徹底して批判的に検討する。検討を行うことで、サバルタンもインフラ人間もいかに語ることも話すこともできないかが繰り返し確認される。この操作は、インフラ人間からエージェンシーを剥奪する。むしろ、声をもってしまえば、その人はサバルタンではないからだ。

サバルタンとは、みえにくい権力を立体的に捉えるために置かれた理論的な存在であり、この権力の磁場を前景化するためにに永遠に後退し続ける。つまりサバルタンは、権力の作用を測るための物差しにすぎず、目的は権力を描き出すことに向かっている。ここに危険な罠がある。タディアーは批判的ではある。だが、その批判は必ずしもインフラ人間やサバルタン的状況に置かれた人々に向けた知識を生産することにはならない。ただひたすら権力と資本に宿った強力な磁場をマッピングするだけだ。それではクリティークのフェティッシュ化に陥ってしまう。生きている人間のフィールドに身を置くことで、先鋭化する批判理論を再び状況に根ざしたものとして生き返らせることが必要である。[13]

ジープニーというマイナーな立場は、マイナーではあるが、具体的な状況からタディアーのクリティークを補完するものになるだろう。本書の第五章では、ジープニーのおっちゃんたちの個別の人生にアプローチしている。理論的存在としてのサバルタンと同じく、おっちゃんたちの声もなかなか聞き取られることはない。フィールドワークを行うことは、状況に参与し、身を置くことで聞き取りにくい声を聞くことでもある。それを描き記すことは、マイナーとされた声をテキストの世界に残し、聞き取れる声の範囲を少しでも広げることに貢献するものである。

さらに、タディアーがインフラ人間の培養プールとみなしたスラムや貧困層の世界に対しても、ジープニーの状況に身を置くことでよりニュアンスをもった理解を提示できるだろう。第三章と第四章は、おっちゃんたちが共に生きる場をどのようにつくり出してきたのかを描写している。タディアーの視角からすれば、それは非資本主義的領域で再生産される潜在的なインフラ人間なのかもしれない。しかし、単に非資本主義的だと資本主義との関係だけで議論を閉じるのではなく、おっちゃんたちの生のあり方からかれらの文化の様式や人間像をつかむことはとても重要なはずである。この試みは、かれらの文化や人間のあり方からいまの経済構造を考えなおすとともに、かれらが交通インフラをつくってきたように、この社会をつくり変えていくためのパースペクティヴを得ることにつながる。マイナーな視角、マイナーなマニラの現実を観ることは、現在のメジャーな現実の見方を批判するだけではなく、社会のヴィジョンを再創造するための始点へと転じうるのである。

ここまでメジャーな二つのマニラ像に対して新しいマニラ像に向けて走り出すことの重要性を提示した。その新しいマニラ像とは、一つの公共圏、一つの都市としてマニラを考えることだ。一つとして捉えることは、単一的な社会的現実に切り詰めるもののように思えるかもしれないが、そうではなく、対立と協働、つながりと裏切り、そうしたつねに異なる創造性と希望が存在することへ私たちの視野を拓くものになる。それはいわば明るいニヒリズム的態度である。暗い世の中でもつねに明るさを探し、それを信じる態度といってもいいだろう。

第4節　本書のスタイルと展開

本書のスタイルは、民族誌的記述を説明する際に持ち出されるクリフォード・ギアツの「厚い記述」、つまり状況をまったく知らない読者にもフィールドの人々の行為がよく理解できるように、行為そのものだけではなく文脈を含めた記述を心がけている（ギアツ 1987）。しかし、本書は、単に「厚い記述」というより「暑苦しい記述」を目指した。熱と湿気を帯びてまとわりつくマニラという都市の空気とジープニーのおっちゃんたちの生を大切にし、適切に表現するためである。こうした記述となったのは、著者である私のパーソナリティに寄るところも大きいが、私のパーソナリティと記述をこのようにつくり変えたのはマニラでの数々の経験だった。たとえば、ある年の一月頃、読みかけのドフトエフスキーの小説『カラマーゾフの兄弟』をカバンに入れて、マニラに向かった。ロシアで書かれたドフトエフスキーの文章は、それが日本語に訳されたとしても凍てつく飄々とした記述につらぬかれている。「上巻読むのに四ヶ月。一気に二日で中下巻！」と帯にあるように、吹き荒ぶ風の冷たさが痛みに変わっていく下巻の半分をマニラで開く。ツーっと額の汗が鼻の先へと集まり、ポトリと文庫本に落ちる。文章には暑さや冷たさがあり、それを読む者の身体にもそれぞれの文脈がある。読者のあなたがどういった環境で本書を手に取っているか、私は知ることはできない。けれど、マニラの空気と湿度、そして汗とオイルとに塗れたおっちゃんたちが暑苦しいことをぜひ頭に入れておいていただければ、本書をより楽しむことができる。

右記に関連して本書で用いる「おっちゃん」という呼称[14]は、労働者でありながらも雇用契約や正規の社会保障のないインフォーマル経済で働き、またジープニーの運行において車両の所有者であるオペレーターとドライバーという立場の違いなどを鑑みたことに由来する。通常の意味での労働者といえば、生産手段をもたず労働力を資本家に売却する主体である。だが、オペレーターはジープニーという生産手段を所有し、ドライバーはその生産手段である車両を一時的にレンタルして運行する。そこで発生する売上は、ドライバーのものとなり、定額が賃貸料として持ち主のオペレーターに支払われる。そのため、かれらの関係は、剰余価値を絞り上げる資本家と労働者のそれとはまったく異なっている。とくに第四章で論じる車両のケアに際しては、共に仕事をし、共に酒を飲む仲間（*kasama*）である。つまるところ、ジープニーを運行するかれらを学術的概念や用語に完全に当てはめようとすると、かれらの関係性の核となるような要素や雰囲気を削いでしまう。そこで、生活世界に根ざしたかれらの生き方や雰囲気を日本語でどのように表現するか思案した結果、私が日本の友人にどういう人たちとフィールドで一緒にいるかを説明する時に意識せず用いていた「おっちゃん」を使用することにした。ただ本書は、状況に応じて労働者、ドライバー、オペレーターといった使い分けもしている。それはおっちゃんという言葉だけでは、学術的な分析や考察が円滑に進まないこともあるためである。色々と考えた上で、日本語でも愛嬌を帯びる「おっちゃん」という言葉はこれ以上にないくらいかれらにピッタリだからというのが主たる理由である。

もう一つのスタイルは写真の使い方である。本書は一般的な研究書よりも豊富な写真を掲載している。しかし、すべての写真を同じ比重で用いているわけではない。写真に対するキャプションも、比重の軽いものは写真のすぐ下に入れており、比重が重いものは各章の後ろにまとめて載せている。とくに後者については、写真に映し出されているその人、その光景をしっかりと見てもらう意図のもと、あえて写真とキャプションを切り離した。キャプションは、その写真の文脈を言葉で説明する役割を担う。しかし、同時にそれは、文章とは異なった表現媒体である写真が文章の説明として用いられてしまうことにもなりうる。アートの展示に行ってタイトルと説明だけを読み、作品をしっかりと見ないままわかった気になる時などを思い浮かべてくれればいい。写真は異なったメディアであり、文章では表わすことができない存在を表現するものだ。文章に従属するものではない。とくに本書は人類学的調査の成果物に対する呼称である「民族誌」的な読み物であるが、同時に「フォトン-グラフィック」なものを目指した。Photography の語源は、光（*photon*）で描く（*graphy*）、あるいは光を描くことである。本書の調査を導いていったのは、「ある」光景や「あの」瞬間であった。さきにそれらとの圧倒される出会いがあって、文章はその光景に追いつくために、理解可能な言語の世界へと翻訳するために求められることも多々あったからである。つまり、写真に映る人と光景も楽しんでほしいということである。

これからの本書の展開について紹介しよう。

第一部「ジープニーが語るマニラ」は、アメリカ植民地期に構築された近代都市が市街戦によって荒廃し、その灰のなかから生まれてきたジープニーが戦後マニラを覆う交通に成長する過程を描くものだ。マニラにおける歴史記述や分析がアメリカ植民地期とフェルディナンド・マルコスの開発独裁期に集中してきたのに対して、ジープニーはあいだを結ぶ連続性からマニラを物語る存在である。第二章からジープニーの記述がはじまるが、読者の方々にはぜひ第一章の植民地期の都市計画やジープニーの叔父さんのようなコチェロたちについても知ってほしい。

第二部「ジープニーと生きる場を拓き、育む」では、ジープニーと一緒に生きていくおっちゃんたちのライフへと分け入っていく。本書が暑苦しい記述となっていくのは主にこのおっちゃんたちの愉快さ、優しさ、激しさに由来する。第三章ではマニラの流れをつくり出すおっちゃんたちによるジープニーの激しい運転が、かれらの生への希求とどのように結びついているのかを明らかにする。第四章では、そうして互いに競い合うおっちゃんたちが、競いながらも共に生きていくためにジープニーをケアし、ケアすることでつながりが生まれて居場所へと転じていく過程を論じる。第五章は、ジープニーの最大の特徴である車体の千差万別なグラフィックを事例にして、サバルタンや大衆といったカテゴリーでは見えてこない、かれらの生のカラフルさへ歩み寄っていく。

第三部「否定された者たちのポリティクス」では、二〇一七年に開始した公共交通車両近代化事業がジープニーを廃止する政策に対して、おっちゃんたちが抵抗してストライキへと至る過程、パンデミックによって困窮を経験しつつもふたたび息を吹き返すまでを論じている。第六章では、ドゥテルテ政権が近代の建設に向けてジープニーを不要なスクラップにしていく力学を焦点化する。この近代化事業は、フィリピン全土のインフラ開発事業の一部として計画され、おっちゃんたちは近代化する国家にふさわしくない存在、不要なスクラップとして否定された。第七章では、こうして否定された者たちがどのように公共圏へと現われるのかを問う。否定された者たちは、役所に出向いただけでは絶対に話を聞いてもらうことはできない。そのため、自身を否定する者たちが牛耳る公の都市空間や場所で現われるために、「現われ」の底でもがき、つながるために努力する。この章ではそうした人々の生を観ることになるだろう。第八章では、パンデミックがマニラを襲い、政府が敷いたロックダウンによっておっちゃんたちがボロボロと崩れていったことが示される。都市の流れとともに生きるかれらは、パンデミック対策として流れを止められ、干上がった川の魚のようになった。ストライキに奔走していた友人は「二度と立ち上がることができない」と絶望を口にした。第九章では、そんなおっちゃんたちとジープニーが死にゆくのに待ったをかけた媒介者たちに話が広がる。とくにジープニーを日々利用してきた「通勤者」たちがジープニーの廃止に反対し、政府による偽物の近代化ではない「真の近代化」を求めていった。ジープニーと共に、そして生を育みケアする都市に向けてマニラをつくり変えていく、つくり変わっていく可能性が拓かれる。

終章では、本書を通じてジープニーとおっちゃんたちに教えてもらった知見から「人間の都市」という言葉に込められた意味を提示する。この言葉の核心は都市を単なる物質的な存在として理解する平板な理解を喝破し、人間を都市として、都市を人間としてみる新たな都市像に向けられている。

本書で用いるデータは、二〇一六年七月～八月、二〇一七年一月～三月、八月～二〇一八年三月、二〇一八年八月～二〇一九年三月、二〇一九年八月～二〇二〇年二月、二〇二二年八月、二〇二三年一月～二月、二〇二三年九月、二〇二四年三月の計二年四ヶ月間に、マニラ首都圏ケソン市、マニラ市、タギッグ市に滞在して収集したものである。

このうち、二〇一六年と二〇一七年一月から三月の調査は、ケソン市に滞在し、交通政策に携わるフィリピン運輸省、陸上交通許認可規制委員会、交通協同組合室、マニラ首都圏開発局のインタビュー調査を行っている。二〇一八年八月～一二月にかけてジープニーセクターの主要な政治組織へのインタビュー調査を行った。二〇一九年一月から二〇二〇年三月にかけて、タギッグ市のジープニー路線組合で参加観察を用いたフィールドワークを実施した。

文献資料に関しては、フィリピン大学図書館、アテネオ大学図書館、ロペス図書館、フィリピン大学交通研究センターに収められている資料を利用した。また近年の交通政策に関する行政資料については、運輸省、陸上交通許認可規制委員会、ジープニーの路線組合と政治組織から入手した。

パンデミックの渡航規制が解かれてから二〇二二年八月、二〇二三年一～二月、二〇二三年九月、二〇二四年三月では、タギッグ市の路線組合でのフィールドワークを継続しながら新しいジープニーの政治組織や通勤者を中心とする団体 Move As One Coalition へのインタビュー調査を行った。

写真
一九頁上　マニラ首都圏ナボタス市ダンハーリ地区の被災
一九頁下　タギッグ市内にも富裕層の街（奥）と貧困層の街（手前）がある

注
1　本書が「おっちゃん」という呼称を用いる理由については序章四九頁を参照。
2　多現実性という言葉は、社会学者ガッサン・ハージから借用している（ハージ 2022: 122-24, 331-32）。多現実性を言い換えた「レンティキュラー状の現実性」については *The Diasporic Condition* を参照（Hage 2021）。たとえば、見る角度によって絵が変わる「レンティキュラー印刷」というものがある。この印刷技術では、異なる角度から見ると、複数の異なる絵が一枚のカードから現われてくる。多現実性とは、社会内の「立場」によって「現実」がつねに屈折させられて現像し経験される点を強調する言葉である。つまり、より強力でメジャーな現実性とマイナーな現実性が一つの都市（絵）のなかに織り込まれていると考える点で本書のプロジェクトにとって重要な視座をもっている。この多現実性に立つ態度に対置されるのが、一元的（一面的）現実主義（mono-realism）である。

3　約一四〇〇万人が居住する東京都二三区とほぼ同じ人口規模で、面積もほぼ同程度である。

4　ボニファシオの出身が「本当に」貧しい家庭であったかについては様々な議論がなされている。ここではその実際については踏み込まない。どちらにしても、ここで指摘したいのは、その人物が何をしたか、という行為だけではなく、その出身の経済状況が歴史語りとその役割にもたらす影響である。

5　ピープルパワー革命（エドサ革命）は、一九八三年のベニグノ・アキノ暗殺を契機に始まった抗議運動である。一九八六年二月、選挙でのマルコス政権による不正が明らかになると、国民はエドサ通りに集結し、大規模な平和的抗議を展開した。この約四日間の運動によりマルコス政権は崩壊し、コラソン・アキノが新大統領に就任。民主主義回復の象徴として国際的に評価された。

6　日下の議論は、「貧困層と中間層」の対立と分断を強調する。しかし、社会学的にいえば、「階層」とは人口分布上のグラデーションを表わす言葉であって分断し得ない。分断・対立し合うのは、「層」ではなく「集団」や「階級」である。日下の議論を整理する際に、本章はこの点に修正を加えている。彼の議論は、貧困層と中間層を政治主体のように論じる傾向がある。だが、彼が階層対立の理解に依拠する人類学者マイケル・ピンチェスの論文は、「無産階級の儀礼」であり、彼の博士論文も『Anak-Pawis』（汗の子どもたち：労働者階級）という集団を論じている（Pinches 1992; 1984）。ここで「集団」という言葉を前景化したのは、後述する公共圏が「集団」的差異の現われに向けられた政治的概念だからである。

7　ガリドによれば、ミドルクラスとは流暢な英語と近代的概念を駆使し、論理的かつ知性的とされる言葉を用いる集団である。ミドルクラスは、NGOや専門家組織によって代表される市民社会を形成している。このミドルクラスの理解は、日下とも概ね共通している。

8　都市社会学では、社会階級間の近接性や混在が対立を軽減するものとして論じる傾向にある（Salcedo and Torres 2004）。ガリドの主張は、この通説に相反しているわけである。

9　タディアーは、別の著作で「レプリカント」という表現も用いている（Tadiar 2004: 133）。レプリカントは、SF映画の金字塔『ブレードランナー』で登場する人工生命体である。この言葉で意味されるのは、人間に限りなく近い存在でありながらも同じ「人間ではない」存在として位置づけられるフィリピン人家事労働者の非人間化された状況である。

10　「人々をインフラとしてみる」議論についてカール・マルクスの「死んだ労働」の視角から検討を行ったジャン＝ポール・アディーの議論を参照すると、「マルクスは、『死んだ労働』という用語を導入して次の二つのことを概念化した。（1）商品、機械、技術に固化された過去の労働力を表現するため、そして（2）『生きた労働』との弁証法的な社会関係を理論化するため」である（Addie 2021: 6）。後者の意味は、生きた労働とは、商品、機械、技術（死んだ労働）にエネルギーを注ぎ込み、活性化させることによって物質的な商品や抽象的な価値を生み出す人々だということである。

11　たとえば、日本郵船の船員の八割はフィリピン人である。日本の海上運送業とロジスティクスもフィリピン人に依存している（日本郵船 2021）。

12　コンテンツに対する判断は、良い情報と有害な情報とを分別する仕分け作業でもある。ドキュメンタリーの登場人物の一人は、ケソン市の最終ゴミ処分場であるパヤタスの出身だった。皮肉なのは、スカベンジャーとして鉄屑やプラスチックゴミを漁り、分別して生計を立ててきた両親とは異なる生を望んだ女性が、必死に教育を修めた先で手にした仕事がソーシャルメディアのゴミを分別するコンテンツモデレーターであったことである。

13 「状況」から知識生産をはじめる態度は、ダナ・ハラウェイの「状況に置かれた知」(situated knowledge)から影響を受けている(ハラウェイ 2000)。世界を綺麗に切り分ける「普遍」的理論はなんでも切れるナイフのようなもので、その理論と自身の同一化が全体を見通す議論を可能にする。だが、その結果とはいくつもの現実を生きているはずの人間から遠く離れ、現実も人間自体をも一元化してしまう。ハラウェイの指摘は、一貫性が必要なのは理論ではなく、状況や立場の方にあることだ。本書でいえば、ジープニーとおっちゃんたちの立場こそが一貫性として存在し、その都度必要な範囲で理論や概念を参照し、他に必要な理論や概念があればその都度借用した。この含意は、研究者は理論のために現実を切り刻んで一貫性を証明するか、現実のために理論を道具として用いるのか、どちらがより必要で、より創造的なのかを考える、というものだ。

14 学術研究において「呼称」の選択は、ときに決定的に重要だ。ある人間は、父であり、先住民であり、台風の被災者であり、ローカルな権力者であることがありうる。その人物に対してどの呼称を選ぶかが、読者にとってその人物の見え方を大きく変えることになるだろう。結果論でしかないが、本書は「おっちゃん」という非学術的な言葉を使うことで、複数のカテゴリーをそれほどの負荷なく移動することが可能となった。その理由は、日本の読者にとっても「おっちゃん」という言葉が複数の理解を許す生活世界の内にあるからだろう。

第一部

ジープニーが語るマニラの歴史

ジープニーの眼からは街の表情がよく見える

交通は社会の形態を如実に映し出す。統治者は交通をとおして社会を制御・管理しようと試みる。たとえば、東京の鉄道網とそのシステムは、秒単位でダイアグラムが組まれており、私たちはスムーズで予測可能な移動をすることができる。この交通は、人間がシステムに従うように設計されている。車掌は、あなたが乗り遅れ、手を振って「乗せてくれ!」と訴えかけても決して止まることはない。ギリギリで飛び乗れば、車掌はアナウンスで「駆け込み乗車はおやめください」とルールを守れないあなたを注意するだろう。このような交通は、社会を統合し、近代的主体となるよう人間を躾ける。

一方、ジープニーには、そのようなシステムも規律もない。停留所も時刻表もない。人々は、路上でジープニーを探し、ドライバーもまた道端で待っている乗客を探し、両者は目と手で合図を送り合う。コミュニケーションがある。つねに即興的な交渉を要する交通は、人々にコミュニケーションを取るように要請する。こうした交通は、あなた一人のために急停車するが、統合されることがない。その不安定さが混乱と渋滞を生じさせる。

本書は、どちらの交通がより優れているのかを評価するものではない。しかし、交通の違いは、その社会の違い、その社会が経験した歴史の違いを示すものである。マニラの交通も最初からコミュニケーションに依存するものではなかった。二度の植民地支配、市街戦による破壊と復興が都市交通をこのようにつくり変えたのであった。「戦争のための車から命のための車に」とアーティストであるキッドラット・タヒミックはジープニーを呼ぶ。命を奪う軍用車ジープから命を与えるみんなの乗り物へ。彼がそう呼ぶ理由は、スペインとアメリカの無慈悲な植民地支配と軍事支配を生きてきたフィリピン人の忍耐力と再生する力がこのジープニーをつくり出し、ジープニーとはそうしたフィリピン人の生の様式そのものだからだ。波瀾万丈な時代から生まれたジープニーは、この都市の歴史をどのように語るだろうか。唸りを上げる都市交通の軌跡にダイヴしよう。

第一章　近代都市の夭折

いまでこそスラム、貧困、経済格差としてイメージされるマニラは、その歴史においてつねにそのように表象されてきたわけではなかった。もちろん格差や分断は存在したが、東南アジアで最も美しく繁栄した都市の一つとして知られ、「東洋の真珠」とも呼ばれてきた。これは、スペインがマニラやセブをアジアや太平洋を横断する貿易拠点として発展させる目的のもとで都市建設に着手してきたからであった。以下で述べる城壁都市とは、当時のスペインにおける最新の都市建築の技術と計画思想が注ぎ込まれたものであった。メキシコでの都市建設の経験を踏まえたマニラの建設は、スペインにとって太平洋を横断する貿易ルートを確保する上でも重要な拠点であり、アジアに影響力を広げる基盤でもあった。

植民地の都市とは、中世から継続するヨーロッパの都市と比べた場合、新しい思想、計画、技術が実験的に盛り込まれる都市である。[1] 産業革命を迎える以前の一六世紀に建てられたイントラムロスは、たしかに近代都市として分類することは難しい。しかし、それでも最先端の構想がそこには込められていた。さらに二〇世紀になると、スペインからフィリピンを割譲したアメリカが最初に取り掛かったのは、帝国が思い描く近代都市へとマニラを再設計することであった。そこで徴用されたダニエル・

バーナムは、都市が美しく整然としていることが社会にもたらす影響を強調した人物であった。彼は、一八九三年のシカゴ万国博覧会全体を統括し、同博覧会から生まれたシティ・ビューティフル運動[2]の理念を一九〇五年のマニラ都市計画によって実現する。理念は実践された経験となった。バーナムは最終的にそのキャリアの集大成としてシカゴ・プラン（一九〇九年）に取り組んだのであった。

本章で論じられるのは、植民地主義のなかで支配者がつくり出していく近代都市マニラである。マニラが東洋の真珠と呼ばれてきたのは、もちろん、その当時の最先端の思想と計画が具現化されたものだったからだろう。それは裏を返せば、支配者の思い描く都市像のために望ましくないものが切り捨てられていった歴史でもある。近代や計画などの理念的な美しさとは、つねにそうした排除の論理にもとづいて美的な純度を高めていくものだ。どのように近代都市としてのマニラは建設・彫刻され、そして、いかに最期を迎えたのだろうか。

二度の植民地支配

マニラの歴史は、スペインが植民地都市を建設し統治を開始した一六世紀にはじまる。スペインによる統治以前は、ブルネイの王家と血縁をもつ二人の首長がパシッグ川河口部の両岸に砦を築いていた。[3]一五七〇年、首長はスペイン隊のマニラへの侵攻に対して友好血盟の締結に同意した。しかし、食料提供や貢納を嫌がった一人の首長が対立し、戦闘が生じた。のちにフィリピンの総督となったミゲル・ロペス・デ・レガスピは遠征隊を組織してパシッグ川南部に拠点を設置して行政機構の整備を進め、一五七一年、この拠点に城壁に囲まれた都市を建設した（清水 1990: 65-67）。スペインが華人や原住民を徴収して一五九三年に完成させたこの都市はイントラムロスと呼ばれた。「intra」は内側、「muros」は壁を意味し、城壁で内と外に分断された都市は現在まで続くマニラの原型となった。

一六二〇年頃のマニラにはスペイン人二四〇〇人、華人一万六〇〇〇人、原住民二万人、日本人三〇〇〇人が居住し、スペイン人以外の労働者が都市機能を支えていた。原住民と華人の存在は、労働力として必要だったが、圧倒的少数のスペイン人にとって脅威でもあった。スペインは、かれらを城壁外の一定の区画に集住させながら厳重な管理を敷いた。こうした華人の集住区域はパリアン（parian）と呼ばれ、イントラムロスに配置された大砲は、威嚇の意味も込めてパリアンに照準を合わせていた（Reed 1978: 57-59）。一九世紀に入ると、マニラが自由貿易港となったことで交易は活発化し、経済の中心はイントラムロスの対岸に位置するエクストラムロス（壁 muros の外 extra へ）であるビノンド地区へ拡がり、都市人口も一八一四年の九万三〇〇〇人から一八九六年には三四万人へと増加する（Bankoff 2012: 174）。しかし、ビノンド地区では、エスニシティや人種にもとづく居住の管理が困難であったため、スペイン人、メスティーソ、華人、原住民が集住することで対立が顕著になった。

城壁の外へとマニラが広がったことは、スペイン人による支配から離れた空間での経済活動を高めた。ここで台頭する経済的に恵まれたメスティーソたちは、植民地支配に対する独立運動に資金面で貢献し、それは思想としての革命への意識を育てていく。たとえば、ホセ・リサールのように裕福なメスティーソは、ヨーロッパへ留学することで自分たちがスペインとは異なるフィリピン人であるという民族意識をもつようになる。留学を可能とする経済的な基盤がなければ、「我々フィリピン人」

というナショナルな意識の芽生えは、現在と異なるかたちで経験されていたのかもしれない。

しかし、独立運動は、スペインがフィリピンをアメリカへと割譲したことで挫折を余儀なくされた。アメリカに協力してスペインと戦ったエミリオ・アギナルドは、一八九八年六月にフィリピン共和国の独立を宣言した。米西戦争を終結した一八九八年のパリ条約で、アメリカは二〇〇〇万ドルでスペインからフィリピンを購入し、マッキンリー大統領はフィリピンの独立を認めなかった。一八九八年一二月二一日、マッキンリー大統領はフィリピンに関して恩恵的同化政策を宣言した。アメリカは、一八九九年二月に共和国軍を反乱軍とみなし、鎮圧するために軍を派遣してフィリピン・アメリカ戦争へと突入した。一九〇一年、アギナルドがルソン島北部で捕虜となり、一九〇二年に敗北した。フィリピンは再び植民地として支配された。

第1節　交通インフラによる近代都市のメイキング

本節では、主に歴史研究において交通インフラがいかに論じられてきたのかを概観し、植民地期に導入された統治を目的とする近代的交通インフラと伝統的な馬車の関係に着目しながら、都市交通の整備に伴う社会秩序の形成を明らかにする。

機械化による交通インフラの形成

スペイン植民地期の末期、一八八一年四月にフィリピン初の路線交通網が誕生する。それはフィリピン市街鉄道会社による馬車鉄道であった（Dick and Rimmer 2003: 252-63）。小型船を用いる水上交通から陸上交通への移行は一九世紀後半からはじまっていた。この移行はアメリカによる植民地支配によってますます強固になり、陸上交通の発展が加速する。アメリカは、ダニエル・バーナムを徴用し、新植民地に相応しい首都へとマニラを近代化するための都市計画（一九〇五年）に着手した。この都市計画は、住宅区域を整備し、公衆衛生の改善、都市全域での水道・電気・交通といったサービス提供を試みる近代的かつ画期的なものだった。包括的計画に立脚したマニラの根本的な再設計は、アメリカ人の脅威となる伝染病の蔓延を管理するだけでなく、スペイン支配のもたらした未発達な都市を改善し、未熟なフィリピン人を救い出す慈悲深い統治者として装うためでもあった。科学技術社会学者マイケル・アダスやワーウィック・アンダーソンは、アメリカが都市計画にみられる設計や新技術によって統治を正当化してきたことを指摘している（Adas 2009; Anderson 2006）。

一九〇五年四月一五日、マニラ電力（Manila Electric Railroad and Right Company）はフィリピン初となる電動式市街電車の運行を開始した。市街電車の利用は急速に普及し、年間利用者は一九〇六年には一〇〇〇万人を超え、一九二〇年には三七〇〇万人まで増加した。市街電車だけでなく公用自動車も一九〇六年の二〇台から一九一三年には一七〇台へ増加し、マニラ電力は路線バス事業を一九二八年に開始した。アメリカ植民地期を通じてマニラにおける交通の機械化は急激に進んだ。一九四〇年には、一万五〇〇〇台の自動車と五〇〇〇台のトラックが登録されており、マニラ電力は一五〇台の路線バスと同数の市電車両を運営していた（Dick and Rimmer 2003: 266）。

マニラ電力だけでなく、交通サービスを提供するフランチャイズ（運営権）を得た民間企業も交通

一九二〇年頃のマニラの交通[4]

セクターに参入した。アメリカ植民地期におけるマニラの都市交通では、「区域に応じた運営」と「優先事業者規則」が設けられた。[5] 植民地政府は、交通の運営区域を割りふることで特定のバス事業者が独占的なサービス提供を行うよう管理した。[6] こうした優遇策を受けて路線を独占するバス事業者は、安全かつ高品質な交通サービスを提供する責任と義務を負った（Hernandez and Magno 1974: 17-18）。

交通インフラの機械化には道路整備が必要であった。立法・行政権が与えられていたフィリピン統治委員会は、植民地統治を円滑化するために一〇〇万ドルを道路建設に費やし、市街電車や自動車が快適に走行できる環境を整えた。アメリカ人行政官は道路の整備に強い関心を示していた。ロバーツとシュッテマンによれば、その理由は整備された滑らかな表面の道路は、自動車による交通の条件であり、馬車の汚物を容易に清掃できることは都市計画の一つの柱である公衆衛生の観点からも望ましいためだった（Roberts and Steadman 1999）。右記の理由から道路建設は畜力に依存した伝統的交通からモーターやエンジンによる交通への移行を促進する。

公衆衛生の観点からみれば、この移行は雨季に生じる道路のぬかるみや乾季の粉塵を抑えることで伝染病を管理するためであった。道路整備並びに機械化という交通インフラの再編は、公衆衛生にもとづく近代都市の再設計と結びついていたのである。さらに、機械化にみられる一連の交通の近代化は、単なる技術的な進歩ではなかった。それは、人種的隔離政策を用いたスペインの統治に対し、民主主義的なアメリカの統治を示す方途であった（Pante 2016）。スペイン植民地期に根付いた人種的、民族的、宗教的な境界による隔離政策を撤廃し、自由に移動でき公衆衛生も管理されたマニラは、アメリカの民主主義的で近代的な統治者の姿とその能力を具体化するショーケースとなることが期待されていた。

近代に仇なす残滓

機械化の進展は、交通に従事する労働者のあいだに雇用形態、社会保障、賃金、学歴といった格差をもたらし、さらには主体の規律に関する論争を生じさせた。歴史学者ダニエル・ドッパーズによれば、市街電車、バス、タクシーのドライバーが上層に属する職業として出現した結果、コチェロ（*cochero*）と呼ばれる馬車の馭者や小型船の漕ぎ手などは下層の労働者と位置づけられるようになった（Doeppers 1984: 33-34, 59-60）。マニラ電力などの近代的交通に従事する労働者の場合、車掌の八割は英語を流暢に操り、残りの二割も英語に精通していた。このような労働者は、教育を受け、アメリカの慣習に則った規律を内面化した主体であった。マニラの近代化が進むにつれ、馭者[7]などの伝統的な交通の担い手は次第に淘汰される対象として扱われるようになった。上層と下層に分断された交通セクターにおいて、両者の差異は、モーターと畜力という扱う車両の動力だけでなく、労働者に求められる学歴や語学力、規律としても表れた。

進歩的かつ民主主義的なアメリカを体現する公共交通サービスは、誰にでも開かれていなければならず、アメリカ人もフィリピン人も利用することができた。そのため、市街電車やバスは、植民者と被植民者、上層と下層が邂逅する接触領域でもあった。病原体の分布が人種差別的に解される時代にあって、交通という共有される空間はフィリピン人に対して「正しく望ましい」振舞いを規律化する舞台となった（Pante 2016）。たとえば、都市交通における公衆衛生の条例は、抗結核キャンペーンにおいてフィリピン人の車内で唾を吐く習慣を弾圧し、車掌を「一六歳以上の年齢で、知性と善良な性格を持ち、感染症や伝染病にかかっていない者」に限定した（Malcolm 1908: 283）。市街電車の車掌になるためには、統治者であるアメリカの期待する適切な規範を身につけ価値観を内面化した主体であることが必要であった。なぜなら、交通機関を運転する車掌は、利用者にとって模範となる存在でなければならないからである（Pante 2014）。

植民地政府は、都市交通を近代と伝統に区分し、機械化の進展によってより良い交通を、交通によってより良い流通を促進し、逆に悪影響を及ぼす交通として伝統的な馬車の除去を試みた。コチェロは、馬の糞尿が不衛生だと批判されるだけでなく、かれらの習慣や身振りも問題視された（Pante 2016: 95）。政府の規則に従わないコチェロは、指定された停車場以外での荷物や乗客の乗降、無謀な運転、無免許かつ無登録での馬車の運行、登録番号標のない車両の運行などの違反を繰り返した。雑誌ではコチェロを「白いシャツを着て、タバコを吸い、運転席であぐらをかいて休んでいる」といった様子からその無作法さを取り上げ、衛生局長であったビクター・ヘイザーは「馬車が止まり、乗客が降りるや否や、コチェロは乗客の座席に飛び込み、足の指で手綱を掴みながら眠り込んだ。彼はどんな状況でも惰眠を貪る」と嘲笑した（Heiser 1936: 44）。規則に従わず、乱雑で交通を混乱させる不遜な態度からコチェロは、「フィリピンの王」[8]という皮肉めいた呼称が与えられた（MT 1902: 6; PFP 1939: 17）。近代的都市交通の利用が拡大・増加していくなか、コチェロたちは怠惰であり、不統制で野蛮な存在とみなされ、フィリピン人の未熟さ、未発展さを示す存在として否定的に表象されるようになった（Pante 2012）。当時の風刺画は、コチェロを未熟な子どもと悪魔のハーフのような存在として幼稚さと邪悪さの両極性を描いた（Kramer 2006: 198）。アメリカの求めた近代化は、コチェロを近代性が欠如した主体として否定したのであった。マニラの人口が一九〇三年には二一万九九二八人から一九三九年六二万三四九二人に増加したにもかかわらず、コチェロは同期間に五六四九人から四六九〇人へと減少した。

しかし、コチェロがマニラから完全に消えてなくなることはなかった。コチェロの生き残りには三つの理由がある。第一に都市の隅々まで拡がる柔軟な運行、第二に安価で高い利便性、第三に腐敗政治であった[9]（Pante 2012）。第一の点について、馬車は、路線バスや市街電車のルートから外れた区間を柔軟に移動し、人々のニッチな需要に応えて交通サービスを提供した。狭い路地から構成される市街地では、馬車による柔軟な交通サービスが重宝された。第二の点は、バスや市街電車が運行していない地域の住民にとって依然として安価な交通手段であったからである。これら二つの点は、都市住民の要望と馬車の運行がうまく噛み合うことで、排除の対象となりながらも継続して利用されてき

マニラ市議会から声援を受けるコチェロの風刺画（McCoy 1985: 72）

たことを示している。

三点目の腐敗政治とは、政治家にとって支持基盤としてのコチェロの重要性を指している。一九三〇年の雑誌記事ではコチェロ、ギャンブラー、ギャング、乞食を乗せた馬車がマニラ市議会員によって引かれ、市民がそれを指差して「私たちはこれに税金を払っているのか！」と怒鳴る風刺画が描かれた（PFP 1931）。市議会の政治家たちは、選挙で勝つためにコチェロやギャングといった「ならず者たち」からの支持を必要とした。コチェロは、そうした政治を引き出すことで排除の圧力に抵抗してきた。年々減少した馬車であったが「コチェロの存続は、商人、修理工、車大工、飼料供給者にとっても重要であり、馬車の生き残りは多くの貧者を結びつけている。……かれらとかれらの友人、馬車産業の関連業者は声高々に存続を叫び続けている」というように、コチェロはマニラに広がるネットワークを維持し続けていた（Horn 1941）。

哲学者ミシェル・フーコーによれば、近代都市は都市計画という広範囲な「人の群れ」を管理・統治する方法によって成立した（フーコー 2007）。アメリカによるマニラの再設計は、交通インフラの機械化をつうじて進められたが、これはフーコーの次の指摘と合致する。彼は「良い都市整備とはまさしく、起こるかもしれないことを考慮に入れるというものになる」と述べ、交通と流通を組織化することで伝染病の原因を排除して公衆衛生を改善させ、危険と思われる存在（乞食、浮浪者、犯罪者など）を事前に監視し取り締まる計画案が重要になったと指摘した（フーコー 2007: 25）。近代都市は、良い流れと悪い流れを区別し、前者の最大化と後者の管理を行うものであった。そのため交通インフラは、人やモノの移動性を高めるために危険となりうる習慣を排除し、望ましい規律を身体化した主体をつくり出す統治の手段である。ここでコチェロのような存在は排除されるべき対象であったが、かれらは、近代的交通とのあいだに緊張を孕みつつ補助的な役割を担った。マニラの交通インフラは、路線バスや市街電車のフォーマルで近代的な交通と馬車などのインフォーマルで伝統的な交通が混淆しながら発展してきたのである。

コチェロの事例は、現代のジープニーが置かれた状況を考察する上でも重要な視点をもたらす。なぜならマニラ首都圏において高架鉄道やジープニーの近代化は、アメリカ植民地期のコチェロたちの経験と重なり合っているからだ。植民地統治がコチェロを排除しようと試みながらも、存続してきたのは、コチェロの存在が都市において多様な人々を結び、支持される基盤を保持してきたからであった。本書の第三部で取り上げる公共交通車両近代化事業とそれに対する反対運動も、ジープニーを支持する人々によって継続している。

第2節　マニラ市街戦、インフラの崩壊

太平洋戦争によってマニラの景観は一変した。一九四一年一二月八日、日本軍はフィリピン・ルソン島北部の都市バギオを空襲した。これを契機として、アメリカ統治下にあったフィリピンへの軍事侵攻が開始された。アメリカおよびフィリピン側がマニラ占領を目前にした一九四一年一二月二六日に「無防備都市」宣言（open city）を行い、日本軍は一九四二年一月二日にマニラを占領した。以降、日本はフィリピンにおいて三年八ヶ月にわたる軍政を実施し、フィリピン戦線には六三万人の日本兵が投入され、太平洋戦争のなかでも極めて大規模な戦闘が展開した。日本によるマニラの占領は、一九四五年二月三日から三月三日まで日本軍とアメリカ軍を中心とする連合軍の間で繰り広げられたマニラ市街戦によって幕を閉じた。だが、その被害は甚大だった。以下では、「マニラの死」（death of Manila）とも表現される凄惨な結果について、二つの要因から整理する。一つは、近代兵器による市街戦、もう一つは占領による食料供給網の崩壊である。

都市の死

マニラの被害は、第二次世界大戦による様々な都市の被害のなかでもワルシャワに次ぐ荒廃を経験した都市として数えられる。一九四五年二月当時、マニラ市内には約七〇万人のフィリピン人市民が残っていた。この市街戦による死者は、日本人一万二〇〇〇名、アメリカ人一〇一〇名、そして市民

市街戦で荒廃したマニラ（一九四五年五月）[10]

一〇万人に及んだ。
　歴史学者ダイアナ・ジーン・サンドバル・マルティネスは、このマニラの荒廃についてアメリカを中心とする連合軍の作戦上の失敗と植民地支配がつくり出した近代建築物のあいだの皮肉な関係を指摘している（Martinez 2017: 303）。一九四五年二月一一日、アメリカの三つの機動部隊が戦車や装甲車を用いてマニラの包囲を完了させた。当初の攻撃計画では、歩兵部隊が小火器のみを用いて日本軍を制圧する想定だった。しかし、ここでアメリカは戦術上の重大な失策を犯した。市を包囲する際に、日本軍に撤退するための退路を残さなかった。そのため、日本軍は城壁都市、政府庁舎、大学施設、教会といったコンクリートの近代建造物に籠城し、徹底的な交戦状態に突入した。堅固な近代コンクリート建造物を小火器の使用だけで制圧することは不可能だった。アメリカ軍の指揮官は、戦闘の初期段階で死傷者の増加に対応するために、大砲や迫撃砲といった重火器の使用を決定した。退路なき日本軍は、都市の様々な建物に潜み籠城しながら交戦したため、アメリカを中心とする連合軍は、都市中の建造物に攻撃を行う結果となる。

マルティネスは、「日米双方がほぼ完全にアメリカ製の強固な防壁に守られる配置となった。日本軍はコンクリート建造物に立てこもり、アメリカ軍は移動式の鋼鉄戦車に身を包んでいた」とマニラ市街戦を記述し、「単に人間のあいだでの力の戦いではなく……近代戦争機械と強固な工業製造物との戦い」であった（ibid: 305-6）。アメリカ軍は城壁都市イントラムロスの日本軍と閉じ込められた何千人もの民間人に向けて火炎放射器と迫撃砲を用い、近代的な戦争機械がこの戦いを勝利へと導いた。彼女は、「ある意味でアメリカの二つのテクノロジーの自己陶酔的な戦いの産物」[11]と述べ、重火器がマニラの人口を「破壊」したという（ibid: 307）。重火器の照準は、コンクリート建造物に向けられており、市民は殺されたのではなく、その過程で破壊されたのだから。イントラムロスの大部分、数世紀にわたる教会、七〇％の公共施設、七五％の工場、八〇％の南部住宅地区、そしてビジネス地区全体が破壊された。道路と交通システムの損傷は四八パーセントに達し、マニラや地方に保管されていた行政記録も破棄された。さらに、道路建設と維持のための機材、技術機器も紛失するか破壊された（Bureau of Public Works 1950: 143）。

ダニエル・ドッパーズは、マニラのもう一つの破壊について詳述している。『平和と戦争のなかでのマニラの食糧供給』と題された著書で、約一世紀にわたり、マニラの人々が二五万人から一〇〇万人近くまで対応可能な拡張性を備えた食料の生産や加工、流通のシステムとネットワークをつくり上げてきたことを論じている。そのシステムは、耐久性をもち、様々な打撃を受けてもかろうじて耐え続け、少なくとも最悪のパニックを防ぐ程度には機能してきた（Doeppers 2016）。彼は、マニラ市街戦の壊滅的な被害について、戦闘による直接的破壊だけではなく、日本占領がもたらした食糧供給ネットワークの根本的破壊から説明する。

日本軍は主要道路に検問を設置して地方とマニラの流通を管理し、一世紀をかけ発展したマニラと地方を結ぶこのネットワークを変容させた。日本軍は劣勢に追い込まれるにつれて食料や車両を徴収したため、米不足、食料輸入の中断、公設市場の機能停止を引き起こした。都市住民は空き地を利用して根菜を育てるなど対応策を取ったが、そうした家庭菜園だけでは十分な食料を確保できず、急激な物価の上昇が状況を悪化させていく。たとえば、港湾地区の住民は、海に潜り、沈没船に積まれていた米を引き上げた。その米は、何ヶ月も海水に浸かり悪臭を放っていたが、人々はそんな米ですら買い求めた。この食糧危機の深刻さは「戦前には人間が野良犬を避けたが、いまでは野良犬が人間を怖がって避ける」と表現された（ibid: 322）。ドッパーズは、食糧供給網の破壊が飢餓を生じさせ、多数の一般市民を犠牲にする結果へと至ったと結論づけた。

飢餓の発生は、人やモノの移動を可能にする交通・流通の停止を意味する。マニラ電力の路線バス車両、地方とマニラを結ぶ長距離トラック、自家用車などは、マリヴェレスやバターンでの軍事利用のために徴用された。さらに市街戦が残されていた市街電車、バス車両をも破壊した。当時マニラ市長だったラモン・フェルナンデスですら[12]「金は十分に持っていた。しかし、移動する手段がなかった」と述べていたほどで、ましてや一般の人にとって移動手段の確保は不可能であり、人々は食料を得るために何時間も歩くしかなかった（ibid: 317）。人類学者ブライアン・ラーキンによれば、インフラとは人々の生命を維持し、健全な生活を行うためのサービスを提供するモノの集合体であり、集合的な生を支える存在がインフラである（Larkin 2013）。都市インフラの全面的崩壊は、集合的な生を危機に晒し、飢餓を引き起こしたのである。都市が人口を支えるためには、効率的なシステムとネットワークとしてのインフラが不可欠であり、飢餓とはその崩壊によって人々の生命維持が不可能になる状況を示した。前節で述べたように都市統治や規律の方途として導入された近代的交通インフラは、日本軍による占領と市街戦による破壊によって崩壊した。

かつて東洋の真珠と呼ばれた近代都市は死んでしまった。この死と呼べるほどの変貌について、マニラ市エルミタ地区で生まれ外交官であり小説家でもあったレオン・マリア・ゲレロは以下のように回顧している。[13] 対戦中を東京で過ごし、一九四六年にフィリピンへと帰国する際の彼の文章は市街戦による荒廃と変わり果てた都市の姿を伝えている。

私たちはマッカーサー将軍の二つの個人用機のうち、小さい方、改造されたB-17に乗り込みました。……この異国の地との別れにほとんど何の感傷もなかった。はやる心は薄い霧に覆われた記憶を抜けて未来へと向かっている。……誰も埃まみれの窓を覗き、廃墟となった帝国、破れた約束、ねじれた希望、理想の灰、壮大な計画の残骸を目に焼き付けることはなかった。……燃料補給の休憩はなく、爆撃機は飛行を続けてマニラに向かった。雲の合間から島々が見える。だが、誰も眼下のどれが沖縄か判別できなかったし、誰も気にかけたりしなかった。なぜなら私たちは別の島を探し求めていたから。時間だけがルソン島の上空に到達したことを告げていた。マニラに近づくと、雲が立ち込め、私たちはスコールのなかを上昇と下降をしながら飛行した。

そして、私たちは旋回していくうちに（マニラ）湾の上に出た。その混雑した湾、沿岸に広がる廃墟の山を見た時の違和感は計り知れないものがあった。帰る場所ではあるが、かつての故郷（home）とは違う。そこに待つ人がいるから、昔の故郷だと言えるだけだった。

飛行機のなかがだんだんと暑くなってきた。その肌にまとわりつく、長い間忘れていた空気の感覚が、まるで古い記憶のようにしっとりとしていて、まるでキスのように感じられた。飛行機はさらに低く旋回し、いまやその奇妙に変わり果てた都市の上空を飛んでいた。私たちは見覚えのある建物や、無くなってしまった建物に気がつきはじめ、奇妙としか言いようのない組み合わせで並ぶ奇妙な新しい屋根に戸惑いを覚えた。そして突然、私の心に突き刺さるような悲しみが押し寄せてきた。この惨めに破壊されてよろめく都市は、その大きさからいえば広大な東京の焼け野原のほんの一つの区にあてはまるくらいしかない。しかし、破壊された帝都の荒廃ぶりは、その悲劇性において、この都市の半分にも及ばなかった。東京では、廃墟は廃墟として完全であり、記憶を呼び覚ますようなものは何一つ残されず、一様に灰燼に帰した廃墟の匿名性のなかに、失われたものへの哀悼もまた埋没してしまっていた。

しかし、マニラはまだ死んでさえいなかった。言い換えれば、マニラの死んだ部分は、まだ埋葬されていなかった。だから私たち帰郷者は、かつて愛らしかった都市の顔のおぞましい傷跡に気がついて飛び上がるほど驚くその恐ろしさに耐えなければならないのだ。飛行機は静かに着陸した。兵士や記者、写真家の一団が駆け寄ってきた。……亡命の長い夜は終わったが、揺らぐ薄明かりはまだ続いているのかもしれない（Guerrero 1946: 72-76）。

注

1 植民地都市の整備は、宗主国の諸都市に先行する例も多い。統治者の心情に立てば、市民や臣民の強い反発がある自国の都市では「余程の状況」でもなければ実施できないことが、原住民の土地では実施できるというのは理解できるだろう。たとえば、ポルトガルのリスボンを中心とするリスボン地震（一七五五年）を契機として、国家は中世から続く無規制な都市への介入と計画に向けて真剣に動き出した。近代的な帝都東京への実質的な再編が関東大震災（一九二三年）によって進んだこともこうした例を示すものだ。

2 都市計画における美観と機能性の両立を目指す理念を掲げるこの運動は、二〇世紀初頭のアメリカ都市のデザインに大きな影響を与えた。

3 パシッグ川は、フィリピン最大の湖であるラグーナ湖からマニラ首都圏を南北に分断し西に流れ、太平洋のマニラ湾に注いでいる主要な河川である。歴史的に物資の主要な輸送経路として用いられてきた。

4 John Tewell氏のコレクションより。学術目的の写真利用について許可を得ている。

5 一九七〇年代に行われたインタビューに依拠（Hernandez and Magno 1974）。

6 たとえば、ハリリ・トランジット社は一九二七年に現ケソン市に当たる地域でのバス（六五台）による交通サービスを受け持ち、MR・メトロ・トランスポート社は一九二〇年代後半にディヴィソリア–マラボン–ナボタス–ヴァレンスエラ–オバンドの路線バス（六〇台）を運行、パサイ・トランスポーテンション・カンパニーはマニラ–カビテ間と現クバオの地域に交通サービス（一五〇台）を提供していた。

7 アメリカによる植民地支配の開始当初、交通は人力と畜力に依存していた。交通の主要な担い手は、コチェロであり、マニラの人口の約二・五％（二一万九九二八人のうち五六四九人）がコチェロとして働いていた（Pante 2012）。

8 戦闘用馬車で戦場を縦横無尽に駆け回ったイスラエル王イエフの姿に、コチェロたちの交通規則を無視する運転が重ねられた。

9　腐敗政治だけでなく、コチェロは一九〇二年に国内初の労働組合である民主主義労働者連合（*Union Obrera Democratica*）を形成するなど、重要な政治的アクターであった（Scott 1992: 32-33）。パンテは、「コチェロは個別に働き、しばしば雇い主の家や屋敷に住み、自律性をほとんど享受しなかった。そのため、大規模な労働集団に強い愛着を抱いたり、集団行動を起こしたりすることはなかった」とした上で、「それにもかかわらず、コチェロは植民地時代に集団行動の能力を発揮」したと整理している（Pante 2012: 453-54）。

10　Wikimedia Commons「Battle of Manila (1945)」から利用。

11　議論の関係上、本章では日本軍によるマニラ占領とその影響、とくに虐殺行為については十分に論じることができない。マルティネスの記述から読者が日本軍による占領と暴力を過小評価する誤解を生じさせないためにも以下の点は指摘しておきたい。退路を絶たれた日本軍による虐殺行為の事実がある。一九四五年二月一二日、日本軍士官が二〇名の兵士を連れて、現ラサール大学を訪問し、尋問を行い、少しでも抵抗の意思を見せれば、ピストルや銃剣の刺突による負傷、幼児に対しても同様の行為を行ったと記録されている。私はこの分野に精通しているわけではないだが、ウィキペディア上にも「マニラ大虐殺」の題目で整理されているのでそちらを参照してほしい。

12　ドッパーズは、公務員へのインタビューから戦中の状況を以下のように描写した。「私はマリキナでバスケット一杯の卵と野菜を購入した。早朝四時にサン・フアンを出て歩いて向かった。そして、七時か、八時に戻ってくる。それ以外に方法はなかった。馬車はほんの少ししか走っていなかった。金持ちも歩いた。たとえば、マニラ市の市長だったラモン・フェルナンデスですら歩いた。市長は毎週私の店に二〇〇個の卵を買い付けに来た。『お金に問題はない。十分なほどの日本円を持っている』。けれど問題は卵を得ることだった」（Doeppers 2016: 317）。

13　レオン・ゲレロの妹であるカルメン・ナクピル・ゲレロが経験したマニラ市街戦とその後も続く心の傷（ＰＴＳＤ）については、中野聡による優れたエッセイを参照（中野 2016）。中野による「マニラの死」については以下。「マニラ市街戦は都市を物理的に破壊し、残虐行為と砲撃によって一〇万人にのぼる市民の命を奪っただけの戦いではなかった。それは、アメリカニゼーションの荒波をかぶって衰退しつつあったとはいえ、まだ健在であったエルミタ地区に象徴される豊穣な植民地文化と多国籍的な生活様式を抹殺したという意味で文化的ジェノサイドでもあった。戦後の都市の物理的再建はアメリカからの復興援助資金の流入で意外に速やかに進んだが、戦前マニラの都市文化はその担い手が抹殺されたことによって二度と再建されることはなかった。生存者も、トラウマに満ちた被害体験や大量死の記憶と結びついたその場所で文化を再建する意欲を失った」。

第二章　ジープニーの脈々とマニラの新生

ある日、突然のように世界がおわりを迎える。さきのゲレロにとってそれほどの絶望だったろう。しかし、そのような絶望のなかでも人は生きるための方法を探す。夭逝した近代都市に想いをはせているあいだも、人々は都市をつくる。たとえ、ある都市が死んだとしても、行為する人々は即座にその死の上に生のための場を積み重ねていく。「おわり」とは、生きるために別様な方法で都市を再建する「はじまり」でもあるのだ。

この新生するマニラを端的に言い表したのが小説家であるニック・ホアキンだった。

解放時に間に合わせで作られた浮橋やプレハブ建築などが、全面的に生活条件が正常に戻った後も撤去されないままになっていた。いや、こうした光景がむしろ止常状態となり、廃墟、救援物資、やみ商売と同様に永久に続く世界の一部のように思えてきたのだった。「正常」に戻るということはなかった。なぜなら異常であることが私たちの生活様式になっていたからだった。その異常さは、解放というものがマニラに産み落とした主要な三つの奇怪な事象――ジープニー、バロンバロン、そして不法占拠者――となって現われた（ホアキン 2005: 366-67）。

ホアキンは、マニラの都市が永久に（生まれ）変わってしまったと語る。その象徴は、ジープニー、スラム住宅（barong-barong）、そしてスラム居住者（squatter）たちだという。彼は、戦前の「東洋の真珠」から変わり果てた「罪深い街」（Sin City）への堕落と考えていた。

一九四六年、この時期は、フィリピンにとって待望の独立の時でもあった。この時期を日本軍政の終結とアメリカ植民地支配からの独立と捉える場合、ホアキンが「惨めでどうしようもない」と評価したマニラの状況は見過ごされがちである。喜びや歓喜の声は、ネガティヴな存在を見ないように要請する。その意味では、ホアキンはそのリアリティをしっかりとまなざす力をもっている。だが、ホアキンが惨めだと断言することは、そこをなんとか生きる場へと変えるために努力する人々の存在を歴史から追いやってしまうだろう。

このようにジープニーとは、追いやられ、見落とされてきた主題なのである。インフラが人々の生に不可欠なネットワークだとすれば、研究や表象のなかで重視されない存在であったとしても、人々が生きるために一日であっても欠かすことができない。たとえ、惨めだ、みっともないと言われようと、人々はジープニーをつくり出したのだ。新生するマニラ、その心臓の鼓動を聞いてみよう。

第1節　草の根の復興

東南アジア地域の交通については地理学・歴史学を中心に論じられてきた。歴史学者ハワード・ディックとピーター・リマーは、広範な東南アジアの交通の歴史を概観している（Dick and Rimmer

2003)。しかし、東南アジアの数カ国を比較して交通を論じる研究群からは、路線バスがいつ開通し、高架鉄道がいかに計画されたのかといった技術的な変容を知ることはできても、交通インフラと社会の動態、さらには交通がどのように社会の形成とかかわるかについて十分に考察されてきたとは言い難い。第一章のダニエル・ドッパーズやマイケル・パンテによる歴史研究は、アメリカ植民地期に焦点を当てた都市交通の姿を明らかにしている。だが、かれらの研究はアメリカ植民地支配を交通から分析することを目的とするため、一九四五年の太平洋戦争の終結で分析が途切れてしまう。一方で、バンコクにおけるバス交通の歴史を論じた柿崎一郎のアプローチにみられるように、地理学、歴史学における交通研究は公文書を用いた詳細な記述を中心とする（柿崎 2014）。その場合、そもそも公文書に残らない交通機関や労働者を分析するのは難しい。

本章がアプローチするジープニーの歴史は、人々の記憶を辿り、新聞記事の広告欄や些細な記述を集め、散り散りになった統計データなど、様々な断片を寄せ集めることで描写可能となる。ジープニーを記述することの難しさは、その出現が戦後期の動乱のなかで市井の人々の手によって始まったことが一因だが、政府による資料の廃棄や施設の移転に伴う紛失にも起因している。

戦後期におけるジープニーの台頭、交通インフラの再生

一九四五年三月三日、マニラ市街戦は終結した。市内での交通の再開は一九四五年五月初旬であった。五月七日、マニラ電力は連合軍が払い下げたトラック車両二五台を用いて交通サービスを開始、五月一五日、マニラとその近郊のバス会社はアメリカから一三七台のトラックを受け入れた。アメリ

カ軍を中心とする緊急事態管理局が交通管理を実施し、五月一七日より軍の傘下の民間緊急輸送は交通サービスを再開する。民間緊急輸送は、三二〇台のバス、一〇〇台のトラックを運用し、一ヶ月後の六月一七日には、こうした車両が一日あたり三・五~四万人にサービスを供給するようになった（MC 1945a）。一九四五年六月のマニラでは、四五〇〇台の自家用車、一〇〇〇台の馬車が利用されていた。一九四〇年には一万五〇〇〇台の自動車と五〇〇〇台のトラックが登録されていたことを考えると、自動車の総数は四分の一程度まで減少したことになる。この大幅な減少の理由は、日本軍による自家用車の徴収と放棄、馬は戦時中に食料とされたためである（MC 1945b）。一方、戦争で活躍した二万五〇〇〇台の軍用ジープがマニラを走るようになった。交通・流通のネットワークが崩壊した戦後期において、軍の余剰物資とともに戦時に使われたジープや輸送用の車両が復興に向けた重要な役割を担うようになる。

七月二九日には、セルヒオ・オスメーニャ大統領の指示のもと交通サービスを提供する半民半官のメトラン（Metropolitan Transport Service）が設立された。「足の救済」という新聞のコラムには、「アメリカ軍から緊急事態管理局、マニラ電力、他の交通バス会社にトラックが譲渡された時、（交通インフラが崩壊したなかで）長らく苦しみ続けてきた住民はようやく救済を得ることができました。運行されているバスはまだ限られた数しかなく人々に十分な足を提供しているとはいえません。軍が続けてトラックを追加してくれることを望みます」といった市民の声が寄せられた（MC 1945c）。五月に始まった交通インフラの復興は、軍の支援を受けながら、マニラ電力やメトランなどのフォーマルな組織が中心となって進んだのであった。

一九四六年二月六日、メトランは二六〇台のバスを追加し、事業の拡大に伴う求人広告を打っている。求人内容には、一年以上の自動車運転の経験と高校卒業資格をもつドライバーと記載されており、植民地期の市街電車の車掌に類似した人材を求めていたことがわかる。しかし、設立当初からその運営の非効率性が指摘されていたメトランはたった一四ヶ月間（一九四六年九月）で運営停止した。[2]マニラ電力も破壊された市街電車の復興を放棄し、一九四八年にはバス事業から手をひき、交通セクターから完全に撤退した。両者の撤退は、一九四六年三月に生じた雇用関係の改善を求めるストライキの発生など、組織内部に問題を抱えてきたことも一因であった。このようなフォーマルな組織が交通セクターから手を引くなかで、小規模事業者による交通サービスが拡大しはじめたのである。

フォーマルな企業が撤退しようとも、モビリティへの需要は増加し続けていく。この需要をまかなったのが、小規模な交通サービスの事業者であった。物資の圧倒的不足のなか、小規模事業者は市街戦直後から自家用車やトラックを改造して交通サービスの提供を行っていった。このような小規模事業者は、未登録の自動車の利用、高額な運賃を要求するなど悪質な業者の場合もあり、政府による対応が求められた。一九四五年七月一〇日、公共事業委員会（Public Services Commission）は、交通サービスの運営希望者に対し、八月一〇日までにフランチャイズ（運営権）の申請を行うよう呼びかけており、交通インフラの復興に向けて個人も参入していく。公共事業委員会は、交通サービスの問題に対し、事業者の車両を登録しフランチャイズを発行することで解決を試みた。

フランチャイズは、一九三六年、フィリピン独立準備政府によって民間による公共サービスの提供を認める公共サービス事業法（コモンウェルス法第一四六号）によって制定された。本章では、政府

マニラ・タイムス紙の広告欄［枠はジープに関連する広告］（MT 1946a）

が民間の事業者に付与する権利をフランチャイズとして位置づける。フランチャイズは、特定のビジネスの権利だけではなく、特定の企業に付与された公務の遂行や管轄権の行使という特別な権利も意味する。

小規模事業者の交通セクターへの参入を後押ししたのが、軍から余剰物資として払い下げられたジープの存在だった。一九四五年一二月中旬からジープなどの軍用車両は、対外清算委員会と余剰資金委員会によるオークションで競売にかけられ、マニラの市場に出回るようになった。取引額は車両が一五〇〇ペソ程度で[3]、さらに交通用車両へと改造するのに五〇〇ペソほどであった。写真は一九四六年二月七日のマニラ・タイムスの広告欄であるが、紙面を埋め尽くすほどジープの売買やその改造に関する内容が掲載された。当時いかにジープの需要があったのかがわかる。破壊されたインフラを埋め合わせる交通サービスは、住民が求める需要の高いサービスであったため、人々は私財を投入して交通セクターに参入するようになったのである。なかでも、ジープは流入量が多く、部品も潤沢に流通しており、修理・改造が容易なため重宝された。そして、ジープは、ジットニーと呼ばれる乗合バス[4]の形態と結びつき、ジープ・ジットニー（*jeep-*

Vehicle in Manila during the U.S. Reparations Mission, Philippines, June 23, 1946
An early example of extending a surplus military jeep to carry more passengers
that would become the iconic Jeepney of Manila and the Philippines © John Tewell
Harry S. Truman Library & Museum, Independence, Missouri, USA

一九四六年六月に撮影された軍用ジープを改造した公共交通車両[6]

jitney）[5]と呼称され、一九四六年七月の広告欄をみると短縮されジープニー（*jeepney*）として定着した（MT 1946b; c）。

新たな「道の王」

ジープニーはその台数も路線数も拡大し続けた。一九四九年のフィリピン・フリー・プレス紙は、ジープニーが戦後の「道の王」（king of road）となったと紹介している。「第二次世界大戦の以前、コチェロが道の王だった。誰が遅れることになろうと、かれらが道を独り占めしていた。かれらが道の所有者だった。……だが、いまでは、道の王はびゅーんと駆け抜けていく『やつら』、ジープニードライバーだ。かれらが道のご主人様だ、この街の隅から隅まで」と、ジープニードライバーをコチェロに継ぐ道の王だと表象した（PFP 1949）。強引な運転でマニラを駆けめぐるジープニーは、たとえそれがインフォーマルに出現した交通の形態であっても、公共サービスを担う主要な交通機関へと成長したのである。

コラムニストによるコチェロとジープニーの「道の王」という揶揄は、実際のところ、運営の主体、その製造において連続性を有している。ジープニーの老舗メーカーであるサラオ・モータースによれば、ジープニーのボンネットの上に設置される馬の像は、この連続性を示している。サラオの創始者であるレオナルド・サラオ[7]は、戦前にはマニラ郊外に位置するカビテ州で馬車を制作する職人だった。もう一つの老舗メーカーであるフランシスコ・モータースも、同じカビテ州で馬車の製造に携わっていた。サラオは、戦争を契機にジープの修理や改造を学びながら一九五三年にジープニーの製造工場を設けた。馬車制作に携わっていたサラオやフランシスコの事例のように、馬車とジープニーのあいだには社会関係や技術的な連続性[8]がみられるのである。レオナルドの息子であるエド・サラオは、ジープニーについて「コチェロたちは、鉄の馬を手に入れたのだ」と評した。ジープニーは、植民地期における社会を規律統治する装置としての交通とは異なり、市井の人々が中心となって死んだマニラを再生するためにつくり出されたのである。

さきのニック・ホアキンの言葉に立ち戻ってみよう。「『正常』に戻るということはなかった。なぜなら異常であることが私たちの生活様式になっていたからだった。その異常さは、解放というものがマニラに産み落とした主要な三つの奇怪な事象――ジープニー、バロンバロン、そして不法占拠者――となって現われた」。彼は、ジープニーについても「かわいらしい民衆芸術品としてほめちぎる向きもあるが、だからといって、これが公共交通機関として実用的でなく、頼みにならず、無秩序で、明らかに害悪」であり、「気高く忠実なマニラは品がなく不誠実な都市になって」しまったと悲嘆している（ホアキン 2005: 366-67）。

ホアキンが皮肉を込めて記述したマニラの変化は、戦後独立という時代に生じた社会の変容をうまく捉えている。統治者が異常として排除した者たちによる新しい「正常」な社会が創造されていた。いわば近代都市としてのマニラの死と灰から、別様なマニラが再生する過程であった。植民地政府と独立準備政府が掲げた統合された近代社会の夢が戦争によって破れ、戦後期に国家による交通の管理も喪失した状況において、市井の人々が各々の方法で交通を提供し、人間が生きるために必要な基盤を共につくり出したのである。[9]

第2節　肥大化する都市、深化する交通ネットワーク

本節では、都市人口の急激な増加による郊外化に伴い、ジープニーの交通網が拡大し、政府との間で緊張を孕みながら、社会秩序が形成されたことを示す。バスと比較した際、ジープニーは、賄賂によってフランチャイズを取得しながら綿密な路線網をつくり、都市の隅々まで覆うネットワークを成立させた。

拡大するジープニーの路線網

市街戦による深刻な被害は、政治家や都市計画者にとって新たな都市計画を実行する絶好のチャンスだったが、一九五四年になるまで包括的都市計画は立案されなかった。[10]その間に荒廃した地方か

らマニラに移民が流入し、一九四八年に一六〇万人だったマニラ都市圏の人口は一九六〇年には二五〇万人まで膨れ上がった。しかし、民間セクターは富裕層向けの住宅しか建設せず、また政府も低所得者層向けの住宅供給を行わなかった。そのため、深刻な住宅不足が発生した。この住宅不足の解決は移民自身の手に委ねられ、自力建設によるスラムが出現した。ホアキンが「バロンバロン」と呼んだのは、こうしたスラム住宅だった。スラムの建設地には、雑草の生い茂る空き地、河川沿い、海岸線沿い、鉄道の線路沿いやゴミ捨て場などの利用価値が低い土地が用いられ、上水・下水道の整備もされておらず衛生状態は劣悪だった。しかし、移民が移民を呼ぶことで地方からの移住は止まることなく進み、スラムは拡大し続けた（Balisacan 1994: 32）。

表2-1で示されるように、一九四八年から一九六〇年、一九七〇年にかけてケソン市、カローカン市、マカティ市、マンダルヨン市、ヴァレンスエラ市、パラニャーケ市などで一〇〇%を超える人口増加が経験された。戦前におけるマニラ市一極集中の状態から都市の郊外化が進展していた。

一九六〇年代に人口増加が著しかったケソン市（ケソン通り）、カローカン市・ヴァレンスエラ市（リサール通り）、マンダルヨン市（ショー・ブルバード通り）、パサイ市（タフト通り）は、マニラ市キアポ地区から放射状に伸びる主要道路によって結びついている（二四頁・図1を参照）。一九七〇年代には、放射状の主要道路に交わる環状線のエドサ通り（エピファニオ・デロスサントス通り）の交通量が増加し主要な道路となった。一九七六年に当時の公共事業道路省の交通部門に就職し、二〇一八年に運輸省を退職したA氏によれば、都市の郊外化により、放射状の主要道路を走っていたバスがエドサ通りへと移行し、一方、ジープニーが従来のバスの路線を運行するようになった。郊外化と路線の拡大が同調し、ジープニーの運行がキアポ地区[11]に集中するようになり、「すべてのジープニーはキアポに行く」といわれるようになった。

一九五〇年代の交通車両に関する政府の統計資料はみつかっておらず、一九六〇年代に入っても複数の報告書に散逸[12]している。これらのデータを整理し、交通車両の増減について示したものが図2-1である。一九六〇年にはマニラ市のジープニー事業者は三六〇〇名、車両は七三〇〇台、二〇〇〇路線に達した。バス事業者の七二名と車両二六〇〇台、四〇〇路線と比較すると、ジープニーは車両台数と細分化した路線網によってバスを凌駕する交通網を構築していた（Grava 1972: 2）。一九六三年時点では、ジープニーの登録台数は一万二五五七台、バス四四七五台に増加した。一九七〇年、ジープニーは一万四九一七台、バス三七九七台となった（Laquian 1966: 57）。一九七二年にはジープニー一万八二〇三台へと増加、バスは四〇六三台に減少した。バスの車両台数は、一九七五年四九四〇台、一九七六年五〇三〇台へと増加した後、一九七七年四一三六台、一九七八年三八三九台、一九七九年一八一一台と減少に転じ、一方、ジープニーは増加を続け、一九七七年に三万二五〇〇台になった。

都市住民の交通機関の利用比率は、一九五七～五八年はジープニーが六九％、バスが二〇％であった（Grava 1972）。この比率は一九七七年時点でもマニラ市内においてジープニー利用七〇％とバス利用二〇％、郊外におけるジープニー利用五四％とバス利用三三％であり、五割強から七割の住民がジープニーを主要な移動手段としていたことがわかる。しかし、この利用比率の差異について、ジープニーセクターが都市交通を支配したためにバスが衰退したと結論づけることはできない。バス交通の研究は、フィリピン大学の修士論文などで蓄積されている（Hernandez and Magno 1974; Bundang

表2-1　マニラ首都圏の人口増加[13]

市／町	人口				
	1939年	1948年	1960年	1970年	1975年
マニラ	62.3万人	98.3万人	113.9万人	133.1万人	145.5万人
ケソン	3.9万人	11.1万人	39.8万人	75.4万人	96.0万人
マカティ	3.3万人	4.1万人	11.5万人	26.5万人	33.2万人
カローカン	3.8万人	5.5万人	14.6万人	27.4万人	39.3万人
パサイ	5.5万人	8.9万人	13.3万人	20.6万人	96.0万人
マラボン	3.3万人	4.6万人	7.6万人	14.2万人	17.4万人
マンダルヨン	1.8万人	2.6万人	7.2万人	14.9万人	18.0万人
パシッグ	2.7万人	3.5万人	6.2万人	15.6万人	21.1万人
タギッグ	1.2万人	1.5万人	2.2万人	5.5万人	7.4万人
バレンスエラ	1.3万人	1.7万人	4.1万人	9.8万人	15.1万人
サン・フアン	1.8万人	3.1万人	5.7万人	10.5万人	12.1万人
マリキナ	1.5万人	2.4万人	4.0万人	11.3万人	16.5万人
パスピニャス	0.6万人	0.9万人	1.6万人	4.6万人	8.4万人
パラニャーケ	2.1万人	2.9万人	6.2万人	9.7万人	15.5万人
ナボタス	2万人	2.9万人	4.9万人	8.3万人	9.7万人
パテロス	0.7万人	0.8万人	1.3万人	2.5万人	3.3万人

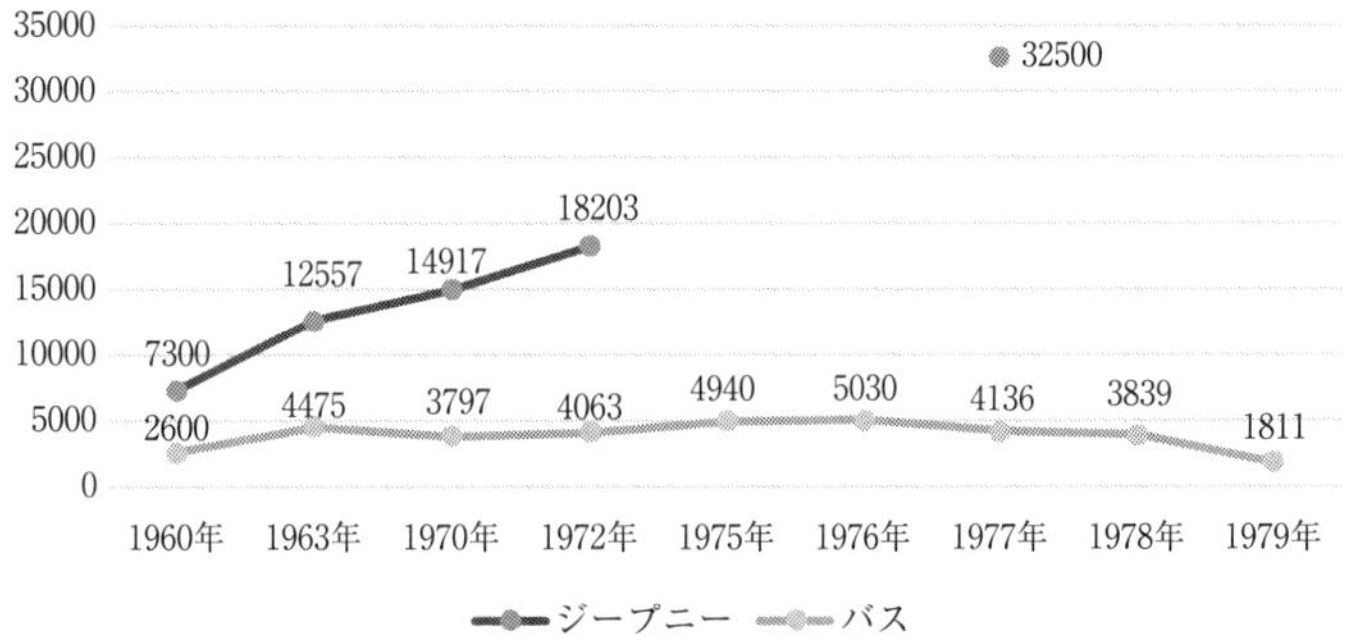

図2-1　一九六〇～七九年の公共交通車両の増減

and de Castro 1980; Kishiue 2003)。これらの研究成果を要約すると、一九七〇年代に生じたバスの減少には主に五つの原因がかかわっている。

第一に、一九七〇年代初頭の石油価格上昇と一五〇％のインフレによる影響。第二にバス会社が車両の整備に十分な費用をかけなかったことによる故障の頻発化、故障の修復による運行コストの増大。第三に政府がバスセクターに融資を行わなかったこと。第四に交通渋滞の悪化とジープニーとの競合、第五にバス会社における労働者のストライキが運営をさらに悪化させたこと。これらの要因に加えて、大統領夫人イメルダ・マルコスがメトロ・マニラ交通公社を設立し、一九七四年時点で登録されていた一三二のバス事業者を徐々に統廃合することで中央集権化し、一九八一年には一三の事業者に制限したことも、バスセクターに対する追い討ちとなった。イメルダの導入したエアコン付きバスは、故障の多い旧型の車両を運行する既存のバス会社から利用客を奪う結果になったからである。

交渉され合う交通秩序

右記からバスが減少した理由を知ることができた。では逆に、なぜジープニーの車両数は増加したのだろうか。ここでは、ジープニーセクターによるフランチャイズ取得と路線の拡大、様々な政策による規制と管理をかい潜ってきたプロセスから検討する。とりわけ、一九五〇年代のマニラ市を取り上げるが、その理由はこの時期に生じた状況がその後も類似したかたちで繰り返されてきたからである。

一九五二年一〇月、「マニラの交通渋滞から脱出する方法」と題される記事が書かれており、すでに都市交通の混雑が社会問題として認められていたことがわかる（Freedom 1952）。ジープニーの規制を本格的に開始したのは、アルセニオ・ラクソン市長（一九五二〜六二年）[14]であった。再選を果たした一九五六年一月、ラクソン市長は、マニラ市警察と協力して、露天商の歩道からの立ち退き、信号無視などの交通規制を厳格化して歩行者やドライバーの摘発を行った。ラクソン市長は、一連の路上管理の締めくくりとして「無謀ドライバー撲滅作戦」（operation reckless）に着手する。

この取り組みでは、警察が違反したジープニードライバーに対して交通違反切符を発行することなく直ちに逮捕し交通裁判所に移送することができた。市長は、交通の担い手であるジープニードライバーとは「法の遵守に努め、公共の安全のために」尽くすべきであり、「金のことだけを考えるようなやつは成敗する」と発言し、二〇項目に及ぶ禁止事項[15]を制定し矯正を試みた。ジープニーの取り締まりにはストライキによる反発が予想された。市長は住民に忍耐を促し、これが無謀なドライバーの悪行を抑制する唯一の方法だと説明した。彼はジープニーのストライキに備えて、「警察は緊急事態に対応するために二四時間態勢で警戒し、市当局が輸送サービスを提供する用意」があると述べた（PFP 1956a）。

この取り締まりの背景には、一九五〇年代初頭に生じたジープニーの新たな運行方法が影響している。「バウンダリーシステム」への移行である。この内容に関する詳細と分析は次章で改めて論じるが、バウンダリーとは、ドライバーが事業者であるオペレーターから車両をレンタルし、利用権を得る車両賃貸契約を示す言葉である。この車両賃貸契約において、ドライバーは定額の利用料（バウンダリー）をオペレーターに支払い、車両を運行して得られた収益を収入とすることができる。バウンダリーシステムにおいてドライバーは自身の能力にもとづいて収入を増加させ、能力ゆえに減少させることになった。ドライバーはガソリンの消費を最小限に抑え、かつ、乗客を最大限に載せるために街角で客待ちをし、運転に際して前を走行する車両を追い越し、我先に客を取ろうとする。乗客をめぐるジープニードライバー間の競争やかれらの運行方法は、渋滞の原因となり、時に深刻な事故を引き起こすなど交通の秩序を乱すようになった。マニラ市交通局は、制御不可能なジープニードフイバーを獣（*hayop*）、悪魔（*demonyo*）と蔑称で呼んだ。一九五〇年代初頭に現われたバウンダリーシステムへの移行は、ドライバーにとって路上を競争し合うアリーナへと変貌させた。その姿が、コチェロに続く「道の王」と呼ばれる理由であった。

フィリピン・フリー・プレス紙は「マニラでの交通事故の二五%は、ジープニーのドライバーが生計を立てるために交通の安全を破壊するバウンダリーシステムに起因する。無謀な運転と警察官の腐敗は、この運転を続けるように要請するバウンダリーシステムの産物である」と論じている（PFP 1956a）。事故原因の二五%がバウンダリーシステムにあるとどのように試算したのか、また警察官の腐敗と結びついているのか、疑義は残る。だが、この指摘は戦後期に生じたジープニー運行方法が交通と秩序に影響を与えたことを示している。

バウンダリーシステムへの移行に伴い、ドライバーたちは稼ぎを最大化するために追い越し、逆走、急な路線変更、急停止・急発進など交通違反を犯すようになった。警察や市の交通監視員は、このような違反を管理する存在である。だが、交通を管理する主体もジープニーによって飼いならされていく。一九六二年の雑誌では、ジープニーの運行をめぐる賄賂について熟練ドライバーのエピソードが記された。熟練ドライバーは、稼ぎが少ないと愚痴をこぼす新人ドライバーに対して「おれの路線のサンパギータの行商人は、毎日、三糸のサンパギータの花[16]を手渡す。おれは〇・五ペソを花代として支払う。〇・二ペソは警察へと流れる。だからサンパギータの金を支払っている限り、おれは大丈夫だ。警察に捕まることなく交通違反をすることができ、多くの金を稼ぐことができる」と、真面目に交通規則を守るようでは稼ぐことはできないと説明している（PFP 1962a）。この記事では、警官への賄賂は、ジープニーを運行する上で重要な技法の一つとして位置づけられた。

ジープニーを運転するドライバーは、交通の管理主体と交渉し介入し続けてきた。ジープニーの運行は、時に法を犯すものでありながらも、システム自体をかれらのやり方によってインフォーマルに再編したのである（Rasmussen 2012）。いわば、ジープニーという交通に合わせて、賄賂という袖の下がドライバーと警察を結び、新たな社会の形態が現われてきた。

さきのラクソン市長による無謀ドライバー撲滅作戦の成果はどうだったのだろうか。一九五六年二月一日、ドライバーたちは条例の実施に対してストライキを決行し、ジープニーを路上に停止させ、道路を封鎖することで交通を停止させた。ストライキによってマニラの交通は麻痺したが、翌日にはストライキは解散した。新聞では「ストライキは立ち消えた」と評された。

一九六二年、ラクソン市長が脳卒中で急逝し、副市長だったアントニオ・ヴィレガスが市政を引き継いだ。一九六四年、彼もジープニーに対する強行的な交通規制を実施する。ヴィレガス市長は、マニラ市内のジープニーとバスの路線を再編することで交通渋滞の緩和を試みた。しかし、この交通規制はジープニードライバーからの強固な反発を招いた。記事では、「ジープニードライバーたちが、かれらの路線を走るバスを妨害するために、バスを停止させ、車窓に石を投げつけ、乗客の目の前でバスドライバーを引きずりだしリンチした」とストライキによって交通が混乱する様子を描写している（STM 1964）。

マニラ市だけでなく、政府の公共事業委員会もジープニーの規制を試みた。一九五八年一月、公共事業委員会はジープニーのバウンダリーシステムを一九六一年一二月に完全撤廃させると宣言した。しかし、一年後、一九五九年一月には一九六六年一月までの五年間の延長を行った。紙面上では、「腐敗した行政機関」のタイトルで「賄賂の支払い額に応じたフランチャイズの取得のしやすさ、ある事業者は翌日には発行され、一方で適切な申請を行った者は取得に二年以上かかる」などの公共事業委員会の汚職と職権乱用が厳しく批判された。さらに、自動車検査登録を行う車両管理局もその非効率性が指摘されている（PFP 1956b）。

公共事業委員会の事例にみられるように、ジープニーの賄賂は、路上の警官や交通監視員だけではなく、その登録過程にも用いられ、法的認可を与える機関もジープニーのネットワークに取り込まれていった。豪腕で知られたラクソン市長が強固な管理政策を実施し、公共事業委員会に連携を要請したところで成功しないことは当然であった。一九五〇年代から六〇年代にかけての二人の市長による交通規制の取り組み、それに対するドライバーたちによるストライキ、メディアによるストライキの失敗という報道、こうした一連の流れは、現在まで継続している。

賄賂によって政府を取り込む過程は、ジープニーセクターが強固なエージェンシーを発揮して警察も政府機関をも飼いならしたことを示すわけではない。たとえば、ドライバーたちも警察からの圧力を受け続けている。「トン」（*tong*）と呼ばれる警察が徴収する賄賂の廃止を訴えるドライバーも、この構造を容易には変更することができず、強制的な取り立てを黙殺する結果を生み出している（APL 1972）。この相互の飼いならしがジープニーを戦後の交通インフラの地位へと押し上げたのであった。植民地期において交通が近代化や規律化による社会統合を実現する装置だったとすれば、独立期以降はオペレーター、ドライバー、役人、警察、通勤者の需要、そうした様々なアクターが交渉し交渉される空間が交通となった。前者が垂直的権力によって社会をまとめあげるとすれば、後者では水平的に様々な交渉によって社会がつくられている。

フランチャイズや路線を拡大したいジープニーセクター、賄賂を受けとる役人や警官と規制を試みる政治家、規制に対するストライキ、フォーマル／インフォーマルが入り混じりながら対立と交渉は続いていき、一方の勝利で終わることはなかった。報道機関がストライキを「失敗」「立ち消えた」と評するように、アクター間の緊張関係は、決定的な結果に至ることなく、つねに先延ばしにされ宙づりにされ続けた。

都市を結ぶネットワークと政治組織の設立

都市が郊外に向けて成長していく過程では、人々の求める移動に応じてジープニーの路線が次々と設置されていく。フォーマルな交通組織は戦後に撤退し、バスセクターも不調であった。実質的にジープニーが主要な交通サービスの提供者であった。ジープニーセクターは、国家との関係をつねに交渉し続けながら、マニラにそのネットワークを脈々と広げていったのである。

一九六〇年代末、異なる路線を取りまとめるジープニーの政治組織（federation）が結成された。個別の路線組合（association）とは異なり、政府とも交渉を行うのが政治組織である。最初の政治組織は、「マニラ郊外のドライバー組合」（Pasang Masda：*Pambansa Sanggunian ng Manila Suburbs Drivers Association*）という名称のとおり、そのメンバーにマニラ市内と郊外を含み、さらにフィリピン全土の路線組合の組織化を行った組織だった。同時期に、ACTO（*Philippine Confederation of Drivers and Operators-Alliance of Concerned Transport Organizations*）や MAPAGSAT（*Malayang Pagkakaisa ng mga Samahan sa Transportation*）といった他の政治組織も出現した。この背景には一九六〇年代末の景気悪化や石油価格の高騰など、それまでのマニラ市や各路線に限定された問題かららより広い集合的行為を要する問題が浮上したためでもあった。

Pasang Masda は、設立当初、マニラのパドレ・ファウラ地区に事務所を構えており、公共事業委員会が新たに開設する路線についてオペレーターと政府機関を媒介する役割を担った。Pasang Masda と ACTO、それぞれの代表は、オスカー・ラザロとボニファシオ・デ・ルナであった。二人とも弁護士資格をもち、行政との法的手続きを代替することを主な仕事とした。そのため、政府の役人は「ブローカー」、また左派の政治組織である Piston（*Pagkakaisa ng mga Samahan ng Tsuper at Operator Nationwide*）は「シンジケート」と、両政治組織を批判的に評価している。一九七五年に Piston の前身となった PSMT（*Pinagkaisang Samahan ng at Makabayang Tsuper*）に加入したドライバーが、「デ・ルナが弁護士だって？　あいつは大学も出てないぞ」と言うように、事実として弁護士資格を有していたかは定かではないが、両者はフランチャイズを融通するエージェントとしての能力を買われ、組織の拡大に成功した。

前述のように、移民による人口増加、郊外化と居住区域の拡大、それに伴う路線の増加は、ジープニーセクターのネットワークを広げ、深化させる結果をもたらした。バウンダリーシステムと賄賂の例が示すように、政府とジープニーセクターの間では、協働関係（あるいは共犯関係）が成立し、互いに圧力をかけ合い、交渉を繰り返すことで戦後独立期の交通インフラが立ち現われてきたのであった。だが、石油価格の上昇など世界経済と連動する問題も発生し、両者が対立する局面も増えていった。こうした状況下で激動の一九七〇年と七一年を迎える。

第3節　ジープニーをめぐる都市政治

本節では、開発独裁を行ったフェルディナンド・マルコス政権下において「道の王」となったジープニーセクターをめぐる都市政治の過程を取り上げる。その過程から独裁政権とフィリピン共産党の両者が、交通インフラを政治的インフラとして活用しようと試みてきたことが示される。

一九七一年二月一日から二月九日、フィリピン大学ディリマン校の学生、教授、職員が石油価格の上昇に抗議する交通セクターの労働者を支援するために道路にバリケードを張った。親マルコス派として知られていたイノセンテス・カンポス教授が、抗議者との激しい衝突の後、一七歳の学生ソニー・メシナを射殺し、事態は悪化の一途を辿った。メトロポリタンコマンドの兵士は、

フィリピン大学のバリケード封鎖を取り囲むメトロポリタンコマンドの兵士
(Pinoy Week 2011)

キャンパスへの侵攻を開始し、もう一人の学生、一九歳の獣医学専攻のレイナルド・ベロが重傷を負った。しかし、共産主義者たちは降伏を拒否した。この闘争は、かれらの創造性を示す機会となった。教授たちがつくった火炎瓶を防御用の武器として使用し、空軍のヘリコプターを追い払うために工学部と教養棟の屋上で『対空ロケット花火』を発射し、共産主義者たちは学問の自由を実現するために懸命に戦った。DZUPラジオは、大学の状況についての最新情報を提供しただけでなく、マルコス大統領と彼の疑惑の愛人ドヴィ・ビームスが関与した悪名高いセックステープを再生した(FilipiKnow 2015)。

一九七〇年一一月から七一年二月にかけて

ベトナム戦争におけるアメリカの残虐性、生活費の急騰、抑圧的な国家機構、資本主義の危機は、アメリカの経済的覇権の相対的な衰退をもたらした。巨大な怒りが社会を覆い、一九六〇年代後半から七〇年代初頭の政治を刺激し、世界の至る所で革命的な状況が生じた。

フィリピンでは、社会不安、政治的緊張、共産党の出現という文脈のなかで、後に「ファースト・クオーターの嵐」(First Quarter Storm)として知られるようになった抗議運動の爆発的な拡がりが一九七〇年の最初の三ヶ月間を揺るがした。そして、こうした抗議運動の波が最高潮に達したのが一九七一年二月の「ディリマン・コミューン」であった。一八七一年のパリ・コミューンになぞられたフィリピン大学ディリマン校の封鎖は、アンシャン・レジームから脱却するために、大学の建物を伝統的なアカデミックなものから活動家の名称に変更した。バリケードは、革命的な知識と再教育のための砦として機能し、大学の自律性の再定義を促した。共産主義者は、自律的で進歩的なラディカリズムに向けて教育を政治化するために国家からの独立を主張したのである(Quimpo and Quimpo 2016)。ディリマン・コミューンは、フィリピンの社会運動において最も輝かしい物語の一つである。

しかし、この物語の発端となったジープニーのストライキについてはほとんど触れられることがない。この物語は学生あるいは共産主義者による輝かしい運動の軌跡であり、ジープニードライバーたちは背景に押しやられている。本節では、前記のように「学生たちが共感した」と一文だけで説明されるジープニードライバーたちの存在が抗議運動においていかなる役割を担っていたのか、そして国家はどのようにジープニーセクターをみていたのかを検討する。

ディリマン・コミューンの発端は、ジープニーによるストライキであった。一九七〇年一一月末、マルコスは石油の関税を一五〇%引き上げる法案を可決した。これは一ヶ月後の一二月二六日から施行されることとなった。それを知ったジープニーの政治組織は、大規模なストライキを実施する。一九七一年一月八日から一月一三日にかけてマニラ首都圏の都市交通は停止した。ミラー誌は「アナーキー化したマニラ」の見出しのもと、その様子を「ジープニードライバーとその支持者は、早朝のタフト通りとエスパーニャ通りで一塊となり、マラカニャン宮殿へと歩き出した……ジープニードライバーは関税とガソリンの値上げに抗議し、一週間にわたって自己を犠牲にして（運動に）奉仕している。休校になった学生たちがこの行進に合流し、この抗議を支持した」と描写する（Mirror 1971）。ストライキには、マニラ首都圏近郊のカビテ州、サンパブロ州、ケソン州ルセナ、ビサヤ地域のイロイロ市、東ネグロス州のドライバーも合流した。抗議者は、運行を続けるバス、タクシー、ジープニーに投石し、一月九日、エドサ通りではマリキナ・バリー・バスが燃やされ、ケソン市の二つのガススタンドが爆破された（写真・一〇三頁）。マルコスは関税の引き上げを差し止めた。

政府はジープニーセクターの動向に注目せざるを得なかった。メトロポリタンコマンドのまとめた内部報告書[17]によると、ジープニーの政治組織とストライキをいかに警戒していたのか読み取ることができる。メトロポリタンコマンドは、Pasang Masda のオスカー・ラザロと ACTC のデ・ルナを尾行し、一月中の移動、会合、ボディガードの有無など、二大政治組織の代表の詳細な記録を残している。ストライキ中の一月一二日の報告では、「一四時、二台のトラックがマカティ市に米を搬送し、ドライバーが受け取った。何人かのドライバーと話をすると、かれらはこうした人々が支援をやめない限り、ストライキの継続を望むと述べていた。……不確かな情報だが、ロペス兄弟（ロペス財団）から大量の米と缶詰がストライキ参加者に配られている。……しかし、中国の存在は確認されていない。ただし、ストライキは、学生と青年組織から十分な支援を受けている」と記している。

当初のディリマン・コミューンは、一九七一年二月に実施されるジープニーのストライキへの共鳴として計画された。フィリピン大学ディリマン校でのバリケード封鎖は、当初の理由であった「石油価格の高騰」に対するジープニーのストライキへの支持という具体的な目的からはじまった。しかし、学生や共産主義の運動は、その目的を「帝国主義への抗議」へシフトしていった。以下で述べるように、ジープニーセクターは、交通によって生活と経済を回し続けるがゆえに、共産党にとっても、国家にとってもうまく利用できれば大きな力を得ることができるエネルギーの塊のような存在であった。ディリマン・コミューンは、このエネルギーをうまく使おうとし、それは七〇年代の抗議運動の記念碑として今も語り継がれる。だが、それによって舞台から消えてしまったのは、その運動を可能にしたドライバーたちの存在であった。

ジープニーの「取り込み」をめぐるポリティクス

ディリマン・コミューンとその後の過程は、最大の政治組織であったPasang Masdaを分裂に導いた。同組織のメンバーだったレト・ビリャールは、ドライバーたちをラディカル化させ闘争を目指す再編を試みた。一方、Pasang Masdaを創設したオスカー・ラザロはより穏健派の路線を維持する意向であったため両者は分裂に至った。ビリャールはメンバーの一部を引き連れ、先述したPSMTを組織した。彼は、一九八〇年に労働組合・五月一日運動（KMU: Kilusang Mayo Uno）が発足した際、副議長となった。ビリャールの抜擢は、フィリピン共産党がジープニーの組織化に強い関心をもっていたことを示している。

これには二つの理由があげられる。一つは、ディリマン・コミューンで展開されたような都市のモビリティとその停止を用いる戦略のために、ジープニーセクターを実働部隊として取り込み、動員したかったためだ。もう一つは、ジープニーが一九五〇年代から抗議を行っており、怒れるドライバーのイメージは大衆の潜在的な力を象徴するものだったからである。フィリピン共産党を創始したホセ・マリア・シソンは以下のように述べた。「大衆から学び、かれらと共にいることで、私たちの行動や解決方法をより正確でダイナミックなものに概念化できる」（Tadiar 2009: 267-68）。その一つの大衆像がドライバーであった。一九七〇年代、実際にジープニーの組織化に携わった活動家へのインタビューをみてみよう。

A PASSENGER BUS, owned by Manditrans Co., burns on Quezon blvd. in front of Main Theater after a group of men poured gasoline on the vehicle and set it afire. The 25 passengers of the bus were unhurt. (Photo by Amado Francisco)

A MANILA-BOUND BUS from Cavite is blocked by a jeepney on Roxas blvd. as striking drivers tried to paralyze transportation in Greater Manila and other suburban areas yesterday. The strike enters its third day today.

ストライキによって炎上するバスと停止させられたバス（Mirror 1971）

ヴィオレッタ・デ・グスマンは、一九四八年、大農園の管理人の娘として北部ルソンに生まれた。[18]彼女の最初の記憶は、フクバラハップ（抗日人民軍）のメンバーの遺体が自宅の前に捨て置かれていたものだったという。一九七〇年にアメリカに渡航し、労働者として働きながら政治学者ウォールデン・ベロらとコラテラルを結成した。一九七二年に戒厳令が敷かれた翌々月の一〇月に帰国し運動と地下での組織化に加わった。一九七〇年代に彼女が関与していたのは、先のビリャール率いるPSMT[19]であった。しかし、マルコスは一九七二年にPSMTを違法化した。それからの三年間は地下に潜り、約三〇路線[20]を一つのグループ（Integrated Jeepney Driver Association of Metro Manila）へと組織することに専念した。

彼女の長く広範な活動家の経験において、ジープニードライバーたちは特異な存在だった。山間部の鉱山労働者の組織化は、労働者がくすねてきた砂金を受けとり活動費として使うこともあったが、それは食えない貧しさを共有することだった。しかし、「ジープニーセクターに行くとみんな太って帰ってくる」と他の活動家と冗談を言い合ったように、ミーティングの度に食事が出され、たらふく食べるように勧められた。現金を毎日得られるドライバーは、金の心配をしなくてもいいからだ。だからこそ、工場労働者や大農園の貧農のような具体的な搾取構造をもたないジープニーセクターの集団化・組織化は難航した。

彼女によれば、当時の活動家たちはドライバーたちを「パサ・マッチョ」（*pasada-macho*）と呼んだ。直訳すると「ストリートのマッチョ」を意味するドライバーへの呼称は、かれらが路上に立ち、手をかざすことで文字通り都市交通を停止させる姿に由来する。彼女は、大規模工場の労働者を組織化した経験[21]を引き合いに出しながら、都市全体を麻痺／無力化させるインパクトの大きさを取り上げた。彼女はフィリピン共産党がドライバーの組織化を要請していたと振り返る。その理由はフィリピン全土に根を張るジープニーのストライキを利用できれば、党の運動にとって優位に働くからである。こうした共産党の支援も、ジープニーのネットワークが拡張・深化するのを促進させた。

グスマンは、先のレト・ビリャールと面識があった。当時、デモの最中に学生や活動家が警察や軍に追われた時、皆がサンタ・アナ地区のスラムにあった彼の家に逃げ込んだ。追われた活動家たちは、スラム内の複雑な小道を分け入る。そうすれば、スラムの住民が入り口で守ってくれたという。そうしてビリャールはKMUの中心人物へと成長した。しかし、一九九二年のフィリピン共産党が分裂した時期、ビリャールは、資本家から賄賂を受け取ったため活動から身を引くこととなった。

過激派を引き連れジープニーを組織化してきたビリャールの汚職は、ジープニーの置かれてきた状況を理解するために重要な視座を提供している。グスマンの語りは共産党や活動家にとってジープニーセクターがいかに魅力的な対象であったかを示す。しかし、ジープニーセクターは、つねに国家と対立していたわけではない。Pasang Masdaの穏健派ラザロやACTOのデ・ルナのように、ディリマン・コミューン後、国家と近づいていった政治組織も存在している。アメリカ植民地期の分析で示したように交通は社会の統合と管理を試みる国家にとって重要な装置であり、国家によるジープニーセクターの統合も試みられてきた。

ディリマン・コミューンに話を戻すと、「共産党・学生 対 独裁国家」という構図は、その実働部隊としてジープニーセクターをどのように引き寄せるか水面下で綱引きが行われていたと考えることができるだろう。この綱引きは、一九七一年の最大勢力だったPasang Masdaを引き裂き、その後、一枚岩的なジープニーセクターが現われることはなかった。しかし、この分裂と細分化は、結果として様々なアクター間で交渉と対立をかさねながら、流動的に協働する、柔軟なネットワークを都市に張りめぐらせることになった。

マルコス期の中央集権化の試みと失敗、その後

一九七〇年代、交通セクターではバスの衰退とジープニーの増加が生じていた。当時、都市の郊外化に伴い、現エドサ通りの交通量が増えはじめ、政府はバスの交通路線を大きく変更する決定を行った。その変更内容は、ジープニーをキアポ教会へと通じるケソン通り、ショー・ブルバード通り、リサール通りに配置し、バスをこれまで交通量が少なかったエドサ通りに配置するものだった。この決定によって、短距離の路線が主要だったジープニーがより長距離の路線を運行するようになる（一四頁・図1を参照）。

路線の変更は、一九六〇年代に衰退の兆しを見せていたバスセクターがさらに減退する契機を生んだ。政府は一九七四年にメトロ・マニラ交通公社を設立し、大統領夫人イメルダ・マルコスが代表に委任した。翌年の一九七五年、マルコス独裁政権は、「メトロポリタン・マニラ委員会」を設立し、バスセクターの中央集権化を徹底した。各バス事業者は、一五〇台以上のバスを所有する者に限られ、小規模事業者は吸収された。結果として、一九八一年にはバスセクターを一三事業者に共同事業化させることに成功した。

バスセクターの中央集権化が成果をあげた一方で、ジープニーセクターではまったく異なる状況が生じた。A氏によれば、ジープニーの中央集権化は、一九七三年一〇月九日に発行された交通協同組合化事業によって試みられた。ジープニーの協同組合化の目的は、「カビットシステム」（*kabit* system)[22]に対処するためだった。Pasang Masda のラザロや ACTO のデ・ルナがブローカーやシンジケートと呼ばれていたのは、かれらが賄賂、社会関係、法の知識を用いて、フランチャイズを融通するビジネスを行ってきたからである。結果として、フランチャイズの申請は、ラザロやデ・ルナ、あるいは他の人の名前で登録されながらも、実際の車両のオペレーターとは異なっていることが問題化し、また政府による認可や与えられた権利であったフランチャイズ自体が商品として売買されるようになった。政府が協同組合の登録をとおして一つの路線に共同で一つのフランチャイズを発行することは、こうした細分化しすぎたフランチャイズを統合し、その原因であるカビットシステムを廃止するためだった。

しかし、A氏は、その成果について、「すでに個人でフランチャイズをもっているオペレーターが多すぎた」という問題があり、「協同組合は最初うまくいった。けれど、結局、同じだった。協同組合のフランチャイズも再びカビットとして売買されるようになって意味がなかった」と当時を回想した。政府の事業自体が、ジープニーセクターが再び拡大するために流用され骨抜きにされてしまったのである。

一九八六年、民衆が街頭に現われ、無血のままマルコスの独裁政権は終わりを迎えた。政治体制の変更に伴い、フィリピン経済は外資を受け入れ、徐々に回復していく。しかし、A氏は、一九八七年を「交通の危機」の年だったと述べた。一九八一年までに統合されたメトロ・マニラ交通公社を含むバスセクターは、経済の自由化に伴う交通需要の増大を満たすことができず、交通は危機に瀕していた。

A氏自身もかかわった事業において、政府は危機の解決策としてフランチャイズ取得に必要なバス車両を一五〇台から一〇台へと大幅な引き下げを行った。一九七〇年代に統合されたバスセクターは再び開かれた。これをチャンスとしたのが小規模な資金しかもたないバス事業者であり、かれらは日本からフィリピンに流れた大量の中古観光バスを公共交通車両に改造した。日本の排気ガス規制によって廃棄されたバスがアンダーグラウンドなルートで輸入され、「フィリピンは日本の中古バスで洪水になった」という。一九八七年の危機は、世界最悪の渋滞と呼ばれるマニラの交通に通じる状況を生み出した。報告書によれば、現在、マニラ首都圏内、または郊外からのバスの運行台数は約一万二五〇〇台に達しており、一一二二のバス事業者に分散している。

人々がつくり出す交通インフラ

本章では、マニラの歴史において十分に取り上げられてこなかったジープニーとそれに携わる人々を描写した。アメリカ植民地期のコチェロ、市街戦による破壊、流入する軍用ジープ、それを改造する元馬車づくりの職人、政府の汚職、ドライバーの向こう見ずな運転といった事象から都市の歴史とその変遷の一部を明らかにした。

序章で整理したように分断都市としてのマニラは、モータリゼーションの導入時においても存在していた。しかし、その当時ですらマニラ電力の運営する市街電車や路線バスは、コチェロのような存在に公共サービスの一部を依存していた。コチェロの存在は、アメリカ植民地期と戦後期に急激に薄まっていったが、戦後復興期に入ると、鉄の馬にまたがるジープニードライバーたちがマニラの交通をつくり変えていく。フォーマル／インフォーマル、パブリック／プライベート、上層／下層という二項対立的視角は、特定の時間区分を論じるためには非常に便利である。だが、ジープニーの歴史をみた時、それらの二項対立は限定的な視角に過ぎない。

ジープニーに注目すると、市井の人々の手で公共サービスが生み出され、それが都市交通の不可欠なインフラとして発展してきたことがわかる。ジープニーがインフラとして長い時間と多くのアクターとの関係で生じてきたことについて、その表層的な部分を本章では描いてきた。第二部では、このジープニーをつくり支える人々の生の領域を掘り下げていく。

注

1　通常、政府主導の交通インフラ事業は、その計画・導入・管理にあたり大量の資料や調査データを作成し保管する。

2　「メトランの運営上の欠陥は、出発時に集める乗客からの集金における怠惰である。乗客はかれらのチケットについて苦情をいって運賃を支払わない。すべての路線に監視役がいるのだが、公共事業部はその監視役と車掌の公正さについてはまったく知らないのである」（MC 1945d）。

3　一九四五年の米ドルと比ペソのレートは、一ドルが二ペソ換算。

4　ジットニーは、一九一四年にカリフォルニア州ロサンゼルスにおいてツーリングカーが市内の特定の地点を五セントの運賃で移動する公共交通機関として始まり、アメリカ中の都市で急激に増加した。しかし、多くの都市では、条例によって運行が禁止され、高額なライセンス料を課すか、道路の使用を制限するかのいずれかの方法で運行が不可能になった。戦前の時点で、ジットニーはアメリカからマニラに新しい制度として流入した。

5　本書がjeepneyを「ジープニー」と表記する理由は、この交通車両の歴史的経緯を重視するからである。フィリピンでの表記としては「jeep」や「*dyip*」が用いられ、日本の新聞などでは「ジプニー」が用いられることが多い。

6　John Tewell氏のコレクションより。https://www.flickr.com/photos/johntewell/5231619321

7　サラオ・モータースの現社長エドガルド・サラオへのインタビューより。

8　コチェロの存続が「商人、修理工、車大工、飼料供給者」から支持されたように、ジープニーの製造もインフォーマルで広範な社会関係を支え、そして支えられてきた。サラオ・モータースでは、一九八〇年代まで車両製造の機械化と効率化を徹底して避けてきた。かれらは、効率性よりも、親族関係や地縁にもとづいて若者や無職者を雇うことを優先して地場産業を形成した。もし機械によって効率化をすれば、それだけ仕事が減り食っていける人が減ることが主な理由だったそうだ。それにもかかわらず、最盛期には四〇〇人が勤務し一日一八から二〇台を製造していた。

9　戦後マニラに特有の現象にみえるかもしれないが、他地域の事例をみても類似した変容は生じている。戦争、紛争、政変、独立といった社会秩序の崩壊あるいは変容は、交通インフラの形態にも現われる。旧ソ崩壊時のマルシュルートカ、ケニアの個人所有の小型バスであるマタツ、シエラレオネのバイクタクシーの事例を参照（Humphrey 2007; Mutongi 2017; 岡野 2019）。

10　ダニエル・バーナム以降、都市計画が存在しないわけではない。一九四八年から一九七六年までフィリピンの新首都であったケソン市は都市計画にもとづいて建設された。ケソン市の都市計画とその発展の歴史についてはマイケル・パンテによる著作（Pante 2019）を参照。

11　マニラ市キアポ地区は、パシッグ川以北に位置し、有名なキアポ教会が立ち、周辺にはチャイナタウンやマーケットなどで賑わっている。キアポ地区がマニラ首都圏におけるハート（心臓）であるという考察についてはマーク・カラノを参照（Calano 2015）。

12　一九五〇年代のジープニーや交通に関する統計資料は所見の限り見つけることができなかった。戦中に公共事業委員会の資料は紛失しており、さらに一九七二年、施設の移動によっても資料が喪失している。本章の統計データも、各報告書や修士論文で記述されていた暫定的なものを寄せ集めたものである。それらの文献では以下の調査結果を利用していた。Motor Vehicles Office, Summary of Motor Vehicles Registered 1962-1963、一九七〇年実施の Region 4 of Land Transportation Commission による「Vehicle registration in the Greater Manila Area」、一九七四年実施の Land Transportation Commission による「A study of the Metropolitan Manila Bus Transportation Industry」、一九七七年三月実施の U.S. Department of Transportation による「Public Transportation: Problems and Opportunities」、一九八〇年実施の Bureau of Land Transportation による The Metro Manila Bus Transportation Industry (1975-79)。本書ではオリジナルの調査結果にアクセスすることができなかった。

13 ウィキペディア上で整理されている各市町の人口情報を参照元であるフィリピン統計機構の資料を確認した上で作成。

14 ラクソン市長については、アマドール・F・ブロシオJr.による著作を参照 (Brosio 2015)。

15 ジープニーに対する禁止事項として以下のものがあげられる。(1) 無免許・免許不携帯、(2) 他人の免許証や偽造免許証での運転、(3) スピード違反、(4) 酒気帯び運転、(5) 歩行者専用道路での車両停止、(6) 車線への進入・退出、(7) 橋梁上やその他禁止区域でのUターン、(8) 抜け道運行、(9) カーブや交差点での追い越し、(10) 通行路や視界不良な場所での停止、(11) 道路上でのドライバー間のレース、(12) 脇道から不用意な飛び出し、(13) 反対車線での運転、(14) 交通の流れに逆らった運転、(15) 誤った車線からの進路変更、(16) 駐車位置からの不適切な発進、(17) 明け方や夜間の無灯火運転、(18) 一方通行の道路の逆走、(19) 侵入禁止である安全地帯での走行や横断、(20) 走行中の荷物の積み下ろし (PFP 1956a)。

16 サンパギータはフィリピンの国花であり、交通量の多い路上や教会の前には行商人が姿を見せる。

17 Presidential Commission on Good Government (PCGG Indices) の資料を基に、フィリピン大学第三世界研究所が

編纂したアーカイヴの中から、Roll 001_LVD に収録されたマルコス独裁政権に関連する情報を参照した。

18 二〇二〇年一月五日にインタビューを行った。

19 彼女の組織で交通セクターのオーガナイザーはマニラでたったの三人しかおらず、それも複数の組織を横断する必要があったため非常に困難だったという。

20 彼女が担当した路線は、マニラ市内のパコ地区とパンダカン地区、クバオ-キアポ、クバオ-ショップ&ショップ、クバオ-ディヴィソリア、マラボン-ナボタス、クバオ-レクト、エドサ通り沿いのミニバス、アラバンからエドサ通りへの二つの路線などであった。

21 彼女は一九七〇年代の歴史的なストライキの一つである一九七五年一〇月二四日のラ・トンデニャ蒸留所の労働者を組織した一人であった。アジア最大の蒸留所を停止したこのストライキは、パートタイムの正社員化、女性労働者の対する産休の導入、不当解雇の停止を要求した。四四時間後、軍隊が抗議者たちを弾圧し、ストライキは終結した。

22 カビットシステムとは、オペレーターがフランチャイズを申請する際、弁護士を雇用しマニラあるいはセブで審問や審議に時間がかかるため、他人のフランチャイズを売買し流用することで労力を削減するインフォーマルなシステムのことである。実際に所有している車両台数よりも多くのフランチャイズを取得しているオペレーターがカビットシステムを行っている。カビットシステムでは、入会金のほか、ライセンス、登録、保険などの年間支払い、さらには毎月のカビット料金が発生する。「セブ島では、五大カビット事業者の影響力が非常に強く、一九八三年には約二五〇〇台（州全体の約七割）のジープニーを運営していた」（Roschlau 1985）。また、中西は、公営水道や電気の違法供給システムの管理についても、カビットと呼ばれていることを報告している（Nakanishi 1990: 277）。

第二部
ジープニーと生きる場を拓き、育む

ジープニーの屋根に乗ってマンゴーを取る親子

人はひとりで生きることはできない。これは倫理的な言葉ではない。単なる事実を表した言葉である。ある一人の人間が突然湧いて出てくるようなことはない。たったひとりの生であれ、生はつねに複数形で存在する。人間が生きる場とは、すでに複数の生のなかに在る。「私」がひとりで生きられるように、誰かがその道具を、その土地を、その家をつくったのだから。広大な荒野に先祖の息吹を感じとる先住民も、自宅の柱の傷にいま亡き祖父を思うあなたも、目の前の痕跡を見ることで生の存在を想起し観ている。そのようにして、私たちはいま居るこの場所をじぶんの居場所として結びつける。世界とは、あまりにも深く厚みをもった見えない行為の上に成り立っている。私たちの両足を支えるそこにも誰かの生や記憶が満ちているのかもしれない。

第二部で論じられるのは、ジープニーを運転し、ジープニーをケアし、自らの生をその車両と関係づけていくおっちゃんたちの生き方である。すでにジープニーが特異な交通インフラであることは論じた。この特異性を生み出したのは、おっちゃんたちの特異な生である。おっちゃんたちは、ジープニーを畑や田んぼのように耕し、ケアし、育てていく。ジープニーを運転して稼ぎ、ジープニーをケアし自らが生きる場所をつくる。その止まることのないサイクルが都市を生かし、都市に厚みをもたらす。かれらのエネルギーに満ちた生がこの都市を鼓動させ続けている。マニラの端から端まで人を運ぶジープニーは、おっちゃんたちにとって生きる場所であるだけでなく、この都市に住む人々にとっても共に生きる場所だ。かれらの生の鼓動に耳を澄ませ、その生を観てほしい。

第三章　都市を鼓動させる力

第一部では、ジープニーの交通が都市をつくり変える過程をみてきた。本章が問うのは、そのジープニーをつくってきたのは誰だったのかについてである。田舎から出てきた若者が都市で生きていくためにジープニーを運転する。かれらがジープニーを動かし、ジープニーが都市を動かし、交通をつくり出していく。では、かれらを動かした生への欲求とはどのようなもので、その生の様式がジープニーの運行と形態をいかにつくり出していったのだろうか。

本章では、マニラ首都圏タギッグ市の路線組合であるBAPJODA（*Bagumbayan Pasig Palengke Jeepney Operators and Drivers Association*）でのフィールドワークから先述の問いをジープニードライバーとオペレーターの具体的な生き方の描写から応える。しかし、その前にかつて青年だったあるドライバーの語りを紹介したい。彼の語りには、本章が着目し論じる生（*buhay*）の様式が存分に現われているからである。

モイゼスという男

モイゼス[1]は一九四〇年一二月にルソン島北部の山岳地域に位置するボントック町に近いバイとい

う集落に生まれた。このバイの同郷集団は、マニラ首都圏最大のアソシエーション[2]を組織しており、現在は五〇〇人のメンバーと二〇〇〇台を超えるジープニーを所有している。外部からは「トライブ」として名指しされるかれらは、組合への加入には同郷出身であることが条件であり、排他性の高い集団であった。モイゼスは、同村からの移住第一世代であり、ケソン市カムニン地区を中心に集住し、一九九〇年代初頭にはフェアビュー／ラグロの分譲住宅エリアを共同出資して購入している。

　彼の家族は貧しく、カモテ（さつまいも）を育てる一haに満たない小さな土地をもつ程度だった。「ここにいて、どうやって豊か（*progresso*）になることができるだろう」と感じていたという。小学五年生まで故郷のバイで過ごした後、一三〇km離れたタブクのカリンガ・アパヨへ出て行った。そこで小学校を卒業し、高校二年生まで教育を受けた。精米所で働くことで授業料のための支払いを得ていたが給料はなかった。精米所の手伝いがあるためいつも学校に遅刻し、教師からいじめられていた。「勉強なんてできなかった。いつも上司（*amo*）のために働くだけだった」と教育を受けられなかった幼少期を振り返る。休暇で故郷に戻った時、叔父に会った。彼は叔父に「おれも一緒にマニラに行って自動車の整備を学びたい」と頼んだ。一九五八年夏、一七歳になったモイゼスは、当時マニラの郊外に位置したカムニン地区で生活をはじめた。彼は叔父のもとで整備と運転を学んだ。一人は、イロカノ出身の上司のもとで自動車の運転と修理をしていた。しかし、その車両にはフランチャイズがなく、政府によるジープニーの規制が厳しくなった時、彼は「おれたちも自分のジープニーをもとう」と叔父に相談した。一九六〇年、車両を購入した。その年、父が結婚しろと勧めてきた。最初、彼はそれを断った。「嫁なんていなくても自分は十分に勤勉だ。それに豊かさはここ（マニラ）にある」と。

しかし、結局従わざるを得なかった。結婚したからには、まず子どもをもつまで村から離れられない。叔父とジープニーに乗って里に帰った。子どもが生まれたので、彼はマニラに戻ることを許された。その時、弟も付いてきた。かれらは、公共事業委員会が新しいフランチャイズを開設する度に申請した。ケソン市のある路線では八つのフランチャイズを得た。

そうしているうちに、故郷から多くの若者が集まるようになった。彼は、弟にジープニーを譲った。しかし、そのジープニーに乗った弟はクバオ地区でギャングに誘拐された。そしてラグーナ州のさとうきび畑に連れて行かれて「おれたち（*bahala na gang*）はお前らをいつでも殺せるからな」と言われ捨て置かれた。弟は全裸にひん剥かれていた。そこで、ミス・サラオが運営する政治組織に加入し、バイのアソシエーションもつくった。商業施設と長距離バスのターミナルが集まるクバオ地区ではギャングが闊歩しており、いつもショバ代をせびってくる。それぞれのドライバーが毎日五〜一〇ペソを献上していた。それに対して、モイゼスらは警察と協力してギャングを一人一人逮捕していった。それでも居残っているギャングがおり、報復に息子を誘拐され、電話でクバオの食堂に呼び出された。一人でそこに向かうと奴らが息子といた。奴らは、「なぜショバ代を払わないんだ！」という。彼は「バウンダリーがある、それに生活がかかっている」といって、そこにあったちりとりでリーダーの頭をぶん殴った。そいつが倒れているうちに逃げ出した。報復しようとするギャングが路線を見回っているため、彼は八ヶ月間も山に籠った。知り合いの警察からもう大丈夫だと連絡が来てようやく降りて来た。彼の家族は一一台のジープを所有しており、彼の息子もいまではカナダで職を得ている。彼は、バイに残っている世帯は今ではほんの少しだけで、「自分たち全員がここ（マニラ）にいる」と半生を振り返った。

二つの生の様式：生を探し求め、生きる場所をつくる

モイゼスが自身の生涯を語る時、彼は生の二つの様式について話している。より良い生を求め、その情動に動かされて探し求める生の様式（*hanapbuhay*）とまわりの人間とそうした生を可能にする場所を共につくり出す様式（*kabuhayan*）である。言い換えると、内在的衝動から生を希求する様式と集合的に生きるための環境をつくり出す様式である。通常、*hanapbuhay* は「生業」「職業」、*kabuhayan* は「生活」「生計」と日本語に翻訳される。本章では、この二つの言葉からジープニーセクターを駆動させつくり出してきた二つの生の様式を取り出したい。

社会学者の石岡丈昇は、「日常生活は『ある』ものではなく、『回す』ものである」（石岡 2023: 162-64）という。なぜなら、自然環境と労働市場に剥き出し状態で放り込まれないために、日常生活を回すことが必要だからである。フォーマルな銀行を利用できないため、貧困層は雑貨屋でのツケ、賃金の前借り、友人からの借金など、広範な人間関係のあいだを結び、やりくりすることで家計が止まらないように回し続ける。こうした日々の金や関係のフローと回転によってかれらは、繰り返しやってくるピンチに打ち倒されない自律性を立ち上げるのだ。本章も石岡の「回す」という動的な感覚、あるいはユニット化した「世帯」ではなくメンバーが増減する「所帯」といったマニラの経験的かつ身体的性質によってオーソドックスな社会学的理解を押し広げる方向性に共感する（同右：197-98）。共感しインスパイアされつつも、本書では、タガログ語、とくにおっちゃんたちが口にする *buhay* と

いう感覚をさらに深化させる。

「ハナップブーハイ」と「カブハーヤン」と聞くと、あたかもつながりのない異なる言葉のように感じられるかもしれない。けれど、ローマ字表記を注視すれば、*hanap-buhay* と *ka-buhay-an* とタガログ語で「生」を意味する *buhay* の語を見つけることができる。前者では、「探す」を意味する *hanap* と結びついて直訳の「生を探す」から「生業」や「仕事」を、後者では、「同じ性質のものの集合」を意味する接頭辞と接尾辞である *ka-an* と結びついて「生が集まるところ」から「生活」や「生計」を意味するといえる。

このような説明を聞くと、タガログ語では、「生」が働くことや労働を意味するなんてとてもワーカーホリックだと思うかもしれない。逆である。ライフホリックなのである。生きることは労働や仕事よりも根源的な存在様式であり、生の一部が労働や仕事という意味を持つのである。生（*buhay*）の概念からは、単に存在することではなく、生の意味を見つけ出すことや生の場所を共につくり出すといったより能動的意味が派生している。

モイゼスの語りに戻ると、「どうやって豊か（*progresso*）になることができるだろう」という衝動は、彼をここではない別の場所へと駆り立てる。彼が「一緒にマニラに行って自動車の整備を学びたい」と言う時、生をより豊かに生きていく具体的な方法を探している。*hanapbuhay* という生の様式は、自分のジープニー車両をもち、フランチャイズを取得することで可能となる。

一方で、「バイから多くの若者が集まるようになった」という彼の語りには、生の場を同郷者と一緒になってコレクティブにつくり出していく *kabuhayan* の様式を捉えることができる。アソシエーションを立ち上げ、ギャングからの暴力に立ち向かい、政治組織にも加入する。彼の営為は、共に生きていくための場所を都市のなかにつくり出すことだった。

人類学者ステファニー・サントスは、女性のグローバルな開発に対する*kabuhayan*の重要性を主張している（Santos 2018: 1-6）。開発指数をみれば女性たちの地位が向上しているにもかかわらず、女性たちがより多くの喪失を経験する矛盾がある。これはジェンダーギャップ指数において上位に位置するフィリピン人女性たちの状況が既存の*kabuhayan*から切り離されて、マイクロファイナンスといったグローバルな開発対象として包摂された結果であると彼女は批判する。マイクロファイナンスの返金を滞納した先住民女性は、赤ちゃんを寝かせるために使う「ゆりかご」（*duyan*）[3]を差し押さえられた。サントスは、グローバルで普遍的な開発の指数に代わってサバルタンの地位に置かれた女性たちの認識に立った開発の指数として*kabuhayan*を位置づける。彼女によれば、life-makingと訳すことのできる*kabuhayan*とは、単なる労働（labor）や生計（livelihood）を超えた複雑で動的かつ関係的な実践の集合体を意味する概念である。彼女が例として提示するのは、山岳地帯に暮らす先住民たちが山の斜面に刻んできた棚田、小規模な採掘、共有されてきた種子貯蔵庫といった集合的に生をつくり出すための存在である。*kabuhayan*は先住民族に限らず、都市貧困層にとってのスラムでの伝統的貯融資システム、インフォーマルな相互扶助、それらの何十年にもわたる蓄積にみることができる。

第1節　タギッグ市の路線組合BAPJODA

さて、私が*buhay*の世界を知ったのは、タギッグ市のジープニー路線組合BAPJODAとの出会いとかれらの協力があったからだ。ジープニーの助手席に一日中座り、乗客から手渡された運賃に、「行き先はどこ?」と聞き、釣り銭を延々と計算して手渡すフィールドワークと参与観察から徐々に理解していったことである。まずは、路線を運行する組合とそのメンバーについて概観し、次節ではバウンダリーシステムというジープニーの運行の要となる車両賃貸契約について、第3節からかれらの実際の運行の様子から二つの生の様式を描き出す。

タギッグ市は、マニラ首都圏の南東部に位置し、二〇一五年時点で八〇万四九一五人が居住する。同市はマニラ首都圏を南北につらぬく主要道路であるエドサ通りと接し、環状線五号に加えて最も新しく建設された環状線六号が市内を縦断する。そのためタギッグ市は、ルソン島の南北を結びつける重要な動線に位置し、大型トラックが市内を通り抜けていく。エドサ通りを挟んでマカティ市と向かい合うタギッグ市は、一九九〇年代以降のマニラ首都圏の発展を顕著に示すフォートボニファシオ・グローバルシティを抱えている。このグローバルシティは、金融やコールセンターなどのグローバル経済を体現化する高層マンションやガラス張りのオフィスビルによって構成される（写真・一九頁）。タギッグ市の住民の多くは、グローバルシティやマカティ市での建設業やコールセンターなどの新興産業、パシッグ市に位置する多種の工場、またラグーナ湖での養殖や漁業に従事している。

本書の調査対象は、タギッグ市バグンバヤン地区から環状線六号と交差するビクータン地区を横断し、ヴィスタモールの前を通過し、パテロス町を横切ってパシッグ市の市場や市役所へと至るバグンバヤン−パシッグ路線で働くジープニードライバーとオペレーターである（図3−1を参照）。約一五

図3−1　バグンバヤン−パシッグ路線[4]

kmのこの路線は、二つの環状線のあいだに位置し、バスが入れないほど車道が狭いため、住民の移動はジープニーに依存している。

この路線では、二〇一七年よりはじまった公共交通車両近代化事業の試験路線として近代ジープニー車両が導入され、交通をめぐる新旧のジープニーの対立が生じている。バグンバヤン-パシッグ路線を調査地として選考した理由は、住民の移動がジープニーに依存しており、近代ジープニーの導入に伴い、路線組合の活動が活発化したことや、左派系の政治組織との綿密なコミュニケーションがみられる点など、ジープニードライバーとオペレーター、そして路線組合の調査を実施する際、最適な地域だと判断したためである。

ドライバーとオペレーター

ジープニーの運行を支える最小の構成単位は、オペレーターとドライバーのセットである。政府によって認可されるフランチャイズがオペレーターに付与され、オペレーターは所有する車両に対してドライバーと車両賃貸契約を結ぶ。この車両賃貸契約は、バウンダリーシステムと呼ばれる。車両賃貸契約という表現は、人類学者・関本照夫によるインドネシア・ジャワにおけるバス会社とドライバーの関係に関する研究から借りている。関本によれば、ジャワの「バス会社の経営の実態は、われわれが会社という言葉で理解するものと大きく異なっている。会社の社長にあたるバスの所有者は、運転手、車掌を雇用してバス運行の全過程を掌握・管理することはしない。そのかわりにかれは、個々の運転手と日ごとの車両賃貸契約を結ぶ。したがって収支をふくむ実際のバス運行の責任は運転手が担うことになる。……バス所有者と運転手の関係は基本的に日ごとに車両を貸借する契約関係であり、数日で解消するか長期化するかは、この両者間のパーソナルな事情に規定される。運転手と車掌以下のパートナーとの関係についてもこの点は同様である。……バス運送業の運営方式は、関与する各個人に高い自由をあたえ、同時に不安定性を帰結する。バス所有者は、人事・収支・運行の全過程に責任を負うものでないから、他の仕事に時間をさく余裕をもつ」と指摘している（関本 1980: 379-80）。

関本の指摘で重要なのは、ジャワでみられる公共交通サービスの運行がフォーマルな雇用契約にもとづくものではないという点である。日本のバスや鉄道との違いを想像すればわかりやすい。いわば、市営バスの運転手が自己裁量でいつどのように運行するのかを自分の都合で決定している状況である。バウンダリーシステムでは、オペレーターが車両賃貸契約によって車両とともに管轄権を一時的にドライバーに貸与する。ドライバーは、その車両と運行する権利を用いて公共交通サービスを提供する。ジープニーは公共交通機関であり、その運行はフランチャイズとして法的にも認証されている。しかし、実際の運行においては、バウンダリーシステムに依拠しているため、インフォーマル性（非公式性）を帯びるのである。戦後独立以後のマニラの都市交通は、このインフォーマル性によって公共サービスを提供してきた。

さきに最小構成単位と述べたが、オペレーターがドライバーを兼任するケースもある。だが、多くの場合、オペレーターは一台に対して、本人と一人のドライバー、あるいは二人のドライバーと車両賃貸契約を結び運行することが多い。バウンダリーシステムはフォーマルな雇用契約ではないため、ジープニーに対して何人のドライバーが携わっているかを示す具体的な資料は存在しない[5]。その意味で、ジープニーのドライバーは統計上に記されないという、インフォーマル性を有している。陸上交通許認可規制委員会（Land Transportation Franchising and Regulatory Board）の資料によれば、マニラ首都圏では四万五八六三台のジープニーが登録されており、オペレーターは三万六一一七人であった（ITRL 2014）。平均するとオペレーター一人当たり一台（一・二六）を所有・運営している。

二〇〇七年にＪＩＣＡが実施した「フィリピン・マニラ首都圏における公共交通機関の燃費効率向上及び大気汚染緩和事業調査」[6]によれば、回答者の七六％はジープニーを所有していないドライバーだった。ドライバーの九〇％が既婚者、小学校卒一三％、高校卒六〇％、大学卒一一％（回答なし一五％）、二一～三〇歳一八％、三一～四〇歳三五％、四一～五〇歳二八％、五一歳～六〇歳一四％、六〇歳以上二％となっている。さらに、三〇〇〇台強のサンプルからフランチャイズを持たない違法ジープニーが二％確認されている（JICA 2007）。

タギッグ市の路線を例にしても一〇台以上の車両を所有するオペレーターは、一台から三台程度しか所有しないオペレーターと比較して異なった運営方法をとっていた。たとえば、タギッグ市の路線で一三台のジープニーを所有するＹ氏は、二〇一〇年に最初の一台を手にし、その後も年一台ずつ購入し、二〇一七年には五台のジープニーを追加した。現在では三〇人のドライバーが彼のジープニーを運行している。彼は、マカティ市で店舗経営を行っており、そのサイドビジネスとしてジープニーを所有している。そのため、ドライバーとの関係やジープニーのメンテナンスなどには、十分にコミットしているわけではない。ただし、このようなオペレーターは、バグンバヤン‐パシッグ路線では、五組程度に限られていた。

路線組合とメンバー

ジープニーは、陸上交通許認可規制委員会に登録された路線にもとづいて運行されている。本章で対象とするタギッグ市に関していえば、多くのドライバーとオペレーターが路線を共有している。路線を共有するドライバーやオペレーターは、強固な集団を形成しているわけではないが、そこには緩やかな集合性が存在している。

路線組合BAPJODAは、二〇一七年に結成された新しい組合である。同路線には、以前にも異なる代表のもとで他の組織が存在していた。しかし、会計係が会費を持ち逃げしたことをきっかけに、メンバーやその家族の病気への保障、クリスマスパーティの開催と貯蓄などの組合の機能が停止し、信頼を失い、立ちいかなくなった。そのため、同組合は、前組織とは異なる役員メンバーのもとで再結成された。この再組織化の背景には、新たに導入された近代ジープニーの運行が、既存のドライバーやオペレーターに与える影響への懸念もあった。

BAPJODAを構成するメンバーの出身地をみてみよう。組合のメンバー一一三人のうち、出身地が不明であった一名を除くと以下のとおりであった[7]。マニラ首都圏二五人、イロコス地方五人、カガヤン・バレー地方五人、中部ルソン地方四人、カラバルソン地方五人、ミマロパ地方四人、ビコール地方二五人、西ビサヤ地方一二人、中部ビサヤ地方八人、東ビサヤ地方九人、サンボアンガ半島地方四人、ダバオ地方二人、カラガ地方四人であった。

路線の位置するタギッグ市に加え、ビコール地域を中心としつつもメンバーの出身地はフィリピン全土に点在している。ビコール地域に集中している理由は、組合の代表がビコール地域アルバイ州ポ

協同組合の管理システム

近代ジープニーの車両

ランギ町出身であること、タギッグ市にビコール地域出身者[8]が集中しているということがかかわっている。しかし、ルソン島北部、ビサヤ、ミンダナオの出身者も路線組合に加入しており、メンバーの出身地でいえば、広範な地域から構成されていることがわかる。

路線組合は強固な集団を形成しているわけではない。たとえば、バグンバヤン－パシッグ路線には五二二台のジープニーと一〇〇〇人を超えるドライバーがいるといわれている。BAPJODAを構成するのはその一部でしかない。また、メンバーが組合に納める会費のデータからも、二〇一九年六月から八月の三ヶ月間の集計では、一ヶ月あたり五・七回から六・八回を支払っているにすぎず、毎日納めるメンバーは皆無であった。これらの点から、ジープニーの路線組合が必ずしも強制力をもった存在ではないことがわかる。

バグンバヤン－パシッグ路線には、交通協同組合（transport cooperative）のジープニーも運行しており、二〇一八年から二〇一九年にかけて一〇七台の近代ジープニーが導入された（詳細は第六章を参照）。第二章で整理したとおり、一九七三年、マルコス政権は交通協同組合化事業を実施し、ジープニーセクターを統合・組織化しようと試みた。タギッグ市においても、一九八二年にタギッグ交通協同組合がバグンバヤン−パシッグ路線に設立し、現在まで運行を継続している。この交通協同組合は、二〇一七年に開始された公共交通車両近代化事業の最初の試験路線として選ばれた。近代化事業導入以前の協同組合は、個々のオペレーターが車両を所有しており、ドライバーとの関係もバウンダリーシステムに依拠していた。しかし、試験路線に選ばれたことにより、近代ジープニーのドライバーは日給一律七〇〇ペソ（八〜一二時間シフト）とされ、多くのドライバーが他のオペレーターや路線へと移っていった。そのため、協同組合のドライバーの七割は、民間の物流などでトラックドライバーをしていた労働者だった。この近代ジープニーの運行は、車両にGPSが取り付けられ、組合の事務所から管理されている（写真左・一二八頁）。もしドライバーが交通渋滞などを理由に路線から外れた場合、ただちに警察に連絡がなされ、ドライバーは勧告・逮捕される取り決めになっていた。この近代車両の購入に際し、オペレーターは一六〇〜二〇〇万ペソの借金を負わなければならず、多くのオペレーターから反発を招いている。

第2節　移動の推進力

路線組合BAPJODAの一一三名のうち、九八人はタギッグ市を出身地としない移住者であった。モイゼスの語りにあったように、ドライバーは、生計手段を求めていただけではなく、生計手段を含むより良い生を探し求めてタギッグ市へと移動してきた。移住者たちは、どのような魅力に惹かれ、またどのような可能性を見出してジープニーセクターへと移ってきたのだろうか。

メンバーの一人ロルダンは、一九八三年にミンダナオ島のサンボアガンガ市に生まれ、一七歳で「幸運を探して（*sapalaran*）マニラへとやってきた」。九人兄弟だった彼は、「地元にいては給与も安いし、そこには何もない」という。しかし、即座にジープニードライバーになったわけではない。まずミネラルウォーターのデリバリー係として住み込みで働いた。このデリバリーの合間に、友人から車の運転技術を教わった。友人がさきにジープニーのドライバーとなったことで、二〇〇七年にツテを使ってタギッグ市の他のオペレーターのもとで運転をはじめた。ロルダンの事例は、ジープニードライバーへの参入障壁が必ずしも低いわけではないことを示している。というのも、他の三輪バイク（トライシクル）のドライバーと比べて、ジープニーのバウンダリーの支払いは高く、また運転技術を身につけ、地縁や血縁といった関係性があってはじめてオペレーターにアクセス可能となるためである。彼の場合は、職場の同僚のツテを頼ったわけであるが、こうした関係なしにドライバーになることは難しい。一方で、すでにジープニードライバーの経験がある者が他のオペレーターに移ったりすることは頻繁に生じている。

ロルダンの例は、地方から都市へのよくある若者の移住者の一例である。この移動は、外在的にも内在的にも解釈することができる。フィリピン研究において都市と田舎（農村や漁村など）とのあいだの人間の移動は、プッシュ・プル理論と呼ばれる地域間の不均衡な開発や経済格差によって人が押し出されて移動するという説明がなされる。つまり、二つの異なる社会のあいだには経済格差や発展の度合いに差異があるため、人間を引き寄せる力と、人間を押し出す力があり、その二つの力によって移動が発生するという理解だ。これは、フィリピン国内でも、グローバルな移動においても、支配的な移動の解釈であり、前者の外在的な移動の理解に相当する。この場合、移動させる力は当の本人の外部にある。給与の安さ、そこには何もないというロルダンの言葉は、こうした外在的な力の存在を明示する。

一方で、この移動は内在的にも理解できる。ガッサン・ハージ[10]は、内在的な移動・移住への衝動を「推進力」(propelling) として論じる (Hage 2021: 44-45)。「幸運を探す」や「そこには何もない」という言葉には、貧しさゆえに押し出され、豊かな都市に引き寄せられるだけではなく、自身の人生に期待して、変化を希求してグイグイと移動する意思が示されている。モイゼスがマニラへとやってきた理由も、「どうやって豊か (*progresso*) になることができるだろう」という、自分の生がよくなっていく、あるいは幸運とでも呼ぶべきものを探し求めることにあった。本章が扱う「生を探し求める」様式としての *hanapbuhay* とは、この日々の食い扶持を探し、生をより良くしていこうという衝動や意志に現われるものである。

人類学者・細田尚美もフィリピン・サマール島からマニラへの移民を扱った民族誌から「幸運」を求める「生き方としての移動」を論じ、内在的な移動の理解を示している (細田 2019)。細田も、サパランという自らの運を賭ける行為としてマニラへの向都移動を論じている。社会経済的観点による外部からの要因だけでなく、細田は幸運を探し、敬虔なカトリック教徒として祈り、またよりローカルな信仰によって移民の精神世界が人を移動へと駆り立てる内在的な力学を掘り下げている。本章では、こうした向都移動のような行為とつうじる、しかし、より日常的に行っている生を動かし、探し、求める様式を*hanapbuhay*として位置づけている。

生を動かし探し求める様式への着目がなぜ重要かといえば、この衝動こそがジープニーの運転の仕方や働き方と結びつき、マニラの交通の流れをつくり出しているからである。ロルダンとモイゼスのあいだには四三歳の年齢差があり、故郷も違えば、話す母語も違う。けれど、ロルダンも小卒で、高校をドロップアウトした。「勉強なんてできなかった。いつも上司のために働くだけだった」というモイゼスの言葉は、ロルダンにとっても共感できるものであろう。かれらがマニラに来ても、スーツを着るようなフォーマルな労働に従事することはほとんどない。自由と自律、そして「甘い人生」(*tamis na buhay*)[11]を得る困難はかれらも理解している。上司のもとでこき使われ、建設現場でピンはねされ、ケガをしてもちゃんとした医療を受けられない。だからこそ、かれらにとってジープニーセクターは魅力なのだ。自分のハンドル捌きで自分の稼ぎを決められること、自身でどう生きるかを決めることができる、その魅力なのだ。

そして、以下で論じるように、バウンダリーシステムがかれらにとって自律的で自由な働き方とかれらの生の場(*kabuhayan*)をつくり出すことを可能にし、かれらの生の様式がマニラという都市の流れをもかたちづくってきた。本章では、この労働の形態をみていくことで、自律や自由といったジープニーセクターの性質が交渉される存在としての都市交通を生み出してきたことを示す。

バウンダリーシステムの歴史

一九六二年のフィリピン・フリー・プレス紙は、「世界最高のドライバー」としてジープニードライバーを以下のように描写している（PFP 1962b）。

パリ、ニューヨーク、東京の向こう見ずなタクシードライバーの話を耳にします。ですが、世界最高のドライバーであるマニラのジープニードライバーには敵いません。……緑のライトが点滅したら、ジープニーにしっかりつかまってください。ドライバーがレースをしているのかと思うほどの猛烈なスピードで加速していきます。息を止めてください、彼は時間との戦いの真っ只中にいるのです（日が暮れるまでに、彼は「バウンダリー」を越える稼ぎを得なければなりません）。

ジープニーの運行において、最も基礎的で重要なものがバウンダリーシステムである。このシステムは、第二章でも交通をアナーキーにするとして悪名高く、政府の規制対象となってきた。しかし、このシステムがジープニーのドライバーを駆り立て続け、生を探すことを可能にしてきた。

バウンダリーシステムは、インフォーマルな労使関係の一形態としてみなすことができ、ドライバーはオペレーターに車両の賃貸料（バウンダリー）を日々支払うことで使用権を得る。ドライバーは、バウンダリー料を支払い、運行時のガソリン代を支払い、それ以外の売り上げを収入として得る。つまり、バウンダリーシステムは、自己の裁量次第で収入が変動する取り決めである。このシステムがどのように発生したのか、それに関する文献は所見の限り見つけられていない。しかし、一九五七年にパルンガオのエッセイによれば、ジープニーが出現した当初、バウンダリーシステムは利用されていなかった（STM 1957）。オペレーターとドライバーの取り決めは「歩合制」であった。ドライバーは売り上げの二〇～二五％、さらに添乗員が一〇％を受け取り、残りの売り上げはオペレーターに納められた。その後、オペレーターはコスト削減のため添乗員を廃止し、ドライバーが添乗員の役割も担うようになる。エッセイによれば、オペレーターは一九五二年に歩合制からバウンダリーシステムへと変更した。これによって、ジープニーの運行を監視する添乗員は車内から居なくなり、売り上げを確認する方法もなくなった。

ジープニーの運行上の契約に関する論文は限られている。しかし、農村を中心に開発経済のアプローチを用いた大塚らによる論文はラグーナ州におけるジープニーの契約関係を二つに分類している（Otsuka, Kikuchi and Hayami 1982）。一つが「歩合制」にみられる共同体の関係に準じた分益小作関係であり、もう一つがバウンダリーシステムにみられる定額小作関係である。かれらの調査では、この二つの契約が混交する状況が観測された。この調査の目的は、農村における契約選択の理論をジープニーといった対象にも拡張し、市場化による影響を捉えようとするものであった。そのため、分析は分益小作的な契約に集中しており、都市部では定額小作的な契約（バウンダリーシステム）に限られると言及されている程度であった。

バウンダリーシステムへの移行は、マニラの交通に大きな影響を与えた。「バウンダリーよ、さようなら」と題された記事は「バウンダリーシステムは、ジープニーの運行におけるアナーキーさの根源である。無謀な運転、トリップカット、過大料金、ボイコット、ストライキ、カビットシステムの蔓延、法執行機関と警察への賄賂だけでなく、一般の人々にもトラブルと不便を生じさせる違反行為の横行を生み出している」と述べている（APL 1972）。一九五〇年代からバウンダリーに対する取り締まり、廃止の試みは実施されてきた。バウンダリーシステムによって生じた賄賂や汚職は、交通システムの一部として深く根付いており、多くの人々がかかわっていたため、変更することができなかった。

ジープニーの運行で取り上げられる荒くれ運転は、バウンダリーシステムによってオペレーターの管轄から切り離され、自己裁量のもとで自律的な運行の決定が可能であることに起因している。同システムによる自律性は、ドライバーにとって非常に重要な価値であり、「おれたちにアモ（上司）はいない。どうやって運転するかについて口出す奴もいない。パートナーだが上司ではない」と、二者間の対等的な関係と両者の自律性を強調する語りからも伺うことができる。クバオ地区からキアポへ向かう路線を運転するアントニオは、「天井が決められた仕事なんて嫌だ。働いたら働いただけ金を得ることができる。それがおれたち、ドライバーだ。日々の支払いは迫ってくる、家賃、電気代、子どもの小遣い……おれは必要な時にすべて稼ぐことができる」とバウンダリーにもとづくドライバーの自律的なあり方を強調する。

一方、オペレーターにとっても、バウンダリーによって関係が切り離されることにはメリットがある。そもそも契約とは双方に益がある時でなければ結ばれることはない。先述の大塚らの研究を参考にすると、地方と比べて人の流入が激しい都市部では、分益小作関係（歩合制）のようなコストとリスクを共有する安定的で長期的な関係を想定することができない。その際、ドライバーの管理に対してコストを払うことは現実的ではない。また、一九五二年の時点でバウンダリーシステム、つまり定額小作的な契約に移行していたため、他のドライバーが乗客を求めてがむしゃらに走り抜けて行く場合、一人のオペレーターだけが分益契約を取ることは合理的ではなくなる。つまり、分益契約を採用すると、ドライバーが十分に稼げない場合、その損失を補うコストがオペレーターにとって大きな負担となる。バウンダリーシステムの場合、事故が生じた際も、オペレーターは、ドライバーにコストを還元させることで自己のリスクを下げることができる。ただし、次章で論じるように、バウンダリーシステムに基礎づけられる運行が自律的な二者間の契約を特徴とするのに対し、車両のメンテナンスでは、両者の間での分益的な関係がみられる。運行上での双方の自律性は、車両のケアにおける契約のあり方とコインの裏と表のように連続しているのである。

バウンダリーフロッグ：ドライバーからオペレーターになる

バウンダリーシステムは、アントニオの言葉にあるように「働いたら働いただけ金を得ることができる」ことに特徴がある。しかし、それだけではなく、バウンダリーフロッグ（*hulog*）によってドライバーは車両を分割購入してオペレーターになることも可能である。ジープニーセクターにはフランチャイズと車両を所有する経路が存在している。マニラ首都圏における三万六一一七人のオペレーターに対して四万五八六三台の車両というデータを参照すると、一人のオペレーターが一・二六台を所有していることになる。一台や二台しか車両を所有していないオペレーターが大多数を占める理由は、バウンダリーフロッグという車両の売買方法が広く利用されているからである。バウンダリーフロッグとは、一定期間、バウンダリー料に上乗せして支払いを続けることで車両を取得する方法であり、銀行からのローンを確保することなく車両を取得したいドライバーに人気がある[12]。すべての費用を支払った後、車両の所有権はオペレーターから支払ったドライバーに移行する。

バウンダリーシステムという契約がドライバーたちの自律性と結びつく点は、かれらのライフヒストリーをとおしても見受けられる。一九七〇年生まれのボンは、裕福なビジネスマンのドライバーとして働いた。給料は悪くなかった。若くして働きはじめた彼は、こうした労働に慣れていたが自律的な働き方からは程遠かった。叔父からの助言もありバウンダリーフロッグでジープニーを所有することを決めた。そのきっかけは、自分の家族との時間を大事にしながら働きたいと考えたからだったと語る。ボンのように、ジープニードライバーをしながら、上乗せして支払いを続けることでオペレーターになる経路が存在している。

BAPJODAのメンバーであるアルバートは、二〇二〇年一月から韓国に工場労働者として出稼ぎに行くことになっていた。「ここ（ジープニー）では働くことは個人がするものだ。お前にアモ（上司）はいない。だからリラックスして働くことができる。だけど、ファクトリーに行ったら違う。そこには上司がいる」と、ジープニーでの労働と出稼ぎ先での労働を区別する。では、なぜ出稼ぎに行くのか、「二年間で貯めた金で、帰ってきたらたくさんのジープニーを買うよ。我慢だ、我慢、でなければ飯も食えねえのがフィリピンだよ。たくさんのジープニーを買って、子どもにな、自分の背中を見せるのさ」と語った。

ドライバーたちは、図式的説明で用いられるような農村の貧困と都市への憧れによってマニラへとやってくるだけではない。主体に内在する推進力も、移動を促す主要な要因となっていた。ドライバーたちは、「あそこには何もない、ただ芋を植えるだけだ」「もし運転できなければ、帰って芋を植える人生だ」という故郷における欠乏と非移動性を強調する。ドライバーになる者たちは、故郷より良い社会的上昇や経済的成功を求め、実存的モビリティをも求めている。実存的モビリティとは、何かが変わる、何かを変えるという自身の生を積極的に動かし、それを感知する概念である（Hage 2021: 47-48）。さきのバウンダリーフロッグは、ドライバーにとって社会的上昇と実存的モビリティを同時に手にいれる方法となっている。経済的な観点でいえば、生産手段を所有する経営者とそこで働く労働者のあいだには明確に異なる立場性がある。しかし、ドライバーは、バウンダリーフロッグによって運転している車両をオペレーターから購入し、自分がオペレーターへとなる可能性を見出している。もちろん、オペレーターが車両を売却したいと思わなければ、その機会はやってこないが、自分のジープニーを所有する道はたしかに存在しているのだ。

バウンダリーシステムとバウンダリーフロッグは、都市環境においてリスクとコストを抑える合理的な選択であり、ドライバーにとってもオペレーターとなるチャンスが含まれていた。オペレーターもドライバーも、モビリティを通じて自らの生の可能性を求め、絶えず動き続けることで都市を動かし続けてきた。この動きこそが、ジープニーの働き方における重要なポイントである。一見、カオスともアナーキーな無秩序ともいわれるマニラの都市交通をこのように活気づけてきたのは、ドライバーたちが生を求めて、がむしゃらに走り続けてきたからである。

第3節　ビヤヘ：生のハンドルを握る

ドライバーのおっちゃんたちは、どのように日々ジープニーを運転し、自らの稼ぎをつくり出しているのだろうか。かれらの交わす挨拶は、運転に宿るモビリティや生を探す感覚を伝えるものである。「*Kumsta ng biyahe mo?*」（今日のお前の旅はどうだ？）という問いかけに、「*Maganda ng biyahe*」（美しい旅だぜ）あるいは「*May traffic dyan, konti na lang*」（向こうの渋滞がひどくて、少しだけだ）といった答えが返ってくる。「*biyahe*」（ビヤヘ）は、旅や移動、運転や運行を意味するタガログ語である。かれらは、自身の生活がかかっている運行に自分でハンドルを握ってアクセルを、ブレーキを踏み込みながら、路上の乗客を探し、他のドライバーを出し抜いて稼ぎを探している。だからこそ、モビリティの実感がやってくる。

かれらの挨拶がビヤヘについて聞き合うのは、かれらの収入が交通の流れをうまく読み取る力量に根ざしているからである。互いに競い合う相手でもあり、同じ路線を共有する仲間でもある。かれらのあいだには、不思議な連帯感があり、しかし、強固に団結しているわけでもない。知り合いのドライバーを見かければ、パッパパッとにこやかにクラクションを鳴らし、相手のドライバーもクラクションで返事をする。とてもシンプルで、けれどそのすべてを把握するのは難しいジープニーの世界である。

自律であること

バウンダリーシステムによるドライバーの自律性が現われるのは、交通渋滞と運行の決定である。バグンバヤン-パシッグ路線では、一六時を過ぎた頃から渋滞が徐々に悪化していく。渋滞は多くの乗客が路上にいるため稼ぎ時だが、同時に、渋滞に巻き込まれてガソリンを多く消費するリスクもある。いつ、どうやって運行するかは、個々のドライバーの判断に委ねられ、交通の流れをうまく読む者はより多くの稼ぎを得て、うまく読めない者は少ない稼ぎしか得られない。

交通渋滞のなかでの運行について、これからどうするのかと尋ねると、あるドライバーは「今日は渋滞がとくにひどい。ガソリンがもったいないから家の近くまで客を乗せ、そのまま帰る」といい、ほかにも「親戚が家にくるから帰る」、あるいは、「家賃の支払いが明日なんだ。だから今日は稼がなければ」、「嫁さんと子どもを助手席に乗せて、のんびり話しながら運転するさ」といった十人十色な返答がやってくる。本来は運行禁止日となっており、運転した場合、多額の罰金を課せられるコーディング[13]の日においても、ドライバーのジェフは「大丈夫、大丈夫。パシッグ市に入ったら捕まるけど、ヴィスタモールか、パテロスまでなら捕まることはない。あそこの交通監視員のことはよく知っているから」と運行する。あるいは、ジープニーが満員の状態でもドライバーは、「まだまだ後ろにぶら下がって乗れる」と路上の乗客にサインを送る。

ある晩、ドライバーたちと酒を飲んでいると「おれにはオペレーターが二人もいる。こんなリスペクトのない状態では働けない！」と泥酔したドライバーのフランコが机に突っ伏しながら激昂していた。その飲み会では、路線組合の副代表も一緒に酒を飲んでおり、彼をなだめながら、「いまのオペレーターから離れるのはいい、だが、組合からは抜けてくれるなよ」と理解を示していた。その数日後、フランコは、義兄であるオペレーターから離れて他のオペレーターへと移っていった。これは、自律性が他の社会関係とのあいだで軋轢を生んでしまった事例である。フランコは、彼の実兄と共に義兄のジープニーを運行していた。兄の妻は、オペレーターの妻と姉妹であり、フランコが働くきっかけを与えたのは実兄であった。しかし、フランコは、日ごとにストレスを溜めていく。フランコとオペレーターの関係に、実兄が干渉し「いつ運転をするか」について、兄本位のスケジュールを押しつけたのだ。フランコは、この状況が継続することに憤り「おれにはオペレーターが二人いるようだ。こんなリスペクトのない状況では働けない」と、怒りを露わにしたのだった。これは兄弟関係がドライバーとしてのフランコの自律性に干渉したため強固な反発が生じた事例であった。ドライバーとしての自律性が兄弟関係によって侵害されることにフランコは我慢ならなかった。

競争すること、協働すること

バウンダリーシステムによって一人一人のドライバーが自律性をもち、いかに運行するかを決定する。ドライバーにとって他のドライバーは、競合する同業他社といってもよい。しかし、そんな自律的で個人主義的なドライバーが協働し合う状況も生じる。それは、警察や陸運局による取り締まりが行われる時である。以下は、二〇二〇年一月の事例である。

信号待ちをしているとジョセフのスマホに電話が入る。電話を受けてジョセフは急いで行き先のプレートを「パシッグ」から「タギッグ市役所前」に変更した。バグンバヤンを出たばかりで幸いなことに乗客の行き先は市役所の手前までだった。客の入りが少ないから路線を短縮したようにみえたが、この急な変更はヴィスタモールの前に陸運局のチェックポイントが出現したためだった。さきの電話はジョセフの親しいドライバーからの連絡だった。しかし、ジョセフのジープニーは運行禁止日でもないし、一見、なんの違反もなさそうだった。彼は「いや、おれ、サンダルなんだよ」と笑いながらいう。サンダルでの運行は、一度目は警告で済むが、二度目から一二〇〇ペソの罰金が科せられる。

陸運局出現の情報は瞬く間にドライバー同士で共有される。組合の会費を集めているレネの前を通った際、ジョセフはこの情報を他のドライバーたちにも伝えるようにいった。レネはスマホを取り出してそのまま電話をかける。その後も、ジョセフはすれ違うドライバーとコミュニケーションを取り合う。バンバン地区を過ぎたあたりからは、ひっきりなしだ。他のドライバーとすれ違う際、「陸運局はまだいたぞ」と伝えられる。次のドライバーもすれ違いざまに情報を投げかけてくる。渋滞する橋の上でもドライバー同士の「陸運局はまだいるか?」という会話が笑いながら行われる。電話を受けてからチェックポイントへ移動するまで、すれ違った一六台のうち一三台のジープニーのドライバー同士がアイコンタクトや窓から突き出した手でコミュニケーションを取り合い、場合によってはお互いに車両を止めて三〇秒ほど話し合った。

こうした協働のモードは、ドライバーズアカデミー[14]を彷彿とさせるものだった。レクチャーを受けて試験を開始すると、ドライバーたちは一斉に小さなグループになり、カンニングどころではなく、答えを捻出し合う。競争のモードから協働のモードへと咄嗟に切り替わる瞬間は、こうした日々の運行、管理する国家との距離感のなかに埋め込まれている。

ジョセフは市役所で戻る予定を変更し、他のドライバーから陸運局の正確な位置を把握してチェックポイントを迂回するルートを選択した。乗客はその時点で全員降りていたため、この変更に問題はなかった。彼は多くのドライバーが陸運局を避けてUターンするのを見越しており、このままあえてパシッグ市方面に向かえば、ジープニーを待つ多くの乗客がいることを予想していた。彼の予想が当たり、セブン‐イレブンの前には多くの乗客が立ち往生しており、席の八割ほどが即座に埋まった。パシッグ市への道中も、満車で乗せられないけれど、道すがら多くの乗客が待っていた。そして、パシッグ市で乗客を降ろし、タギッグ市に向かう乗客を乗せて戻る。タギッグ市方面からやってきたジープニーを呼び止め、陸運局がどうなったかを尋ねた。すでにいなくなったと彼は言うが、ジョセフは念のため、路線を短縮するためにUターンして再びパシッグ市へ向かった。だが、交通の流れは明らかに変わってきており、さっきまで立ち尽くしていた乗客は消えていた。陸運局がヴィスタモールの前に陣取っていたのは、実際には二時間程であった。それに合わせてジープニーの交通が調整されていた。バグンバヤンへと向かう道中、乗客が全員降りてしまった。信号待ちのなか、ジョセフは露天商からタバコを買い、火をつけて一服した。

ジョセフの運行は、ある局面において協働し、一方で、その局面を利用して稼ぎ出している。競争と協働は、お互いに自律し対等な関係であるからこそ、容易に取ることができる選択肢として保持されていた。そして、運行を決めることができるかれらのあり方は、ジープニーの車内を開かれた空間[15]にしている。たとえば、減速したタイミングで七~八歳くらいの上裸の少年が車内に乗り込んでラップを歌いながら物乞いをし、無職の男性が「娘の学費のためにボールペンを買ってください」と物を売り、無銭乗車する学生たちが飛び乗り、飛び降りて行く。私がなぜかれらを追い払わないのか、と尋ねると、ジョセフは、「追い払っても入ってくるしなぁ……まぁ、可哀想じゃねえか」と返事をした。

ドライバーたちは、各々の能力の限りで稼ぎを最大化するためにハンドルを握る。競争することは、一見、かれらの間での協働を不可能にするようにみえても、共通するリスクが生じれば、瞬時に共に助け合うためのコミュニケーションが取られる。ジョセフのように、状況をうまく活用して少しでも多くの稼ぎを得ようとすることは、ジープニーの運行において競争と協働が矛盾せずに共存していることを示している。

第4節　都市を鼓動させる

本章では、ドライバーの自律性に着目することで、かれらが生を探し求めること、その過程での競争と協働がマニラの交通を生み出す原動力であることを示してきた。こうしてジープニーは、交通インフラとして都市に暮らす人々にとって日々の生活や感覚を形成している。フィリピンにおいて日常の流れをつくり出すジープニーは、人類学者ジュリア・エリヤチャーの論じた「交感的労働」として作用している（Elyachar 2010）。

人類学者ブロニスワフ・マリノフスキーは、言語の機能が情報伝達の目的ではなく、関係を築いたり維持したりする性質を交感的発話として論じた。エリヤチャーは、発話が交感をうむマリノフスキーの概念を発展させ、労働が交感をつくり出すこと、交感をつくり出す行為を労働として概念化した。彼女がエジプト・カイロの民族誌で取り上げるのは、都市空間で排除される女性にとってコミュニケーション・チャンネルを拓き、経済活動を可能にする彼女たちの行為とその蓄積である。交感的労働は通常の経済や流通、都市空間のコードを持続させるものであり、またその行為は、商品をつくり出すような経済的な労働とは異なり、社会のあいだでの交流や関係を生産する労働である。ジープニーに引きつければ、かれらが都市交通を運行する行為は、マニラにおける特定のコミュニケーション、身体、感覚をも生産している。

著名な歴史学者であるレシル・モハーレスは、手記にてジープニーがフィリピン人の身体や経験のあり方に与える影響を綴っている。「助手席に二人、運転手の左側に一人、内に二〇人（四人は通路に沿って小さなスツールに背中合わせに座っていた）、踏み板の上に二人がしがみついている。私たちはフィリピン社会の縮図のなかに押し込められる。……私の隣の席には、見た目も悪くない女性が座っている。太ももがくっつき、髪の毛が私の顔にかかっているのが気になります。その中で私は宦官のような冷静さを保っています。（ジープニーでは）どんな気配、合図、意図、攻撃性を送ってはいけないのです。中性的で匿名の体であることが求められます。外国人はジープニーに乗っている時の親密さに注目します。しかし、ジープニーには（原則として）性的な要素はほとんどない。私たちは無性別で無名の身体を無造作に横に並べているだけなのだ。……ジープニーに乗ることは、私たちの集合的な魂について何か重要な意味があるに違いありません。それが何を語っているかというと単純ではない。他の文化的慣習と同様に、ジープニーに乗ることは変化し、ダイナミックなものである。

文化的な規範は再交渉され、とくに街中では、しばしば誇示されます。ジープニーにはフィリピン人の同胞意識を示すものがたくさんありますが、それとは反対のエートスの例もたくさんあります」(Mojares 1997: 180-84)。モハーレスは、ジープニーによってフィリピン人のあり方が形成されてしまう様子をとらえている。[16] 交感であるため、彼が指摘するように、「ジープニーに乗ることは変化し、ダイナミックなもの……(であり)……文化的な規範は再交渉」され続ける。乗客は決して受動的ではなく、このコミュニケーションの生産に携わる存在である。ジープニーに乗って移動する。ただそれだけのために、人々は交感のなかに参与しなければならないのだ。

路上でジープニーに乗る際、乗客は手を挙げてドライバーに目配せをする。ドライバーはフロントガラスに手を押し付けながら、その指であと何人分のスペースがあるかを示し、なければ、手のひらを表裏と翻して伝達する。乗客を乗せるために急停止したジープニーの後ろでは、自動車が渋滞し、その隙をみて(乗客をつかまえるために)ジープニーが追い越していく。乗客は外を見るために低く狭い車窓から首を傾げ、いまどこを走っているのかを確認する。ドライバーが路上の乗客に声をかけ、目配せをし、手で満員を伝え、あるいは乗客の手振り・身振り、視線を感じ取ることでジープニーの運行は成り立っている。路上における法的なルールは存在しているが、ドライバーと乗客が互いに即応し合い、交渉し合うことで動いているのである。ジープニーの運行は、無数の交感的コミュニケーションと交渉をつくり出しており、そうしたコミュニケーションの存在がジープニーの運行を支えている。

乗客は乗りたい時にジープニーを止め、降りたい時(渋滞の停車中)に勝手に下車し、誰でも、大きな荷物を抱えた老婆も乗ることができる（最後尾の乗客は彼女の荷物を車内へと引っ張り上げなければならない）。「誰でも」という範囲には、出入り口にしがみついてくる無銭乗車、物乞いも含まれている。これはジープニーに扉がついておらず、つねに開放性を強要されているためであり、何者も拒むことができない。[17] フィリピン大学の友人は「ジープニーに乗って、知らない人（stranger）との交流を避けることはできない。運賃を渡したり、お釣りをもらったり、運転手に停車場所を教えたりするのも、知らない人との交流を必要とするから」とジープニーの運行のモードがもたらす交感的なコミュニケーションを指摘している。

ガッサン・ハージは、先進国の都市と対比してレバノンの交通が「交渉され合う存在様式」（negotiated being）に特徴づけられると主張している（Hage 2021: 167）。交渉され合う存在様式とは、たとえば、カヌーで川を漕いでいる時、それは自身でパドリングをすることで進むだけでなく、川の流れや環境や取り巻くものによって動かされ、自らも動く、双方が影響を与えられ合う存在のあり方である。この存在様式は、決して安全でも（流れはふいに牙を向く）、摩擦がないわけでもなく、むしろぶつかり合ったり、それを避け合ったりしながら世界に存在する方法である。彼が交渉され合う存在様式と対比するのは、ある特定の法や対象とのみ交渉する（negotiation with）存在のあり方である。国家の決定した交通法のみが都市を支配するのであれば、私たちが交渉するのは法律だけである。その場合、法はすべての人間の移動を支配し、その支配のなかで法とのみコミュニケーションすることになる。この対比は、非近代社会と近代社会において人間同士のコミュニケーションがどのように規定されるのか、いかに社会が経験されるのかを区分している。

ジープニーの競争と協働、あるいは車内におけるコミュニケーションにみられるように、法やルールに依拠しない「交渉され合う」様式が、マニラの交通を鼓動させている。この存在様式は、自律性を考える上でも非常に重要である。なぜなら、自律性とは誰にも従わないことを意味するのではない。法によって一元的に管理されるわけではないマニラのような都市において、多くの事柄は交渉によってすすむ。乗客の状況、通りの混雑、交通監視員が誰でいつ賄賂を渡したのか、自分の家計の状況、異なる存在や状況と交渉し、その上でハンドルを握って都市の流れに分け入りながら行為することが自律性なのである。都市の流れは、流れ続けなければならない。流れとは、ドライバーと乗客が共に生きるための環境だからだ。個々の交渉が都市を鼓動させ、流れを生み出しながら、その流れと交渉することでマニラの交通がつくられる。いわば、小学校の流れるプールのような都市だ。子どもたちが一斉に時計回りにプールのなかをぐるぐると回る。一人一人は、流れを鼓動させ、同時に、その流れに足を掬われたり、流れにうまく乗って浮遊してみたり、時に逆らってみたりしながら、皆が回り続けるあいだ、皆がその流れと交渉し合うあいだ、プールの流れは存在している。

農村から出てきた青年は、都市での生を求め、彼が望む自律的な生のためにハンドルを握ってジープニーを鼓動させる。個々のジープニーでは、それぞれのドライバーが競争し、協働し、そしてまた競争し合う。乗客も、この流れの一部であり、この流れを鼓動させる存在でもある。自ら動き、他を動かし、他に動かされる。マニラという都市の流れは、このようにつくり出されてきた。ビヤヘとは、この流れにうまく乗ることであり、同時にこの流れをつくり出すことでもある。個々のドライバーは、生を探し求め（*hanapbuhay*）、そして自らが住まう流れをつくり出してきたのである。この流れとは、共に生きるための場（*kabuhayan*）でもある。

写真
一一六頁　モイゼス

注

1　モイゼス氏は、私が調査を通じて出会うことができた最も高齢な元ドライバーかつオペレーターである。インタビューは、二〇一八年九月二日、一〇月一四日にケソン市で実施した。

2　バイのアソシエーションは、通常の路線組合と異なっている。本章で取り上げるBAPJODAも同郷出身者がある程度みられるが、あくまで路線を共有するドライバーとオペレーターによる組織である。

3　先住民にとって伝統的かつ文化的な母子関係を象徴する「ゆりかご」は、本質的には資本主義的取引の対象になることはない。しかし、経済的主体となるためにマイクロファイナンスを利用することは、彼女たちに「文化」を資源として差し出すよう要請する。文化的な *kabuhayaan* の破壊と資本への包摂が *duyan* の差し押さえの事例によって示されている。

4　地図の作成には、東京農業大学中窪啓介氏に協力いただいた。

5　陸上交通許認可規制委員会は、二〇一九年一〇月よりジープニー近代化事業としてドライバーズアカデミーと呼ばれるドライバーに対する講習を義務化した。これにより、オペレーターは登録車両だけでなく、その車両を運行するドライバーも講習とテストを受けて証明登録書を得る必要が出てきた。しかし、その資料を陸上交通許認可規制委員会は公開しておらず、今後どのように展開するのか注意する必要がある。

6　二〇〇七年九月二六日から一一月九日にかけてマニラ首都圏の一七行政区、三〇カ所でジープニードライバーとオペレーターへの三四五二件のアンケート調査が実施された。調査は、フィリピン大学国立交通研究センターによって（1）ドライバー・オペレーターへのアンケート、（2）ジープニーの政治組織・交通組合代表者へのヒアリング、（3）排ガステストセンターへのヒアリング、排ガスの実測、（4）修理工場及びベンダーへのヒアリング、（5）車両部品ベンダーへのヒアリングが行われた。

7　より詳細な出身地の内訳は、【マニラ首都圏二五人】：マニラ市（3）、タギッグ市（15）、パラニャーケ市（1）、パシッグ市（4）、パテロス町（2）。【イロコス地方五人】：ラウニオン州（2）、パンガシナン州（3）【カガヤン・バレー地方五人】：イサベラ州（5）。【中部ルソン地方四人】：パンパンガ州（1）、タルラック州（1）、ブラカン州（1）、サンバレス州（1）。【カラバルソン地方五人】：ラグーナ州（1）、ケソン州（2）、リサール州（1）、バタンガス州（1）。【ミマロパ地方四人】：マリンドゥケ州（1）、ロンブロン州（3）。【ビコール地方二五人】：アルバイ州（15）、カタンドゥアネス州（2）、マスバテ州（5）、ソルソゴン州（2）、南カマリネス州（1）。【西ビサヤ地方一二人】：西ネグロス州（7）、イロイロ州（4）、アンティーケ州（1）。【中部ビサヤ地方八人】：東ネグロス州（4）、セブ州（4）。【東ビサヤ地方九人】：レイテ州（5）、サマール州（4）。【サンボアンガ半島地方四人】：サンボアンガ・シブガイ州（2）、北サンボアンガ州（2）。【ダバオ地方二人】：南ダバオ州（2）。【カラガ地方四人】：北スリガオ州（1）、南スリガオ州（1）、南アグサン州（2）。

8　アメリカ植民地期に敷設されたフィリピン鉄道がビコール地方-マニラ間を運行していたため、タギッグ市は鉄道での移動が容易な地域だったこともあり、ビコール出身者が多いという説明が一般的になされる。現在は、ビコールまでの鉄道は、管理不備などもあって停止しているが、パサイ市バクラーラン地区やケソン市クバオ地区からビコール地方行きのバスが出ている。

9　バグンバヤン‐パシッグでは、バウンダリー料は五〇〇ペソから九〇〇ペソまで様々であった。トライシクルについては、二〇〇ペソから三〇〇ペソと比較的安い。

10　本章でハージの議論を借用する理由は、レバノン出身の彼のディアスポラ状況や移民経験に対する洞察が移民労働者送り出し大国であり高いモビリティに特徴づけられるフィリピンと交差する点があるためである。移動と生きているという感覚を結ぶハージの概念化は、搾取や排除に特徴づけられる移民研究の系譜とは質的に異なる側面を引き出すことを可能にする。

11　フィリピンのフォークシンガーであるジョイ・アラヤの「Padayon」（一九九一年）は甘い人生を求め、苛烈な労働に従事する労働者を歌っている。*padayon* は、セブアノ語で「続く」や「続ける」を意味する。「井戸から汲んだ一杯の水。ツケで買った米と冷えた塩辛。プラスチックの皿に少しの塩。これで腹一杯だ、働けるぜ。三〇〇kgの砂糖を、五〇〇袋の高級米を、一〇〇〇箱の缶詰を、一〇tの小麦粉を、肩に食い込ませながらおれは歩く。ここは戦場さ。錆びついた屋根、穴の空いた壁、曲がった柱、揺れる床。とても頑丈なおれの宮殿さ。こんなところだが、生を探し続けられる（*hanapbuhay*）。今日、おれはつくった、五〇haの住宅街を、二ダースの金持ちの邸宅、セメントの巨大なビル、どこまでも続く道路を。そうだ、甘い人生（*tamis na buhay*）を送りたい。そうだ、成功したい。おれが望むのは、少しの安らぎの味、だが、働き続けなければならない。なぜなら、他にこれをできる者はいない、機械を動かし、産業に命（*buhay*）を吹き込み、経済を動かす。仕事を続けよう、続けよう……」。

12　現在でも銀行からのローンを利用できない人が多いため、配車タクシーやモーターバイクタクシーの車両の購入にもこの方法が用いられている。

13　一九九五年から現在まで、交通渋滞の緩和を目的として自動車のナンバープレートの末尾の数字にもとづいて運行禁止日（コーディングの日）が設けられている。

14　近代化事業の一環として導入されたジープニードライバーの登録制度である。詳細については第七章を参照。

15　レシル・モハーレスは、フィリピンにおける空間利用の性質について以下の指摘を行っている。「浮浪者やスラム住民は単に『空間を失っている』人々ではなく、疎外や脅威となる空間を領有し、飼いならす戦いに従事している人々である。『私的』／『公的』な所有と空間の境界は、それらが再解釈されたり交渉されたりするなかで変動する。これは、露天商や不法占拠における『一時的所有』の概念にみられ、法的権利を『道徳的』な主張によって再構築していると言えるかもしれない」と整理した上で、彼は、「空間の交渉は交通にもみられ、運転手（通常はジープニードライバー）が他の車線を占有しようとする意図や必要性が、他の運転手の定められた権利よりも優先される。このような例では、法的規範と文化的規範の間に断絶があり、空間の利用においてつねに緊張が生じ」ていると論じている(Mojares 2012: 181-82)。

16　フィリピン大学の友人も、「フィリピンで腕時計の針はどうやって合わせられるのか」という話をし、それはラジオだという。「朝出勤する時、ジープニーで流れているラジオを聴きながら時間を合わせていた」。その時、ジープニーは移動手段以上のメディアとなり、人々の時間感覚を取りもっている。また、パナイ島出身の友人は、一台のジープニーが彼の祖母の村と街を結んでいた話をしてくれた。夕方になると、街に行っていた村の人々が「その」ジープニーを待ち、ドライバーは全員を待って皆を家に送り届けていたそうだ。

17　タクシーのドライバーは強盗に遭いやすく、狙われたら密室なため逃げることができない。ホールドアップをきっかけに、ジープニーに切り替えたドライバーもいる。ジープニーでも強盗によるホールドアップはあるが、ドライバーだけは金品を取られない。なぜなら、ドライバーはその道とその道の人々のことを熟知しているからだそうだ。警察がドライバーに対して「なぜお前だけ襲われなかった」といわれても、強盗からの報復を考えて名前は出さないという。以前、一緒にジープニーに乗っていると、客が路上でたくさん待っているのに素通りしていった。「なぜ？」と聞くと強盗がいたからやめたという。このようにストリートを日々移動し、ストリートの知識を身体化することで危険を避けることを学んでいく。

第四章　ケアがつくり出すインフラと生

都市はインフラストラクチャーによって支えられている。都市インフラの一部であるジープニーも、日々移動する人々の経済活動を陰ながら支えている。ワイヤー、パイプ、コンクリート、鉄骨、数多くの物質で構成されるインフラは、活動を支える過程で徐々に損傷し断裂していく。インフラに関する損傷や崩壊の問題は、フィリピンに限らず、世界中の都市で報告されている。人類学者シャロン・マターンは、「インフラはどこでも、つねに崩壊の最中にある……いまや破壊は、私たちの認識論的、経験的な現実である」と指摘する（Mattern 2018）。インフラという言葉を世に定着させた著書『荒廃するアメリカ：朽ちていくインフラストラクチャー』も、アメリカのニューディール政策が整備した高速道路や橋といった社会基盤への危機意識を反映するものだった（Choate and Walter 1981）。インフラは一度つくられたらそれで完成というものではなく、短期的、長期的周期にもとづいたメンテナンス、修理、ケアを必要とする。では、誰がそうした仕事に従事しているのだろうか。

都市の基盤であるインフラはメンテナンスされなければならない。しかし、その方法はそれぞれの都市によって、インフラの種類によっても大きく異なる。グローバルノースの都市では、インフラのメンテナンスは専門技術者が担っている。たとえば、電力網は一般人や住民が触れることは許されず、それに手を加えることは法に抵触することだ。日本や先進国の都市では、インフラは公共財であり、皆が利用できるものであるが誰も所有することはできない。メンテナンスは、政府や政府から委託を受けた大企業が担い、専門的な知識と技術によって安全に行われる必要がある。法にもとづき、マニュアルに沿ってメンテナンスは実施される。

しかし、マニラを含むグローバルサウス都市では、政府がスラムなどに暮らす低所得の居住地に対して電気や水の不平等な分配を行うこともある。すべての人が利用できる公共財とは言い難いインフラだからこそ、スラム住民はインフラに積極的に関与する。必要であれば違法な接続による盗電・盗水も辞さない。一方、政府や企業がインフラのメンテナンスを放置する事態が生じれば、住民は集合的な圧力を地元政治家にかけて状況を動かし、インフラを自分たちのブリコラージュ的な技術によってメンテナンスや改変を行う（Anand 2017）。

交通インフラであるジープニーも、メンテナンス、修理、ケアといった仕事を行う人がいなければ、故障し鉄屑となり、都市の活動を支えることはできない。しかし、フィリピン政府は、個人のオペレーターが所有するジープニーにメンテナンス費用の支援など一度もしてこなかった。先進国の都市からすれば信じられないだろうが、マニラの主要な交通インフラであるジープニーは、政府からサポートを受けることなくメンテナンスされ、社会に公共サービスを提供し続けている。

本章では、手荒い運転で知られるジープニー、その車両を誰がケアし、そのケアを可能にする関係のネットワークやそこで必要とされる技術がどのようなものかを明らかにする。いわば、都市を支えるインフラ、それを支えている人々が誰なのかを可視化することが本章の目的である。なぜなら、イ

ンフラは日常的に利用するにもかかわらず、私たちの目には見えづらいものだからである。「infrastructure」という語の接頭辞にあたるinfraは、「目に見える波長の外側にあるもの」と「基礎となるもの」という二つの性質を含意している。インフラストラクチャーは、目には見えない、けれど私たちの社会の基礎となる構造物を指す。可視領域の外部にあるインフラを支えている人々は、いわば、基盤の基盤のような存在である。そのため、よほど注意していなければ、不可視性の領域に置かれたままになってしまう。ジープニーの事例をとおして、イン

フラをケアする労働が流通や交通という経済活動を維持するだけでなく、ジープニーや他のインフォーマル経済に従事する人々にとって「生きていく場を共につくる」(*kabuhayan*) という積極的かつ創造的な行為であることを示す。

第1節　支えるという不可視性の労働

インフラはつねに崩壊に向かっている。ブルース・ロビンスによるエッセイ「インフラストラクチャーの臭い」は、新自由主義の浸透に伴ってインフラの耐久性に綻びが生じることで、インフラが悪臭を放ちはじめると指摘する (Robbins 2007)。このメタファーは、コンクリートや鋼鉄といった無機物として想像されるインフラが適切な管理やメンテナンスなしでは有機物のように朽ちていくことを言い表している。インフラの耐久性は、モノ自体の物質性にも左右されるが、それ以上に適切なメンテナンスやケアを施す人間の存在や、それを取り巻く社会的文脈によって大きく変化するのである。

本章では、人々がインフラに対して行う様々な修理やメンテナンスの実践を「インフラ労働」として概念化する。インフラ労働は、商品をつくり出してその対価として賃金を得る通常の労働と異なり、商品生産のための工場や設備をメンテナンスするような労働であり、都市の生産的活動のインフラを維持する労働である。こうした維持し支える労働は、広義には社会的再生産労働と呼ばれる。社会的再生産労働とは、直接的にお金を生み出すわけではないけれど、お金を生み出すための条件や環境をつくり出すための活動を意味する言葉だ。たとえば、自宅での料理や家族へのケアは、経済的資本蓄積を伴わない非経済的なものだが、食事やケアは人々が働くための条件であり、次の世代を育む上で不可欠な環境をつくる行為である。社会的再生産の労働とは、それなくして社会全体が成り立たなくなる働きを意味している。インフラ労働も、都市経済と都市の社会全体を陰ながら支えるものだ。

このようにインフラ労働は、社会的再生産の核となるケアの実践と接近する。ケアの実践が単なる心遣いではなく、家族のメンバーや集団を健康で望ましい状態に保つために様々な技術を必要とするように、インフラ労働にも特定の技術を要する。ケアの場合、アレルギーをもった子どもが成長するには、母親や父親はその子が何を食べることができるのか、どのくらい摂取すると強いアナフィラキシー反応が出てしまうのかを愛情だけでなく、鍛えられた目と知性で観ることが必要だろう。優れたケアとは、ケアの受け手をよく見ること、そして見えない部分を過去の記憶や経験によって観ることで可能となる。本節では、こうしたインフラ労働の概念としての位置づけと、そこでの「観る」技術について整理する。

インフラ労働という概念

インフラ労働とは、インフラストラクチャーに関する人文社会科学の蓄積のなかで比較的近年論じられるようになった概念である。この概念を引き出したのは、グローバルサウス都市論を牽引する人類学者アブドゥルーマリク・シモーヌの「インフラとしての人々」（people as infrastructure）にインスパイアされた研究群である（Simone 2004）。グローバルノースにおけるインフラ研究が技術的な性質や統治性の議論を蓄積した一方で、グローバルサウスの研究は政府による公共財としてのインフラが不在あるいは機能不全のなか、「どのように居住され、利用されるべきかという定義された概念なしに、絶えず柔軟でモバイルかつ暫定的な住民間の交わり」を「インフラ」として議論してきた（Simone 2004: 407）。つまり、後者は物質的な存在だけではなく、具体的で即興的な社会性や実践について生を支える社会インフラとなりうることを論じてきたのである（Latham and Layton 2019）。

シモーヌに代表されるグローバルサウスのインフラ研究は、インフラによって人々の居住や生活が一方的に支えられるのではなく、人々とインフラが交わることで人々の生活も社会のインフラも同時に生成されることを強調する。インフラ労働という概念は、こうした人々の行為、実践、かれらが形成する技術に着目し、誰のどのような行為がインフラを支えているのかを焦点化する。インフラ労働を提起したアレハンドロ・デ・コスコルソらによれば、こうした労働とはメンテナンスや修理のように、資源、資本、労働の継続的な循環を維持し、回復し、確保するための行為である（De Coss-Corzo 2020, 2021; De Coss-Corzo, Ruszczyk and Stokes 2019）。そのため、この労働は、人々にとっての生活と生産関係や統治の再生産にも必要なものである。にもかかわらず、インフラ労働は、その担い手に対する十分な社会保障もなく、賃金の面でも低く見積もられてきた。デ・コスコルソらによるインフラ労働とは、フェミニズムが家事を再生産労働として経済領域との関係でイシュー化したように、都市やグローバルな領域において不可視化され排除された労働の形態を明らかにするための提言であった（フェデリーチ 2017）。

右記のようなインフラ解釈の拡張は、物質性や技術を重視する研究者の立場からすれば、もはやなんでもインフラではないか、という懸念も生じうる。しかし、インフラとは、特異な認識にもとづく概念であり、つねに特定の対象を認識することで、不可視の世界を存在として構築する（Jensen and Morita 2017）。たとえば、橋は橋自体としてインフラなのではなく、橋によって結ばれる多様な関係性、ネットワークがインフラであり、それを直接「見る」ことはできない。言い換えれば、インフラとは、想起することで、「観る」ことで、立ち現われる関係的存在である。本章では、見る（look）と観る（see）というパースペクティブにおける深度を区分するマリリン・ストラザーンの議論を念頭においている[1]（Strathern 2009）。視覚的情報を獲得するという意味においての物質を「見る」ことと、その物質の背後や深部に存在する、目に見えないアクターや過去の蓄積、物語を想起するという意味においての「観る」ことの区分は、想像力をより微細に捉えるために重要な視角である。この区分を念頭におけば、シモーヌやデ・コスコルソらの研究がグローバルサウス都市に根ざしたインフラの概念化に正面から取り組んでいることがわかるだろう。西洋を中心とした技術的・物質的な基準からはインフラの欠如として認識される場合においても、グローバルサウスの都市で繰り広げられる様々な相互行為やコミュニケーションは、都市の集合的な生活を支え、動かす重要なインフラとして機能している。それらの相互行為やコミュニケーションを通じて、インフラの定義そのものが問い直されているのである。

「見る」と「観る」

デ・コスコルソは、インフラ労働が低賃金だからといって誰にでも経験なくできるものではないと指摘する。社会を支えるインフラが崩壊しないようにメンテナンス、修理、ケアを施すこの労働は、経験にもとづいた独自の認識によって実践されている。概念としての修理について再考を提起するスティーブン・ジャクソンは、近代から後期近代へと移り変わることについて「目新しさ、成長、進歩ではなく、侵食、破壊、崩壊を出発点とする」思考の転換が必要であるという（Jackson 2014）。彼は、「安定性（あるいはそのように見えるもの）が維持される過程、重力に抗いながら豊かで力強い生活が持続されるために行われる繊細な修理の技術、そして大小様々な社会技術的な形態やインフラが壊れるだけでなく、一つ一つの（比喩的ではない）レンガによって修復される過程に対する深い驚きと感謝」へとパースペクティヴの転回を主張した（ibid: 222）。

インフラ労働を注目することで、労働者が社会を支えるインフラをどのように経験から理解し、どのような知識や技術を使い、それを仲間に教えているのかを知ることができる。ジャクソンによれば、「修理」とは独自の認識論である。インフラ労働に従事する人々は、都市やインフラを計画するデザイナーや利用するユーザーとは異なったモノのあり方を知り、異なる世界を認識し、機械や技術が絡まり合って生じる故障について多様な関係を読み解き、利用可能な道具や素材からブリコラージュを行う。

デ・コスコルソは、メキシコシティの上水道インフラの事例から労働者による即興的な修理の実践がいかに重要なのかを描き出している（De Coss-Corzo 2021）。老朽化した配水管には穴が空き、漏水がはじまる。労働者は、地面を掘り起こして問題となっている配水管を探さなければならないが、すべてが記録に残されているわけではない。かれらは、記憶、経験、そして勘を頼りに見えない深部の漏水箇所を観ている。漏水を止めるための金属製の留め具も、かれらが持ち合わせていたものは短かったが、それを間に合わせるための経験による技術が用いられた。このようにして都市の水道インフラが支えられていた。

ストラザーンの区分を活用し、物質を「見る」ことと、その背後にある目に見えないアクターや過去の履歴を「観る」ことの両面からインフラ労働を考察してみよう。さきのインフラ労働者は、漏水によって断水している家の配置を見て、また道路の表面に残る痕跡を見ていくことで、その深部にある配水管を観ていたといえるだろう。さらに、手元にある資材を見ながら、ここで行う修理がどれくらいのあいだ漏水を止めることができるのか、より適切な資材を利用することで生じる費用や労働時間の延長などを考えながら未来のインフラの状態をも観ていた。限られた資源を見て、可能な未来を観る。優れた都市計画が時間経過とともに遠い過去へと失われていく際、かれらの鍛えられた目と想起の力が崩壊しない未来を手繰り寄せているのだ。インフラ労働とは、このような創造力に満ちている。

第2節　ジープニーのマテリアリティとケア

おっちゃんたちのがむしゃらな運転は、損傷とダメージを車両に蓄積させていく。車両内部では、部品のあいだのずれや歪みが生じる。ジープニーには、コーディングと呼ばれる運行禁止日が存在する。コーディングの日は、実質的に、車両がケアされる日である。週一度、しっかりとしたメンテナンスがなければ、車両はたちまち走れなくなってしまう。同時に、このコーディングの日は、ドライバーにとっても休息の日である。コーディングの日以外は、朝から晩まで車両を走らせているかれらにも休みは必要だ。おっちゃんたちのインフラ労働は、自分たちの商売道具であるジープニーを走行可能にし、車両をケアすることで都市インフラの社会的再生産を行うものである。

脆弱だが耐久性をもつ車両のマテリアリティ

ジープニーの修理とメンテナンスの事例に入る前に、車両がいかなる物質性を帯びているかについて概観する。当然だが、ジープニーは自動車の一種であるため機械である。機械である以上、走るためには部品と部品が噛み合う必要があり、そこでは摩擦が生じ、少しずつすり減りずれてゆき、いずれ故障する。

ジープニーの車両の物質的な特徴は、壊れやすい脆弱性を抱えるが耐久性を有することである。一見、矛盾する二つの物質的性質が車両を特徴づけている。どういうことだろうか。まず脆弱である性質について、ジープニーの車両には、日本で排気ガス規制によって廃棄された三菱やいすゞの中古トラックエンジン[2]、クラッチシャフトが用いられている。フィリピンのエンジニアがこうした部品を手作業で組み合わせて車両を生産することからも、決して頑丈なものとはいえない。車両の修理には、正規メーカーの純正品が用いられることもあるが、資金に限りがあるオペレーターは、中古部品かコピー部品を利用する。ＪＩＣＡの報告書は、中古エンジンの利用について「ジープニーが改造車とみなされ、正式な公共交通手段として分類されておらず、国が定める車両に関する各種規制の対象」ではないと記している。「また、一度搭載したエンジンを不具合が生じるごとに自己流に修理しながら、走行不能になるまで使うというのが一般的慣行」であると締めくくっている（JICA 2007: 37）。

それにもかかわらず、なぜ耐久性があるのだろうか。それは車両が様々な状況において柔軟に修理可能だからである（de Laet and Mol 2000）。純正、中古、コピー部品によって構成されるジープニーの車両は、その一部が故障したとしても、そもそも中古部品が組み合わされているため、容易に交換することができる。もちろん、この耐久性は人の手の存在を前提としている。たとえば、F1のような自動車は、部品同士の綿密で複雑な組み合わせによって成立し、ネジ一本とってもそのために設計された専用部品から成る。部品も希少であるため直すことはできない。しかし、ジープニーは、代用と流用、間に合わせによって成立するため、不具合が生じたとしても多少ガタつきながら動き続ける。このようにジープニーの耐久性とは、メンテナンスの容易さや修理の実践、つまりケアを前提とする時に現われる物質の社会的な性質である。[3] 同時に、このような修理の必要性自体が車両の脆弱性の徴でもある。

機械が多様な部品の組み合わせによる関係的な存在であることに留意すると、ジープニーは、異なるメーカー、純正とコピー品、日本のエンジン設計とフィリピンのエンジニアの知恵からつくられた混淆物である。鉄を成形した車両のボディは、ぶつかる度に溶接でつなぎなおされ、ハンマーで再成形される。磨り減ったタイヤは、表面だけ剥ぎ取られ、そこに溝のついたゴムがリキャップされる。クラッチパッドも、純正のモノや韓国や中国のコピー商品が出回り、ジェネレーターの穴は鉛で塞がれる。こうした様々な構成上の緩さ、それゆえの脆さは、同時に、様々なかたちでの修理を可能にもしている。

アラガというケア

コーディングの日と呼ばれる運行禁止日には、ドライバーとオペレーターがガレージに集まりメンテナンスあるいは修理を行う。日常的な修理やメンテナンスは、英語を用いて「メンテナンス」やタガログ語で「アラガ」（*alaga*）と呼ばれる。

交通渋滞の緩和を目的とするナンバープレートの末尾の数字にもとづく運行禁止日が一九九五年から設けられた。これは「ナンバーコーディング」と呼ばれる。それに伴い、公共交通車両であっても特定の曜日は規制対象となった。コーディングの日は、ドライバーにとって休息日のような位置づけである。だが、かれらはその時間を用いてオペレーターと共に車両に蓄積された一週間分の汚れや損傷に対するアラガ（メンテナンス・修理）を行う。

アラガとは、人、動物、モノの保護と支援を意味するタガログ語であり、養育する子どもへのケア、あるいは、豚や牛の飼育などを意味する。広くケアの行為を意味するアラガは、乳母との関係において「養君」を意味する言葉としても用いられている。ここでは、養君は乳母からのアラガの受け手であり、同時に、アラガを引き出すエージェンシーを内包する主体でもある。多くの場合、対象との情緒的な関係を捉えることから、アラガの用法は女性が子に行う行為として考えられてきた。アラガというケアは、対象を健全な状態に維持し、望ましい成長と滋養を与え、またアラガの受け手の脆さや特性によって引き出される／喚起される（Francisco-Menchavez 2018: 33-34）。ジープニーでは、アラガという語彙が車両のメンテナンスや修理を示す言葉として用いられる。一見、前述の子どもへのアラガとは異なる行為であるが、どちらもケアを施すという点では共通する。

ドライバーやオペレーターはジープニーを「強い、耐久性がある」(*matibay*)と評するが、それは、このアラガが適切に施されている限りにおいてである。BAPJODAのサルディは、表面的な汚れ(*marumi*)とより深部における傷み(*pangit*)を区分する。「汚れは、掃除や洗車が行き届いていない状況だ。この汚れは、ジープニーの状態を評価する際に問題にはならない。体を洗っていないようなもので、洗えばなんとでもなる。けれど、問題なのは、エンジンのコンディションが取れているのか、いないのか、だ。仮にどれだけ汚れていても、エンジンさえ大丈夫であれば問題はない。洗えばそれで美しくなる。けれど、エンジンのコンディションがダメだったら、それは傷んでいる。いくら洗車しても、それでは美しいビヤヘ(運行)はない。エンジンという内部が重要だ。それに加えて、差動装置[4]やタイヤなどの足回りも大事だ。ジープニーのエンジンと車台、それらは頑丈でなければならない。新品でなくても、清潔で塗装が施されており、エンジンの動きがスムーズなら、それで十分美しい」。このような説明は、ジープニーにおいてエンジン、車台、差動装置といった最も重要な部分や、より表面的な汚れを共にアラガすることで、美しい状態をつくり出すことを示唆している。

製造年度が不明なエンジンとトランスミッションを載せた車両はとても脆い。ケアを必要とする子どもや老人のように、ジープニーは、ドライバーとオペレーターの関与や行為を引き出すエージェンシーを備えている。ジープニーは、人々の関心を受けて修理され、故障やトラブルをとおして人々から行為を引き出したり、周囲に新しい実践を生み出したりするのである。ドライバーもオペレーターもジープニーの状態によって日々の稼ぎは左右される。つまり、ジープニーをつねに走行可能な状態に維持するには車両のケアが欠かせず、その行為はドライバーとオペレーターの両者の生活を安定させる行為といえるだろう。

第3節　おっちゃんたちが注ぎ込むケア

一般的なコーディングの一日を描写しよう。早朝、ドライバーのジェフと会った。私が「今日のアラガは何をするの？」と尋ねると、ジェフは「マッサージだけだ！　手術はない！」と笑いながら「昼には終わるからエンペラドール（大衆向けブランデー）を買っておいてくれ！」と答えた。一週間走り続けると、ブレーキパッドが削れて位置にずれが生じ、ホースからエンジンオイルが漏れ、トランスミッションとフライホイールの噛み合わせと、エンジンから電気を発生させるオルタネーターのベルトが緩んでいく。コーディングの日とは、様々な中古部品から組み上がったジープニーのずれや隙間を見つけて、「マッサージ」して適切な状態に合わせる日のことである。

つねに磨耗し続けるジープニーのメンテナンスには費用がかさむ。オルタネーターの修理に一八〇ペソ、ブレーキパッドの整備に五〇〇ペソ、インジェクションポンプの根詰まりを直すのに一二〇〇ペソ。ここで行われるのは、大規模な修理ではなく、不具合を見つけだして間に合わせる簡易的なメンテナンスである。レネは、「完璧なアラガ？　そんなものないよ。だいたいどこか悪い老人みたいなのがジープニーだ。完璧な状態なんてあるわけない」と、コーディングの日において実施されるメ

一服

ンテナンスは、不具合と上手くつきあっていくためのものだと説明する。

二〇二〇年二月一四日、このコーディングの日は、ブレーキの調子をメンテナンスすることが目的であった。しかし、ボンネットを開いてみると、ラジエーターを固定しているネジが一本紛失している。年長のドライバー・サルディが「なんじゃこりゃ、はやく買ってこい」と、若年ドライバーであるジェフに指示を出す。さっさとメンテナンスを終えたいサルディであったが、ジェフは、「いやいや、まずは昼ごはんを食べてからにしよう」という。サルディがオペレーターの家に入っていき、魚の煮付けをもってきた。スプーンを忘れたので、油まみれの手を洗濯用洗剤で洗い、手で食べることになった。サルディとジェフの年齢は、親と子ほど離れているが、両者のあいだで敬語が使われることは少ない。ここでは、サルディは経験豊富なドライバーだが、決してジェフよりも上位の立場という訳ではない。メンテナンスの知識が十分ではないためジェフはサルディよりも手を汚して作業を行うが、これは上達の過程で必要な経験として位置づけられている。

午後になった。後輪のショックアブソーバーのアライメントが取れていない、ジャッキで車両全体を持ち上げようとしたらジャッキごと壊れる。「また仕事が増えた！」と文句を言いつつ、サルディはジェフに二軒隣に住んでいるノリ（サウジアラビアでの元海外出稼ぎ労働者で優れた溶接技術を有する）を呼ぶように伝える。「アイツはこういう修理が得意なんだ」。メンテナンスは三時の休憩を挟んで、トランスミッションとフライホイールの整備にはいった。二つの部品がうまく分離できなくなって壊れてしまっている。「まだフライホイールは新しい。もったいない。外せれば誰かに売れる」と話をする。

サルディとジェフの事例は、アラガを行う際のドライバー間の対等な関係性を示している。両者はジープニーのメンテナンスをするために協働しているが、双方の自律性は維持されている。道具を修理できる隣人や中古部品の情報は、アラガを行う際に重要な役割を担っている。とくに、部品の情報はドライバーやオペレーターのあいだで「この前誰々がフライホイールを交換したから、ガレージに部品をもっているはず」というように記憶され、必要な場合に売買の相談が持ちあがる。ジープニーの部品の多くは、オペレーターの自宅やガレージに保管される。また、自分が所有していない道具や、高度な溶接の技術などは、それらを有する隣人を呼び出し、ワークショップに持ち込むより安く済ませている。

修理のために必要な技術と知識

さきの事例のようにジープニーのアラガは集合的行為である。次の事例では、エンジンの故障に伴う大規模な修理をみていこう。日常的なメンテナンスでは、道具の故障などを除いて、ドライバーやオペレーターの技術や知識で対応することが可能であった。しかし、より専門性を必要とするエンジンの修理などでは、インフォーマルなエンジニアの手を借りる必要がある。こうしてジープニーは、より広い範囲の関係によってケアされるようになる。

二〇一八年一二月中旬にエンジンが故障したオペレーターのレオとドライバーのタディンのもとに、翌年一月中旬になってようやく部品が届いた。インフォーマルなエンジニアであるロニーの指導のもとでエンジンを組みなおし、足回りも整備する。レリーズベアリング（クラッチを切るための主要部品）の交換に際し、買ってきたばかりのベアリングは、セッティングがまちまちだった。ロニーは、ベアリングの裏面を木材に当てながら叩いて修正する。本来はプレス機で圧力をかけて修正するが、そのような機械は路上のガレージにはない。エンジン内部のバランスを取るために、ロッカーアームの噛み合わせを、強弱を確認するために極薄の金板を噛ませながら調整し、ハンマーで叩きながらシフトカバーをエンジンにはめ込む。エンジンとはもっと繊細なものではないのかとロニーに尋ねると、「乱暴に扱っても壊れるモノではない、じゃないとこの国で走ることなんてできない」と返事をする。

この修理が行われていたのは、路地を利用した簡易のガレージだった。それは、かれらの身体と最低限の器具を用いるマンパワーをベースとした修理であり、人手を必要とするが特殊な道具や機械を必要としない。しかし、かれらの身体がストリートの空間を修理のためのガレージへつくり変える。こうした修理の空間性は、様々な友人や知人を引き寄せる。ガレージの開放性も相まって、ジープニーの状況は仲間内で共有される。誰々のジープニーはどういう症状を抱えているのか。似たような、しかし異なる症状を、どのジープニーも抱えているのだ。

アルフォンソ(レオの友人でオペレーターかつドライバー)が手伝いにきた。レオとアルフォンソの雑談が始まる。「昨日、市内の交差点で自家用車とジープが接触事故をした」、「自分(アルフォンソ)がカットオーバーして違反を取られた」といった話から、レオのジープニーはこの前修理したばかりなのに、いったいどうしたんだと細かい情報まで共有されていく。アルフォンソがやってきたのは、ただ手伝いに来たわけではない。両者のジープニーで利用されている差動装置(ディファレンシャルギア)は同じモデルで、レオが二〇〇二年製「8-43」の組み合わせに対し、アルバートは同年の「7-41」という歯数だった。レオのセットは高スピードのエンジンに高スピードの差動装置、アルフォンソは低スピードのエンジンに低スピードの差動装置である。エンジンを交換することはできないが、二人はそれぞれの差動装置を交換することでセッティングを修正したかったようだ。アルフォンソは、一速にギアを入れた時の動作が遅く、十分に加速しないことを問題としており、一方のレオは、一速でガンっとギアが入り、速度が出てしまうピーキーな運転を問題に思っていた。

こうした解決は、二人の相互理解によって進められた。互いの車両の一部が交換され、歪ながら組み合わされていく。この交換は、相互理解と偶然起こったジープニーの故障を契機として速度の安定、または、公共交通機関の安全性を整備している。車両の情報を共有することは、両者がわざわざ購入しなくとも部品あるいは必要なモノを得ることを可能にしている。

レオは、ジープニーのエンジンを試運転するため、ガソリンを給油し、ラジエーターにも冷却用の水を入れた。すると、ラジエーターから水がドバドバと流れ出ていく。修理が必要となり、ラジエーターを取り外した。バグンバヤン-パシッグ路線沿いには、ラジエーターの修理に特化したエンジニアも点在している。ジープニーのラジエーターには、中古品が利用されることが多く、経年劣化によって目詰まりを起こし、さきのように冷却水が漏れることがある。

タディンと私は、ラジエーターを抱えて、路上のエンジニアのもとを訪ねた。彼は、ひと穴一五〇ペソで修理してやるよという。彼の修理方法は、ラジエーターの目詰まりを取るのではなく、その列ごと押し潰し、ラジエーターを部分的かつ的確に破壊することで、ラジエーターが動くように改変するものだった。しかし、穴を塞げば塞ぐほど、他の箇所が漏れていく。このエンジニアは、ほかに穴がないかとラジエーターの注ぎ口を口で覆いながら吐息を強く吹き込み、気圧を高めて水が出てこないか確認する。この様子をタディンがレオにどうするかと電話すると、レオはそのやり方が気に入らず、怒り狂い、「なんで何列も潰す必要があるんだ!」と、そのすぐ近くの別のエンジニアであれば「決してそんな修理はしないのに、なぜそのエンジニアのところに行った!」とタディンを叱咤した。すでに穴は五つになっており、ラジエーターの五列が潰れていた。このやり取りを見ていたエンジニアは、七五〇ペソではなく、一五〇ペソでいいとタディンに伝えた。帰ると、レオはそのラジエーターを中古で引き取ってもらい、韓国製の新品を購入した。

この事例は、誰にとって適切な技術を誰が保有しているかという知識と関係している。タディンは、

ロニーの手元を見る

オーバーホールされたエンジン

同じタギッグ市でも異なる地区に住んでいるため、レオのようにこの地域のエンジニアに関する知識が十分ではなかった。しかし、さきの路上のエンジニアが悪いわけではなく、彼の修理方法が他のラジエーターにとっては適切な場合も存在する。また、技術を保有するという点ではエンジニアである必要すらない。技術をもつ者は様々な形態で遍在している。劣化した車両や部品の溶接には、中東諸国などで建設労働者として働いた経験がある者が呼び出される。

レオとタディンに修理の指示を出していたインフォーマルなエンジニアであるロニーは、一九五七年にパナイ島ロハス市に生まれた。彼は、ジープニーについて非常に富んだ知識と経験をもったエンジニアである。しかし、エンジニアとしての知識は、学校で得たものではないという。実家が農家だったため、一三歳から農業用ポンプや壊れた日本製バイクエンジンの分解・修理を経験し、その過程で機械の知識を習得した。マニラに移住後は、トンド地区のスラムに住みつつ、港湾近くで小型ボートの修理技術も身につけた。港湾には多くのジープニーが走っており、かれらから「ジープニーも修理できるか」と聞かれ、とりあえずやってみたことが現在まで続いている。タギッグ市出身の奥さんと結婚してからは同市でジープニーや自家用車、三輪バイクなど多様な機械の修理を受けもっている。

翌日、ロニーに同行して別のガレージにやってきた。ガレージにはジープニーが一〇台程駐車してあり、一台は他のエンジニアがエンジンをオーバーホールしていた。ドライバーたちは、ロニーを取り囲みながら修理の様子をみて、時折、質問する。修理を覚えるのは、「見様見真似だ」（*tigin-tigin*）という。これはロニーがジープニーの修理を覚えた方法だ。同じように多くのドライバーは彼の手先を見ることで、技術を身につけていく。ロニーは、この部品を新品に交換しろと指示した。部品の調達を待っていると、オペレーターがコーラとパンを差し入れてくれる。その間、ロニーは、隣のジープニーをオーバーホールする別のエンジニアを眺めて、「あんなやり方はよくない」と少しむっとした顔で口にした。三名のドライバーがクランクシャフトを取り出して人力で研磨し、部品を灯油で洗浄する。ロニーは、「壊れている部品をわざわざ時間をかけて修理することで、何週間もジープニーが動かない状態にさせている。良いエンジニアとは、そういうことも汲み取って、金はかかるがはやく直せば、その分、かれらが稼げることをわかってなきゃならない。マニラは部品の手に入らない山奥じゃない。そこら中にジャンクショップがある。それに、壊れているものを直すために費用をかけることはもったいない」と不適切である理由を説明する。つまり、オーバーホールなどさせないで、さっさと交換部品を買ってきた方がオペレーターとドライバーのためになるという批判である。

ジープニーの修理には、一律化されたマニュアルなど存在しない。エンジニアによって、また、所有するオペレーターによって、それが都市／田舎なのかで全く異なった方法が要請される。こうした要請は、修理やメンテナンスのあり方自体を変容させうる。たとえば、オートサプライで働くロニーの友人は改造ピストンを製作している。通常、ジープニーに使われるエンジンにはピストンリングが三つはめられている。それを改造して四つに増やす[6]と排気ガスをかなり抑えることができるという。「このピストンを使えば、オペレーターは高い金（賄賂）を払わなくても車検をクリアできる」と説明する。つまり、賄賂を払う資金も、また車検が求める基準のために新品のピストンを同時に四つも五つも購入して交換する資金もないオペレーターが求めるからつくられている。ただし、改造ピストンはすでにダメージを蓄積しているため、二年ほどで交換しなければならない。

　このような技術の発展は、オペレーターの限られた資金、ドライバーの運転の仕方、ジャンクショップの存在、ジープニー車両の特性などが相互に影響しあった結果として生じたものであり、自生的技術を示すものである。ジープニーが停止してケアを受けている時間は、車両を動かすために周囲の人々や社会関係が活性化している時間でもある。ジープニーの故障や問題は、小規模なオペレーターやドライバー、エンジニアから工夫を引き出し、修理技術を発展させている。そして、車両の日常的ケアはかれらのあいだでの交わりや関係を喚起させている。

ジープニーを支える関係の網の目、インフラ労働に宿る「観る」能力

　ここまで論じてきたように、ジープニーの壊れやすい車両に耐久性を与えているのは、人々が日常的に行うアラガの実践であった。前述した事例は、個々のジープニーに対して施されるメンテナンスや修理という些細な行為だと思うかもしれない。だが、そうした小さなケアの実践は、自生的知識や

経験、また技術を生み出す創造性を内包し、さらにジープニーが起点となって社会関係を拡張している。この実践の集積がジープニーに耐久性をもたらし、都市全域のインフラをケアする効果をもたらしている。

ジープニーのケアに関与するのはオペレーターとドライバーだけではなく、損傷や不具合の度合い、その具体的な内容に応じて様々な人物が呼び出されていた。一台の車両のメンテナンスには、ドライバーとオペレーター、さらにはかれらと路線を共有する他のオペレーター、そこで蓄積された過去の修理情報、中古部品を扱うオートサプライ、インフォーマルなエンジニア……といった街を覆う関係性が必要であった。インフラ労働の視角は、生産的活動を支えながらも不可視の取るに足らない存在として取り置かれてきた行為や実践、人間、それらの関係に光を当てるものだ。

人類学者スーザン・リー・スターによるインフラの定義の一つには、社会の中に「埋め込まれている」という性質がある（Star 1999）。ジープニーに焦点を当てた時、ジープニーが社会関係の網の目に埋め込まれているだけでなく、同時にそれは人々をも「埋め込んで」いるのである。一台のジープニーを動かすために、そのケアを可能にする百もの人々が必要なのかもしれない。ジープニーが都市を走り続けることは、自生的な技術の発展と共有を進め、都市内部に複雑な社会関係を形成する。それによって、関係性の網の目が都市全域へと広がっていく。

ドライバーは、一台のジープニーに対して責任をもつ。もし運転する車両を毎日変えなければならないなら、それは大変なストレスとなる。なぜなら過去のケアの履歴は、その車両を一台一台異なる存在へと変容させており、ブレーキやアクセル、操作性、その一つ一つが異なっているからである。

そのためオペレーターがジープニーを他のオペレーターから購入する時、ドライバーが付属してくることがある。こうしたドライバーは、そのジープニーの車両を熟知しており、彼なくして良いケアを行うことはできない。いわば、ドライバーの存在がジープニーの車両に埋め込まれている。

その理由は、先の事例で示したように、ジープニーの運行に様々な関係性が求められ、そして、修理され続けるジープニーはその状態を変え続けるからである。つまり、ジープニーの車両には、過去何十年にも渡るケアが埋め込まれている。そうした関係や修理の積み重ねとしてジープニーが存在する場合、車両を購入することはトヨタやホンダの新車購入とは異なっている。ドライバーのロルダンは、「ジープニーは人間みたいだ」(*parang tao*)といい、「どこが悪いのか、どこをアラガするべきなのか、それは一週間やそこらじゃわからない」と述べた。ジープニーのケアをとおして関係が車両に包含されていくだけではなく、ケアの必要性は社会関係を拡張していく。こうして人々の社会関係が車両に埋め込まれることは、次のケアを可能にする土壌をつくり出し、そうした集積として耐久性のあるインフラを生み出す。このマニラ首都圏だけで四万五〇〇〇台以上(非公式には七万台とも八万台ともいわれる)、フィリピン全土では二六万台のジープニーが存在している。インフラ労働としてジープニーのケアを考えると、多様な人がそこに携わっていることがわかる。ジープニーの脆弱性を補う耐久性とは、人間関係の柔軟性と耐久性にほかならない。インフラ労働は、生産的な経済活動や他の再生産活動を支える行為であり、さらに都市に広がる関係の網の目を育むものである。

インフラが関係的な存在であることは、すでに人類学におけるインフラ研究では何度も指摘されてきたことである。そしてジープニーの事例から明らかなように、関係性につらぬかれたケアの実践がインフラを支えてきた。このケアは、ジープニーに引き出されるものである一方で、インフラ労働者がさまざまな方法で観る行為にもかかわっており、それが注目すべき側面の一つであった。かれらは、都市をふつうに生活する人が経験しない世界を観ている。ロニーのようなインフォーマルなエンジニアは、知識と経験を用いて一般の人に見えない部品同士の関係を読み解き、正しく直すことができる人である。しかし、ジープニーのケアにおいて重要だったのは、モノの状態を見極めるだけでなく、誰が修理可能なのか、車両だけでなくドライバーの稼ぎも考慮に入れた修理を考案するなど、関係の束から適切なつながりや過去のケアをも観る能力だった。

ジープニーのあり方は、森田敦郎が調査したタイにおける改造トラック・イーテンの事例と非常に類似している（森田 2012）。タイの自生的エンジニアリングの世界をとらえた森田の民族誌は、エンジニアによる社会に埋め込まれた技術とその実践に着目することで、日本でつくられた自動車やコンバインを解体し、モノに新たな社会的生を吹き込み、そしてそこからコモンズが生み出されている過程を明らかにした。ジープニーのおっちゃんやエンジニア、さらにはタイのエンジニアたちが観ているのは、この具体的な機械に内包されている社会関係と具体的な実践の累積物であり、場合によって馴染みのない機械の潜在力であった。修理やケアという行為は、この「観る」力を用いて機械を社会に根づかせ、農業や都市の交通を生み出す創造的なものである。崩壊していこうとする対象をつぶさに観察して、また可能な範囲で使えるものを見出し、その対象自体を別様な存在へと改変しながら存続させる。それは、観る能力に由来している。ケアに必要なのは手と技術もそうだが、何よりも表面を見て、深部を観ることだ。ケアを施すインフラ労働とは、社会を支えるために不可視性に抗して深部を「観る」ことで世界を別様につくり変えていく実践である。

第4節　生の場を共につくる

おっちゃんたちのケア実践は、マニラという大都市を支える交通インフラが止まることがないよう支えている。かれらのメンテナンスや修理は、独自の見る／観る能力を要請する。しかし、デ・コスコルソは、インフラ労働が現状の資本主義体制を維持するため、その創造性に対する評価についてアンビバレントなものだと指摘する（De Coss-Corzo 2021: 251）。というのも社会的再生産労働は、現在の社会を持続させてしまい、その社会が内包する抑圧、差別、搾取をも持続させる一端を担ってしまうからだ。おっちゃんたちのケア実践も、マニラの社会構造を持続させてしまうものでもある。だが、それだけではない。

おっちゃんたちがジープニーにアラガを施すガレージは、前章で描いた地方からやってきた青年たちにとって生きるための場所を提供している。資本主義とよく馴染んだこの都市で上司に虐げられることなく、自律的であることはとても難しい。貧しい農村出身者は、土地から自由になって自身の労働力を自由に売るよう迫られるが、かれらは安く買い叩かれ、使い捨てられるばかりだ。おっちゃんたちのケア実践は、自分たちを含むそうした流れ者たちが共に生きるための場所（*kabuhayan*）をうみ出す創造的なものである。*kabuhayan* とは、まわりの人間と生を可能にする場所を共につくり出す様式であり、生を探し求める（*hanapbuhay*）ための基盤でもある。

自律空間としてのガレージ

ガレージは、ジープニーの車両を夜間に駐車したりメンテナンスしたりするために必要な空間である。ガレージには、自宅の軒先、交通量の少ない路地、私有された空き地、そんな都市の隙間のような空間が利用される。おっちゃんたちは、自身のガレージだけでなく、他のガレージにも頻繁に足を運びながら自身の車両に必要な部品を安く手に入れたりする。しかし、それ以上にガレージは、おっちゃんたちがビヤヘに向かうまでの時間、ビヤヘを終えて自宅に帰るまでの時間をたむろして、仲間たちとリラックスするための場所でもある。ケアをする場所であり、またケアを受ける場所でもある。

コーディングの日のアラガが終わる頃、夕方のラッシュアワー前に十分に稼いだドライバーがガレージに帰ってくる。オペレーターも二本のエンペラドールとバーベキューをもってきた。タガイがはじまる。タガイとは、車座になって一つのグラスに酒を注ぎながら、一気に飲み干し、隣の人へとグラスを渡す飲みの形式である。主に酒を買ってきた者がタンゲーロとなり、酒を注ぐ役をする。多すぎず少なすぎない量を注ぐことが重要である。その日の稼ぎが良かった者、前は酒を買わなかった者が酒を買う。このタガイは、オペレーターとドライバー、またドライバー間での関係の調整が行われている時間と捉えることもできる。コーディングの日に行われるアラガは、基本無給の労働である。オペレーターがメンテナンスの費用を負っているとはいえ、ドライバーの休日は削られてしまう。しかし、ドライバーにとっても商売道具として大切な車両のメンテナンスであり、稼ぎは車両の状態にかかっている。また、車両のメンテナンスは、オペレーターにとっての私財をメンテナンスすることであり、運行やメンテナンスをめぐって両者のあいだに鬱憤が溜まる場合もある。タガイの時間とは、

壊れたオルタネーターをみんなで見る

メンテンス後のタガイ

こうした社会関係を修復するためのひとときでもある。

ガレージでは、オペレーターはドライバーと共に車両をケアしなければならない。バウンダリーシステムの運行時には切り離されている両者の関係が、ここではケアのために協働しなければならない。オペレーターは、ドライバーにこの部品を買ってくるようにと指示を出し、修理の失敗は両者の生活にとって致命的にもなる。協働は軋轢や対立になってしまうかもしれない。だからこそ、タガイの時間は重要であり、オペレーターとドライバーという役割ではなく、一緒に酒を酌み交わすおっちゃんへと戻るのである。

何台かのジープニーが肩を寄せ合うようにリラックスして並び、人々は集まり、エンジンを覗き込み、ブレーキを調整し、共に昼飯を食べる。かれらは運行までのあいだ、ガレージに滞留する。ガレージの空間はとても人間的だ。飯を食べ、酒を飲み、カラオケを歌い、そこで寝る者もいる。運転を終えたドライバーが現金を握ってガレージに戻る。その現金の一部は、酒やつまみとなり、このガレージの空間にも、彼の家庭にも届けられる。金は単に消費されるのではなく、贈与へとその姿を変えて、このガレージに蓄積している。

ケアが場所をつくる

ケアという概念は、既存の対象を維持する点や倫理的な態度において注目されがちであった。しかし、ジープニーの車両をケアすることは、そのケアの実践によって社会関係を引き寄せ、ガレージという場所を創り出す営為でもあった。このようなケアが実際の空間やインフラを創造する源だと認識することは、資本主義における再生産として低く見積もられる行為の再考を要請する。

政治学者・酒井隆史はデイヴィッド・グレーバーによる再生産労働の議論を整理した文章で、「労働はモノを無から創造する生産であるという発想が、ケアの系列にかかわる活動を生産にかかわる活動としては不可視化し、そのうえで価値を切り下げさせ」てきたと指摘する（酒井 2021: 11）。資本主義のような経済的生産を中心に置く発想から離れてしまえば、もっとも創造的な活動とは、ケアのように他の人間を育て、他の人間が活発に生きることを支える行為にほかならない。おっちゃんたちによるインフラ労働は、他の人々が共に生きるための場所を創造するものであった。前章で取り上げた生を探し求める様式は、共に生きるための場所をつくるガレージ、車両のケア、広がりある社会関係なくして成り立つことはない。本章でみてきたケア実践は、ジープニーを走行可能な状態に回復させる再生産労働であるだけではなく、共に生きる場を創り出すクリエイティヴな行為であった。

人類学者タチアナ・テーレンは、ケアという概念を私的領域に閉ざされたものではなく、異なる領域を横断して、関係を構築し解消し、集約されたレベルにおいて社会秩序の再構築や社会変化を形成すると指摘している（Thelen 2015）。ジープニーの事例も、こうした社会を構築する中心にアラガと呼ばれるケア実践が存在し、その実践は、様々な関係性を構築し、手繰り寄せ、結ぶなかで共に生きる場をつくり出し続けていることを明らかにするものであった。地理学者ジュリア・コーウィンとビナイ・ギドワニもインフラ労働の特徴である修理やメンテナンスへの着目は、「搾取と廃棄という問題ある関係を永続させるだけでなく、ケアの倫理への道筋を提供するという意味で、私たちの存在を根底から支えている」領域に開いていくものでもあると指摘している（Corwin and Gidwani 2021: 13）。おっちゃんたちのケア実践は、「資本蓄積を加速させるための資源や道具としてではなく、相互に関連するケアのネットワークとして、いかに関係を奨励し育むことができるかを考える」ことに向けた重要な貢献となるものであろう（ibid: 9）。

写真
一五五頁上　その辺に落ちていた葉っぱを漏斗代わりにする

注

1　ニューギニア高地の先住民がロンドンを訪れた際、「木々が立派で本当に背が高くて栄えている（flourishing）」と評した。誰もが知っているようにロンドンは豊かな場所だ。しかし、かれらは木を見ることによって、人々がロンドンの森林を切り開くことで繁栄へと導いた過去の労力を観ていた（Strathern 2009: 21-22）。二〇〇九年の論文を含むストラザーンの社会理論家としての評価については鈴木による論考を参照（鈴木 2022）。

2　日本製の二〜四ｔトラックの中古ディーゼルエンジン、いすゞ製Ｃ１９０、Ｃ２４０や三菱製４ＤＲ５など一九七〇から八〇年代に製造されたものが流用されている。

3　さきの報告書はジープニーが「国家による各種規制対象となっていない」と記している。なぜならジープニーについてフランチャイズを取得した年を調べることはできるが、その車両がいつ製作されたのかという記録が存在していないからである。一九九六年、運輸通信省は、公共交通車両で「一五年以上使用している」ものの廃止を試みるも、「ジープニーには製造年度がないため年齢がない」としてこの近代化事業をすり抜けていた。こうした規制をすり抜けてきた点もジープニーの耐久性といえるかもしれない。二〇〇二年以降、陸上交通許認可規制委員会は新規のジープニーの登録を閉ざしており、既存のジープニーは運営権（フランチャイズ）を維持するためにも、年数を重ねると、車両全体のオーバーホールと再構築が工場で行われる。また二〇一七年に開始された公共交通車両近代化事業は、より厳密に既存のジープニーの廃止に取り組んでいる。詳細については本書第三部を参照。

4　差動装置（ディファレンシャルギア）は、カーブを曲がる際に、左右の車輪が異なるスピードで回れるようにしてスムーズな走行を可能にする装置である。

5　ロッカーアームとは、エンジンにおける動弁系部品の一つで、カムシャフトの力を受けてバルブを作動させる役割を果たす。

6　トップリングとオイルリングのピストンに、無理やりセカンドリングを付け加えている。

第五章　生を表現する車体のグラフィック

ジープニーを一目見れば、最初に気づくのは千差万別で生き生きとした車体のグラフィックだろう。フィリピンの文化を感じさせながらも、あまりにも異なるグラフィックは容易な理解を退けるものがある。①我が子の似顔絵の隣に幼いキリストと航海を終えた船あるいはノアの箱舟、②オーラを放つボブ・マーリー、③たくさんの食べ物に囲まれて両手いっぱいの米を掬う姿、④スラムダンクの桜木花道と湘北メンバー、⑤最愛の我が子と妻が破顔する様子。それぞれのイメージは強烈だが十分に理解できない。だが胸を打つようなものもある。美しい、というよりもなにか熱を帯びている。調査をはじめた当初、私はそのまとまりのないグラフィックを眺め、「いったいこれは何を表わしているのか、何のために描いているのか、しかも結構な額のお金をかけて……」と考えた末、理解することを諦めた。とても派手ですぐ目につくのにもかかわらず、それが何なのかわからない。

しかし、フィールドワークのなか、日々ジープニーの助手席に座ってお釣りを数え、かれらと酒を飲み合い、話を交わすうちにそのグラフィックは、描かれた以上のカラフルさで私にも観えるようになってきた。それは、自身の誇り、異国の母から贈られた品、妻との複雑な関係といったものだ。グラフィックは目の前に在りながらもそれが指している意味はかれらの生のなかに閉じられている。け

EDSA/SHAW

SANTOLAN

1000
500

ANTIPOLO HI-WAY CUBAO
CUBAO

FOR HIRE
CUBAO
QUIAPO
REMEDIOS

れども、この社会に深く身を晒していくことで徐々に立ち現われてくる。描かれているものが千差万別なのは、かれらの生が一つとして同じではないからだ。どれもがジープニーのオーナー（所有者）[1]と彼を取り巻く人々の生と分かち難く結びついている。グラフィックは、「他の人たちと同じように扱われたくない。特別な存在でありたい」というかれらの欲望の表出であった。この欲望の一部は、海外の家事労働や建設労働において何者でもない存在として扱われる経験と切り離して考えることはできない。自らの生をどのように表現するのか、その創意工夫がグラフィックには込められている。

本章では、ジープニーのグラフィックから一介の労働者に過ぎない人々の生の表現へとアプローチする。都市の有象無象と位置づけられる人々にとって自己表現の経路は非常に限られている。また、ジープニーのグラフィックについても、学術的な問いの対象となることはほとんどなかった。しかし、かれらの表現としてのグラフィックは、表象をめぐるサバルタンの議論、大衆として一括りにする議論を考える際、様々な示唆をもたらすものである。本章では、まずサバルタンや大衆というカテゴリーに括られる人々がいかに表象の問題とかかわってきたのかを概観した上で、グラフィックをフィールドワークから得たかれらの生の語りと重ね合わせることで内在的な理解を試みる。

第1節　自己表現の困難

本章では、グラフィックをオーナーの生に引きつけて理解しようとする。だが、その試みの必要性は、以下のようなフィールドでの気づきから生じている。研究という営みは、ある特定の出来事や発言を事例としてカテゴリー、集団、ポリティクスなどを説明するために、研磨・加工し提示する側面をもつ。有象無象としかいいようのない現実世界は、学術的なプロセスを経て、論文や著作となる。そのプロセスは、対象とされた人から固有性や名前やその形式にそぐわない側面をどうしても切り落としてしまう。それ自体は良いことでも悪いことでもなく、研究がシャープな議論を展開する際に不可欠な手続きである。しかし、ジープニーのおっちゃんたちについて描く時、酔いどれの会話、支離滅裂なジョーク、急にはじまる踊り、そうした事柄は、かれらの生き方の中心にあり、本章では、そうした側面を意識的に取り入れた記述を残したい。以下の文章は、私がフィールドに慣れてきて、おっちゃんたちの姿をデータとみなしはじめ、今日も何も得られなかったと思った夜に書いたものだ。

さっきまでタガイをしていた。当たり前のことにハッとして忘れないようにしなければと思い、記録に残す。至極当然なことだけど、一人一人は、一人一人として捉えなければならない。親族関係、オペレーターとドライバーの立場、組合での役職、関係性や属性など、そうしたたくさんのラベルの前にかれらがいる。

サルディは笑ってばかりいるが真面目なリーダーでなんだかんだ良い父親をしている。バイスはいつもおチャラけで、タバコが切れると「おい、もってるか？」と聞いてきて、こっちがなければくれる。彼の故郷のトゥバは最高にうまい。アゴは、「へへっ」といつも笑っていて、末っ子の妹がカタールで英語教師をしていることを誇らしく思っている。レネは、真面目でイケメン、だけど、時々、酔っ払ってサムソンの製品は頑丈だって言い張ってスマホを地面に叩きつけたりする。キットは、もう一度海外に働きに行きたいと思っている。叔父の家に居候していて、ちょっと居場所がない。キリスト教徒の癖に中東での経験を見せびらかしたいのか「アッサラーム・アライクム」と挨拶し、自分は「ワ・アライクム・サラーム」と返す。ジョセフはほんま気のいいやつでグラサンが似合う。身長も高くハンサム。奥さんは愛嬌がとってもキュートだ。飲むと愉快なやつで、マルボロの黒メンソールを吸う。タディンは、厳つい顔をしているが結構テキトーで女好きと有名で、そのくせ、いつもみんなから脇腹をつつかれたり、背後から股間を握られたりしている。……（二〇一九年一二月一七日）

フィールドでの調査の方向性にある程度の自信がもてるようになれば、「こういう話ね、前にも別の人から聞いたよ」と頭のなかで処理するようになる。実際のところは、同じ表現であっても、その人が発する言葉がまったく同じであることはない。研究者が想定するフレームにおいて同質であると思い込む。逆に、なんだか関係のない瑣末な話だから無視してもいいだろうという判断、彼が以前語っていたことと矛盾するからこの話は「使えないな」など、そうした処理を研究者は行う。

しかし、こうした処理には一元的には理解できない現実の多面性を失う危険が伴う。「人生はクローズアップで見れば悲劇だが、ロングショットで見れば喜劇だ」というチャップリンの言葉にあるように、ある現実は、私が見ている位置、彼が見ている位置、さらに自身にとってすら時と場所と状況の違いによってそれが別様に経験されるのは理解できることだろう。

本章が個々の人生の個別性と現実の多面性を強調するのは、ジープニーのグラフィックに関する二つの力学に抗するためである。一つは、ジープニーの表現をサバルタンとして無声化しその存在を消去する力であり、もう一つは、大衆の表現として一面的に称揚する力である。前者は、存在を否定する力であり、後者は個別の存在を一方的に表象する力である。こうした力は他にも存在しているだろうが、本節で扱うのは主にこの二つである。この二つの力を意識する理由は、ジープニーがそれを所有する人にとって個別具体的な価値を帯びていることを認識するためである。というのも、ジープニーのグラフィックに興味深さやユニークさをもたらしているのは、その芸術的な表現でも、ポップカルチャーを積極的に取り入れている様式でもなく、オーナーとなった人の生きてきた経験をかれら自身が望むかたちで表現する点にある。言い換えれば、サバルタンとして表現する経路を欠いた存在、あるいは大衆として一方的に描かれてきた人々が自分自身を描き出したものがジープニーのグラフィックである。つまり、グラフィックには、かれらの個別の実存が込められている。

サバルタン概念の罠

サバルタンとは、社会的、政治的、経済的に抑圧された人々や、権力の中心から疎外された集団を指す言葉である。サバルタンは、支配的な言説や権力構造のなかで発言する機会や声を奪われており、自己表現や自己決定の手段をもたないことが特徴とされてきた。フィリピンを含むポストコロニアル社会において、教育を受けていない人や非合法な居住地に住む人は、同じ社会で暮らしながらも、同じように政治や社会に参与することができるわけではない。植民地支配を経ても継続する不平等や抑圧の構造を批判する概念としてサバルタンは論じられてきた。

ネフェルティ・タディアーも、グローバリゼーションのなかでフィリピン人労働者がサバルタンの状況に置かれ続けることを強調している。彼女の近著である『残余となった生』は、グローバルネットワークがフィリピン全土を包摂するに従い、裕福な社会の市民のために貧しい地域に暮らすサバルタンに宿る社会的再生産を行う能力が安く買い叩かれていくことを指摘する。先進国の家庭を支えるためにフィリピン人女性が輸出され、そこで奴隷状態を経験している（Tadiar 2022: 179-84）。たとえば、香港政府はフィリピン人家事労働者の労働が高度な技術を必要としないとして市民権の承認を拒否している。サービスとして親密さを求められるため家庭の一部に包摂されるが、その実、いつでも使い捨て可能な排除の論理が家事労働者の居場所と帰属を基礎づける。家事労働者の居場所と帰属は、マクロレベルでも同相であり、彼女たちはどれだけ社会の再生産に必要とされ寄与しても所有権や市民権を有する社会の正員として認められることはない（Piocos 2021）。グローバリゼーションの深化がますます多くのフィリピン人労働者をサバルタンの状況へと追い込んでいく。

サバルタンとは、声を声と認められず、機械から発せられるノイズのように処理される状況に置かれた人々を指している。なぜ聞き取られないのか。権力や社会構造がある特定の集団から語るという行為を奪うからだ。サバルタンが語ることができないのは、人間の話す言葉ではないとされるからだ。承認されるためにサバルタンは、かれらを抑圧する側の言語を使用し、自身のことを支配者の言葉でもって表現するようになる。こうしてサバルタンは、自分の言葉を奪われ、語ることができないとされるのである。

サバルタン概念の有効性は、言葉を消去し、奪い、支配者の言葉で語らせる権力構造を徹底的に暴き出す点にある。そこで明らかにされるのは、権力構造と表象のマトリックスである。表象のマトリックスは、何に価値があり、何に価値がなく、何が正しく、何が正しくないかを測る基準や指標である。しかし、この徹底的な批判には罠がある。サバルタン概念と真面目に取り組む場合、サバルタンとは、不可視な権力を立体的に捉えるために置かれた理論的な存在であり、権力の磁場を前景化するために永遠に後退し続ける。つまり実際のサバルタン状態に置かれた人間は、権力の作用を測るための物差しにすぎず、目的は権力を描き出すことに向かってしまう。焦点は、サバルタンとされる人々が何を語っているのかではなく、かれらを語らせない構造の解明にスライドしていく。この場合、研究者の批判的な態度は、批判自体が目的化してしまうのである。本書は、この批判の重要性を認めつつも、生きている人間の立場にしっかりと身を置くことで、先鋭化する批判理論を再び状況に根ざしたものとして生き返らせる必要があると考えている。

こうした従属状態にある人々が社会から承認される際の問題もある。かれらの存在が認められたとしても、その表象は特定の側面や性質だけを一面的に切り出してしまう。本章にとってその一面化は大衆というカテゴリーである。

描かれるだけの大衆

ジープニーのグラフィックは、フィリピンのアーティストにとって様々なインスピレーションの源泉となってきた。その際、ジープニーは、太平洋戦争の荒廃から立ち上がっていこうとする独立したフィリピン社会や生き生きとした大衆の文化を表象する存在として位置づけられた。しかし、大衆を

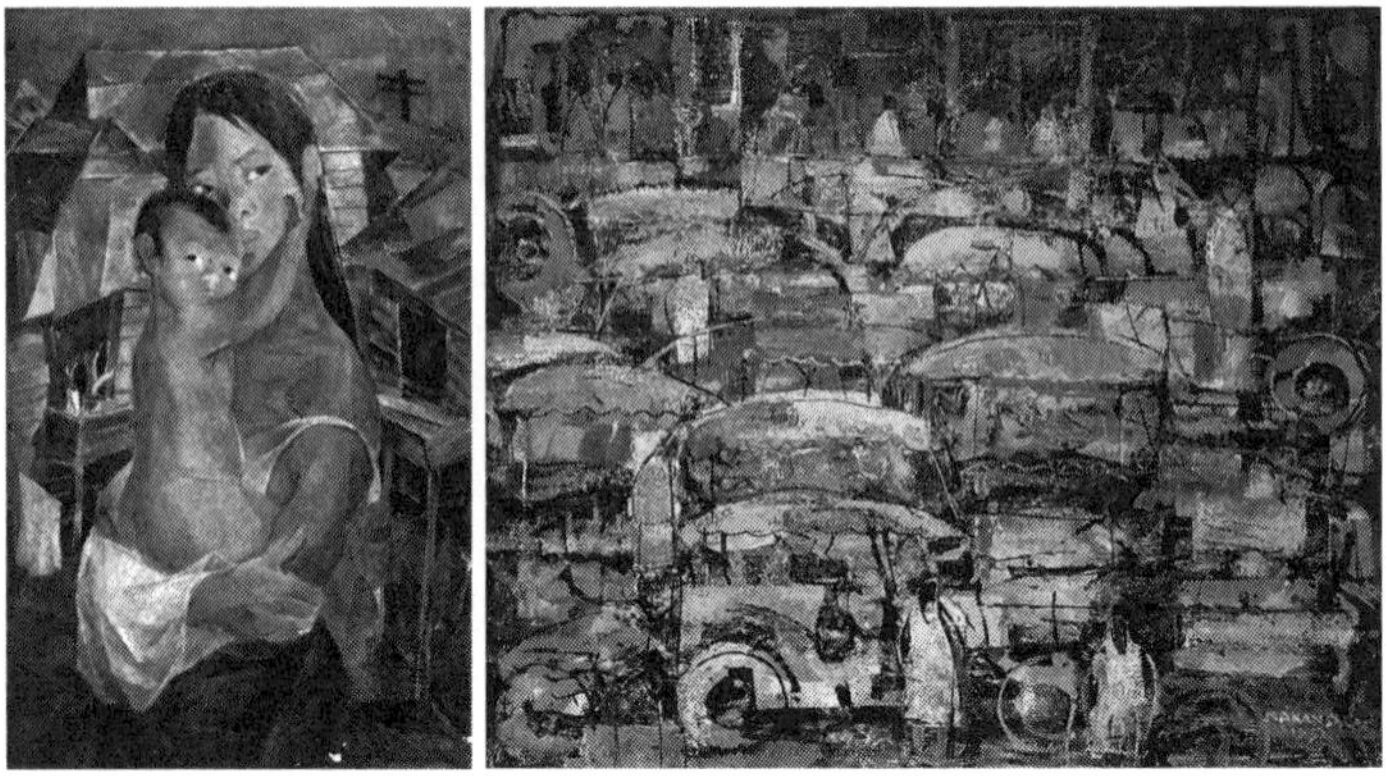

マナンサラの作品：右 Jeepneys（1951）、左 Madonna of the Slums（1950）

表象する存在としてジープニーのグラフィックが用いられる場合、個々の自己表現としてのグラフィックを不可視化してしまう。なぜ大衆の表象がフィリピンにおいて重要性をもってきたのかを整理しよう。

ジープニーに魅了された最初の人物はナショナル・アーティストであるヴィセンテ・マナンサラだろう。一九五一年、彼は密集するジープニーを描いた。そしてこの絵を描いた経緯について、「以前キアポ教会の前を通った時、ジープニーが渋滞しているのを見ました。そして、その美しさに感動しました。家に帰ると、まず鉛筆で軽く描き、それからエナメルとオイルを使って作品にしたのです」と説明している（This Week 1951）。彼は、戦後マニラの活気を厳密に言語化されえない抽象画によって描き出した。それは、ネオリアリズムと呼ばれ、「いまだ具体的なかたちを伴わない」、「いまだ存在しない」フィリピンの姿を描こうという試みであった。彼は新しい社会の可能性をジープニーに見出していた。

ジープニーを描く一方で、マナンサラは「スラムのマドンナ」と呼ばれる作品も作成している。国際交流基金に勤めた鈴木勉は、太平洋戦争によるマニラの破壊は「麗しい自然描写をいっさい放棄」することをマナンサラに迫り、バラック小屋の前で幼児を抱いた母親の目はそれをもたらした世界への告発を告げていると指摘する（鈴木 2012: 144）。同時にこの絵画に得も言われぬ力強さが宿っていることも確かだろう。ニック・ホアキンが三つの奇怪な事象と呼んだジープニー、バロンバロン、不法占拠者は、大衆や民衆の困難な状況とそれ故の活気からフィリピンアートの重要な題材となっていったのである。なぜなら植民地支配のもとでアートを学んだ者たちは、戦後の独立、我がフィリピンを示すモティーフを模索していたからだ。フィリピンという国名は、七〇〇〇を超える島々からなるこの土地を「発見」したスペインのフェリペ二世から名付けられた。スペインの後はアメリカが庇護者の仮面を被った支配者としてフィリピンを統治した。

太平洋戦争が終結した翌年、一九四六年のフィリピンの独立は五世紀にも及ぶ支配からの解放を意味するものだった。だが、フィリピン人がフィリピンを治める時「私たちフィリピン人とは何者なのか」というアイデンティティをめぐる問いに取り憑かれることになった。スペインを模倣し、アメリカから教育を強要され、こうした支配の歴史から自分たちの歴史、自分たちの社会をスペインでもアメリカでもないかたちで描いていかないといけない。しかし、否定され矯正され支配されることがその歴史であったフィリピンでは、なにをフィリピン人であることの証明とすればいいのだろうか。かれらの慣れ親しむものの多くは支配者からもたらされたものなのだから。こうしたフィリピンという国と国民を生み出していく運動もナショナリズムと呼ばれる。

いわば自らの自画像を求めるこの運動は、アーティスト、歴史家、政治家、活動家など多岐に渡った。かれらのまなざしは、ジープニーにそうした可能性を読み取ってきたといえるだろう。たとえば、ナショナル・アーティストで映画監督でもあるキッドラット・タヒミックをみてみよう。彼は、ジープニードライバーとなることで自己アイデンティティの再構築を試みていた。キッドラットは、フィリピンではじめて女性の市長となったヴァージニア・オルテガ・デ・ギアの子息として生を受け、フィリピン大学を卒業後にアメリカのペンシルベニア大学で経営学修士号を取得した。その後もヨーロッパでＯＥＣＤ（経済協力開発機構）の国際公務員としてキャリアを積んでいった。しかし、ＯＥＣＤの素人劇団で、唯一のアジア人だった彼は「ふつうの白人」の役を与えられず、「死」の役を演じることになった。白いドーランを厚く塗りたくられ、彼の褐色の顔と肌は隠すべき、あるいはその場に相応しくないものとして拒否された（清水 2013: 99）。これは彼のアイデンティティの葛藤に決定的な影響を与えたという。つまり、教育を受け、フィリピンのエリートとして育ち、競争社会の上層にいながらも結局のところ二流の白人として差別され、自身の肌を、肌によって否定されてしまう。植民地支配は、単に搾取や暴力だけの問題ではなく、人々の内面にも強力に作用する。白人を手本として、白人の物差しで自らを評価する限り、フィリピン人とは二流のアメリカ人、ヨーロッパ人にすぎないことになる。こうしてキッドラットは、自己アイデンティティをフィリピンの先住民やドライバーのような土着の人々を手本として学びなおすのであった。そこには、スペインやアメリカからの影響を受けていない純粋で土地に根ざした生き方や人間のあり方が読み取られていたのである。

ナショナリズムの高まりのなかでアートだけでなく歴史をどうやって捉えるのかも大衆の存在を前提に試みられてきた。フィリピンの歴史研究に多大な影響を与えたレイナルド・イレートは、「一見、狂信的、あるいは単なるヒステリックな行動に見える民衆の反乱や活動は、かれら自身の意味世界の中では実に理にかなった、〈合理的〉な行動として理解することができる」と主張する。彼の著書は、スペインに対する革命戦争がエリートによって主導されたものではなく、大衆の内部に宿った世界の見方と実践から描きなおすものだった（イレート 2005）。その際、歴史の導き手、あるいは革命の担い手を、それまでなんの力も教養もないとされてきた人々に見いだすことで、フィリピンの別様な語り口が模索されていたのだった。

このように大衆というカテゴリーから新しい社会を表象しようとする作品は数多く制作されてきた。我々フィリピン人とは誰なのか、我々フィリピンの歴史とはいかなるものなのか。こうした葛藤は、作品を生み出すエリートや歴史家の目をジープニーやバラック小屋、無教養の人々に向かわせていった。ナショナリズムの潮流は、大衆や労働者への期待と結びついた。私自身もフィリピン人アーティストのジープニーを題材とする作品から様々なインスピレーションを受けてきた。マナンサラの気づきは、ジープニーと社会が戦後に激しく混じり合う姿を捉えていた。名もなき人々は社会の担い手として見出され、歴史を紡いできた主人公として称揚されたのだった。

しかし、鋭敏なセンサーから作品を生み出すアーティスト、あるいは偉大な歴史家も重大な点を看過してしまう。かれらは大衆を描き出し、歴史を掘り起こし、大衆やジープニーから新しい社会を捉えた。だが、それ（表現・歴史など）は決してジープニーのおっちゃんたちが描いたものではないということだ。植民地支配は、フィリピン人の自画像を一方的に描いてきた。その歴史と表象に抗するナショナリズムの運動は、大衆を取り上げ、新しい自画像として描きなおそうとした。ここにも罠がある。選ばれた一部の人々はかつての植民地主義者と同じように、個別の個性をもった人々を十把一絡げにまとめ、一面的に描いてしまう。ここで大衆というカテゴリーは、歴史を変えていくエネルギーのように扱われる。いや、むしろ歴史を説明しなおすために、人々は一つのエネルギーとして位置づけられる。逆からみれば、その個別な存在やその生に価値は認められていない。

抜け落ちていくのは、かれらが大衆だと呼ぶ人々、その大衆の表現だというジープニーには一個人、一家族の名や顔や夢が描かれている事実である。ジープニーのグラフィックの魅力の根幹は、描かれるばかりの人々が描きたいものを描き、かれらの思い描く夢が込められていることにある。アート作品となったジープニーは、その不可解でありながらも目を惹きつけられてやまない魅力をどこか失ってしまう。かれらは大衆である前に一人の父親であり、労働者である前に一人の人間なのである。

サラオ・モータースを訪問した際、アニメやアメコミ、似顔絵と多様化するグラフィックについてどう考えているか伺ったことがある。サラオのジープニーはその歴史の長さもあいまって水牛や農村の風景などが筆で描かれることが多い。いわば現代においてはクラシックなジープニーをつくっている。創業者の息子である彼は、かつては筆で描かれ、八〇年代後半からステッカーを用いる装飾が増え、二〇〇〇年代以降はエアブラシで描くことが主流になった技術的な変化に触れながらも「ジープニーにクラシックはない。そして、いま描かれているジープニーのグラフィックも昔のものもすべて同じなのだ。なぜならジープニーに描かれるものはオーナーやその家族が望んだものだからだ。それらはすべてかれらが描きたいものだから同じなのだ」と説明する。ジープニーのグラフィックをジープニーのそれとして決定づける要素が彼のいうようにオーナーの望むものであれば、それは個人的なものである。そのためすべてのジープニーのグラフィックはそれぞれ違うがゆえに同じでもある。インフラや社会という水準でジープニーを論じることは、さきのアーティストのまなざしを補完するものだろう。その際、ジープニーとは社会という全体をかたちづくる一部となっているからだ。アーティストはそれを表象のレベルで試みていた。しかし、それではジープニーを支える「その」人の生き方は不可視化される。ジープニーは、社会を結ぶ存在でもあるが、とても強固に個人とも結びついている。一台一台のジープニーには、そのカラフルな車体にその所有者の生が織り込まれている。あざやかで輝きを放つ理由は、その人が歩んだ歴史とそのジープニーが絡み合っているからだ。次節では、この個人のうちに閉ざされたグラフィックの内部へと入っていく。

第2節　ジープニーに生を描く

ヌラッとした唾液がまとわり付くグラスは暗がりのなか遠くの電球を反射する。足元には蚊取り線香が焚かれている。だが、隣はドブ川なのでほとんど意味がないだろう。七時頃になると運転を終えたドライバーがガレージに帰ってくる。オーナーも彼からバウンダリーを受け取る。そして廃材を打ち付けたテーブルが持ちだされ、タガイがはじまる。ショットグラスは円を描いて回り続ける。私たちは大抵の場合エンペラドールと呼ばれるブランデーを飲んでいた。七〇〇㎖の瓶で一二〇ペソくらいだ。決して良い酒ではない。だが、そんなことで文句をいうやつはいなかった。私のフィールドワークは、日中はドライバーの横でお釣りを数え、夜はタガイをする繰り返しだ。そんなタガイの折々にオーナーの吐露を聞き、かれらがどう生きてきたのかに触れることもあった。

自由と自律を求めて

私を一番よくタガイに誘ってくれたのがレネだった。当時、私がフィールドワーク中に住んでいた小屋は、彼のジープニーが置いてあるガレージの向かいだった。朝五時前には、レネの義弟であるサルディがエンジンをかける音が響いてくる。レネは二台のジープニーを所有している。それらは彼が韓国での出稼ぎをして購入したものだ。側面には最愛の我が子の似顔絵が描かれている。その隣には、彼の好きな俳優と女優の顔もある。車体は彼が好きな人で溢れているようだった。

いつものやつ

レネは、マニラからバスで一四時間離れたビコール地方出身だ。ルソン島の端に位置するこの地域はなかなかに貧しい。六人兄弟の次男だった彼は、高校を卒業後、地元の食堂でコックとして就職した。彼の両親は、わずかな田んぼをもつ零細農家で裕福な家ではなかった。コックの仕事も薄給でお金を貯めることもままならない生活を続けていた。その折、マニラに出ていった元同僚が彼にホテルでの調理の仕事を紹介してくれた。そうして彼もビコールの地元を離れてマニラにやってきた。料理をつくること自体は同じだった。だが職場のルールの多さに辟易したという。上司はちょっとしたミスをする度にすぐ彼を叱りつけた。なかなか金も貯まらなければ、安定した将来といったものも想像することはできなかった。

そうしてマニラの喧騒に揉まれながらも日々を過ごすなか、彼はトライシクル乗り場でいまの奥さんと出会った。夕方のラッシュアワーは、バス停、街角でジープニーを待つ人が列をなす。トライシクルはバイクを改造した三輪タクシーでジープニーも入れないような細い路地を走る。バスやジープニーがマニラの動脈だとすれば、トライシクルは毛細血管だ。日が沈む長蛇の列で、たまたまレネとある女性が前後に並んだ。レネはその女性が気になってつい話しかけてしまったという。その次の日からその場所でトライシクルを待つふりをしながら、彼女とまた会おうと仕事の疲れを忘れて待っていたのだとか。携帯電話もなかった時代の話だ。なかなかに甘酸っぱく、レネはこの話が好きで酔う度に繰り返しするのだった。帽子を被った少年の左側の女性が奥さんを描いたものだ。少なくとも私が知っている彼女はもう少しぽっちゃりしているが、彼のなかではその時出会った奥さんのイメージと一緒になっている気がする。

奥さんと出会ったことで彼も自分の生き方を考えなければならなくなった。コックは自分一人が生活する分には悪くない仕事だった。けれど、大学を出ていない彼が管理職に就くことは難しいこともレネはよく理解していた。そこで韓国へ海外出稼ぎに行くことを選択した。幼い子どもと奥さんを残すことについて、彼自身も考えることはあった。けれど、行かなければ何も手に入れられないことも理解していた。韓国では、ガラス工場で働くことになったという。工場の敷地から出る機会は限られ、

レネのジープニー

彼を含む四人の出稼ぎ労働者は六畳にも満たない部屋に押し込められた。布団を敷いたらほとんど他のスペースもなかった。「韓国はどうだった?」と尋ねると、それまで饒舌だったレネの口数は少なくなる。「ガラスは壊れやすい。それを何枚も束ねダンボールに詰め、フォークリフトに乗せて工場内を移動させる」、「寒かった、寒かったなぁ」と。はじめて雪を見た時は感動したと回想するが、それ以上に韓国の工場のしんしんとした寒さが印象的だった。子どもは大きくなっていくが、金はなかなか貯まらなかったという。

フィリピンに帰ってきて、妻の妹の夫、つまり義弟サルディの誘いもあってジープニーを購入することにした。マニラで長年ジープニーのドライバーをしていたサルディが購入の仲介をする。ジープニーを買った時、彼は「ああ、これでもう家族と一緒に居られる。煩わしい上司のいる職場ともおさらばできる」と思ったそうだ。購入したジープニーを整備する際、グラフィックも描きかえた。ぶつけて塗装が剥がれたところをみると、以前のオーナーのグラフィックが少しだけ顔を出す。

離ればなれになる家族

グラフィックに込められるのはフィリピン人の独立心だけなのだろうか。レネの例は、自律のためにジープニーを勝ち取ったことを示していた。しかし、それだけではない。出稼ぎに出ている誰かが故郷の家族にジープニーを贈ることもある。贈り物としてのジープニーだ。二つの家族の例からみてみよう。

レオは三八歳、ジープニーのオーナーだ。明るく率直な雰囲気で昔ヤンチャしていた感じがする。彼は「ゼンタしゃん！」と年下の私を呼んでくれる。マニラから一五〇kmほど離れたケソン州ルセナで生まれ育った。一七歳でマニラにやってきて、プライベートドライバーとして働いた。上司となったのは、日系企業の役員や裕福な中国人・フィリピン人といった人々だった。深夜になって電話でバーまで呼び出される、なんてこともしょっ中で、そのまま飲みに付き合わされて奥さんから叱られることも多かったそうだ。長女が生まれた折、そんな働き方を考えなおすことになった。その相談を母にすると、レオの義父が出資してジープニーを運行する案が出てきたのだ。

レオの家族関係は複雑である。しかし、フィリピン全土をみれば、彼のような家族関係は珍しいともいえない。レオの実父は、彼がまだ一〇歳だった時、病気で亡くなっている。母は、レオを含む三人の息子を育てるためにも、フィリピンを出て日本に出稼ぎへ向かった。出稼ぎのなかで日本人男性と出会い、国際結婚を決めた母だったが、レオや他の兄弟の心中はなかなかに複雑である。母の幸せを願っているといいながらも、遠く離れた日本の地からなかなか会いに来てくれない。母は本当に自分たち兄弟のことを想っているだろうか。どこか置き去りにされてしまったような寂しさがあるのかもしれない。たまたまジープニーの調査で訪れている私を飲みに誘っては、一緒にカラオケをしたり、料理をつくったりもした。

レオのジープニーの正面をみて欲しい（二〇六頁・右上）。おでこの部分には、レオの三人の子どもの名前、サイドミラーの位置に彼と妻の名前、フロントガラスのすぐ下に母の名前、そして義父である「マッ」さんの名前が描かれている。水牛の頭蓋骨の下にはかれらの名字である「クニャーダ・ファミリー」と記されている。まるで一つの食卓を取り囲むように家族の名が配置されており、このジープニーのフロントはレオの家族の家系図を描いているようにみえる。重要なのは、義父であるマッさんの名前が中心に置かれていることだろう。母の選んだ再婚相手であった彼が、ジープニーのグラフィックによって家族のなかでその中核に置きなおされている。母と共にフィリピンに帰国したマッさんは、このジープニーをみて、自分の居場所を確認するだろう。レオにとってもこうして描くことは、なかなか言葉にすることができない微妙な齟齬をグラフィックで軽減させるものではないだろうか。

日本から贈られたジープニーは、我が子にとって生活を安定させる日々の糧になって欲しいという想いからだった。しかし、それだけではないだろう。贈り物とは複雑な関係性をなんとか保持させる行為でもある。フィリピンを含むマレー地域では、家族や親族とは、樹形図のような確固・硬直とした構造をもつのではなく、つねに交渉と実践によって生成されるものである（Carsten 2000）。つまり、家族であるということは、明確なかたちをもつのではなく、様々な行為やかかわり合いから「家族」であることが事後的に確認されるのである。ジープニーという贈り物は、こうした不安定で不定形な

「家族」を取り繕うような効果を有している。前章でみてきたように、ジープニーが故障すれば、レオはマツさんと母に電話をかけて修理について相談をする。贈られたジープニーは、その贈与によって愛情を示した。故障の度に、かれらは家族としてジープニーにかかわり、交渉と実践のなかで家族であることを確認する。そして、このグラフィックは、離ればなれになってしまった家族を結びつけている。ジープニーの側面に描かれた日本航空のグラフィックも日本とフィリピンを結ぶイメージだろう（二〇六頁・右下）。

レオの事例が母と子のあいだの関係についてであった一方、もう一人、アーロンの事例は夫婦の関係についてである。私がジープニーの調査を開始して、はじめて調査に協力してくれた人物である。彼のガレージには、ビリヤード台が置かれ、ドライバーたちがいつもたむろしている。日本人の自分が所在無さげにそこにいると、一つ賭けをしようとゲームを提案してくれた。彼はゴツい手でキューの握り方や玉の打ち方を丁寧に教えてくれた。私の物覚えが悪いため、彼は少しずつ不機嫌になりながらも根気よく付き合ってくれた。そんな風に声をかけてくれたのも、去年八月、日本に一週間遊びに行ったからだという。日本はどうだった？と聞くと、東京の外れに滞在したこともあったのか、「まるで山のなかさ」「そこに人がいるのに、物音が全然ないんだから」という。ビリヤード台を離れて、彼の家、正確にいうと家の縁側のようなところに移動した。

ぬるいレッドホースビール、グラスに氷を入れて飲み干す。はじめて一緒に飲んだ時から彼の酒の飲み方はどこか自暴自棄のような印象を受けた。五時から飲みはじめ、そのまま一〇時、一一時と時は過ぎていく。近所の人や付き合いのあるドライバーは何か理由をつけては抜けていく。あまりにも自然に居なくなる友人を「ニンジャ」呼ばわりしたこともあった。タガイの飲み方はマッチョなところがあって帰らせてくれない。抜けるためにはテクニックが必要だ。アーロンはいつもレッドホースをたんまり用意してくれる。一本飲み干せばすぐに次の瓶が待ち構えている。私はその輪の中で外国人であり、かつ地域のよそ者であることもあってへべれけになるまで彼に付き合うことが多かった。夜が更けていくと、彼はますますくだを巻くようになる。最後に彼と私の二人だけが残り、タバコを吸いながら酒を飲んで激しく咳き込む彼は、軋みながらいまにも唸り声を上げそうにみえた。

二台のジープニーを所有し、さらにSUV（スポーツ用多目的車）に乗り、きれいに装飾されたコンクリート二階建ての家に住むアーロンは、外からみるとフィリピンの成功者の姿そのものだった。彼の生活は、フィンランドに出稼ぎに行っている妻からの送金で成り立っている。アーロンのジープニーもレオのように贈られたものだった。一台目のジープニーを見てみると、ロールス・ロイスであれば女神が置かれるボンネットの位置に、8のようなエンブレムが鎮座する（二〇六頁・左上）。車内の天井部分にもこのエンブレムは大きく描かれていた。これはアーロンの妻が勤めている時計工場のロゴを模したものだという。家族のために勤勉に働く妻の功績がしっかりと表わされている。

しかし、こうしたエンブレムの存在が彼の苦しそうな酒の飲み方と重なり合っていることがわかってきた。アーロンはとても女好きだ。事あるごとに「日本の女性はいいんだろう？　また東京に行ったら店を紹介してくれ」、「一緒にビアハウスにいってナンパしよう」、あるいは「近くにいいとこの娘が勤めているんだ。ぜひ紹介したいから付いてきてくれ」と冗談であることはわかっているけれど、こうした話を繰り返す。車両のヘッドライトにプレイボーイのステッカーが貼られているのも、彼の性格と一致しているようだ。彼の家でレッドホースを開け続け、深夜の十二時を過ぎ、残っていたのは私だけとなった。話題もなくなり、下世話な話にも飽き、フィリピンの定型文的な話題を振ってみた。「今年のクリスマスはどう過ごすんだい？　奥さんも帰ってきて、一緒に里帰りにも行ったりする？」と。

アーロンのまとう空気が急に重くなり、グラスを握り、少しの沈黙の後、「妻は帰ってこない。アイツは十二年も帰ってきていない」といった。私は動揺しながら「でも、子どももいるじゃないか。会いたくないのか」と返す。「あいつだって十二年会っていない」といった。それからどんな話をしたのか、ほとんど思い出すことができない。その夜、彼がどうしていつもそんな酒の飲み方をせずにはいられないのか、その一端に触れた。だが、それ以上踏み込むことはできなかった。翌朝、アーロンのジープニーを運転するマノンに、彼の妻はどうしてそんなに長く向こうにいるのかを尋ねた。マノンは「仕事が忙しいっていうけど、十二年もずっと忙しいなんてことはないだろ。近所の人は、彼女が新しいパートナーを向こうにつくってしまってんじゃないかって噂しているよ」と教えてくれた。その真偽をアーロンに聞くことはなかったし、聞けるはずもなかった。ジープニーのグラフィックには、プレイボーイと時計会社のエンブレムが描かれていた。

そんな折、アーロンのジープニーも故障する。レネの、レオの、どのジープニーも故障する。リアブレーキが故障し、アーロンとマノンがジープニーを前に思案しているとたむろしていた人たちが集まってくる。すぐにスプリングとワッシャーを交換する必要があるとわかり、アーロンが車を出す。アーロンは「ここでたむろしているタンバイはみんなエンジニアになっちまうのさ」と笑う。タンバ

ARONCEL
VRS
PALMERA
PALMERA Sjdm NOVALICHES
09
JOHNMARK CASTERTROS
Sophia
LUZ
LEO
evangeline
PASIG
MATSU
CUÑADA
FAMILY
JUMBO jet 747

イとは、英語のスタンバイ（待機する）をもじったタガログ語のことで、ぶらぶらたむろしている無職の若者を意味している。前章で車両のケアとして論じたように、ジープニーの故障は何度も起こり続ける。激しく酒を飲むアーロンは孤独にみえた。けれど、ジープニーは彼とドライバーであるマノンを結びつけ、そこらのタンバイにも仕事を与え、彼が一人にならないようつなぎ止めているようにも映る。

最後にアーロンのもう一台のジープニーをみてみよう（二〇六頁・左下）。ジープニーの助手席側のドアには、微笑んでいる妻の似顔絵が描かれている。反対側にはアーロン自身も描かれている。妻は様々なかたちで彼のまわりに存在している。一台のジープニーに二人が仲良く描かれているのは、十二年という長い空白の時間を思うとどのように受け止めるべきか戸惑いを感じてしまう。美しい妻と彼という夫婦の肖像が描かれるジープニーには、彼の理想的な姿が投影されている。それが美しく、理想的であるほどに、彼の目の前の現実との隔たりが浮き彫りになってしまう。そのあいだでアーロンは、自暴自棄に酒を飲み続けているように感じられた。

人々が描く夢や願望

本章では、三人のジープニーのグラフィックをみてきた。レネのジープニーには、自ら勝ち取ったという彼の自律的な生き方や自尊心のようなものが描かれていた。一方で、レオとアーロンのジープニーにはより複雑な感情が込められているといえよう。

前者のジープニーは、いわば努力や労働の成果物としてのジープニーだった。海外出稼ぎ労働者を研究するアーネル・デ・グスマンは、ジープニーに描かれた「*Katas ng Saudi*」という文言がサウジアラビアでの長年の労働による成果・恩恵を意味すると指摘している。「*Katas*」とは、ジュースを意味するタガログ語である。直訳すると「サウジのジュース」を意味する（de Guzman 1993）。「ジュース」というメタファーには、かれらが身を絞り汗水垂らして働いた成果物というイメージが付与されている。それはレネが韓国において家族と離ればなれになりながら、より良い未来のために自らを犠牲にするように働いた成果としてのジープニーだ。彼のジープニーには、妻と子どもの笑顔の似顔絵が描かれているが、まさに彼の努力がそうした幸福な家族のイメージとしてグラフィックに反映されているのだろう。

ジープニーのオーナーの多くは、農村や地方の出身者である。かれらにとって自律的な生き方は、無数の選択肢が用意されているわけではない。レネもホテルのコックとしてはつねに下っ端として扱われてきた。自らのジープニーを所有することは、そうした上下関係に苛まれながら生きるあり方からどうにか脱出するための方途であった。かれらは自分のジープニーに誇りとともに自らの夢を描いている。それは夢というよりもかれらが実際に勝ち取ったものとして読み取ることもできるだろう。『フィリピン人のこころ』においてデ・ラ・コスタは、「フィリピン人は一人残らず、『自分自身であること』を熱望している。すなわち、自主性がある独り立ちのできる人間、自分の意思で物事を決定し、自分の心の命ずるままに行動する人間でありたい、と切望している」。だが、「植民化政策の諸悪の中でも、従属を奨励したことは大きなわざわいであった。生き残るためには、従属しなければならなかった。自分自身をなくさなければならなかった。独り立ちを自ら否定しなければならなかった。

人間でないものにならなければならなかった。自分のことをおいて、他人のことをしなければならなかった」と自律性を重く見ていながらも、十分に経験できないことを示している（デ・ラ・コスタ 1977: 154-56）。

レネは、自らの成果物であるジープニーに自らの望みを描き出した。しかし、レオやアーロンのジープニーにはかれら自身の望みが描かれていると言うことは難しいだろう。二人のグラフィックを読み取るには、かれらがいかなる夫婦、家族、親族関係のなかにあるかが理解の鍵となる。とくにグスマンの指摘した「汗水垂らして働いた成果物」は、他の家族のメンバーから贈られることもある。イスラエルへ出稼ぎにきたフィリピン人を研究するクラウディア・リーベルトは、「労働移民は、遠く離れた国にまたがる社会関係を生み出し、それ自体が贈与のユニークな表現を生み出し」ていると論じた（Liebelt 2011）。出稼ぎ者は、従来の家族・親族関係から離れて存在するため、ある意味では非常に不安定な人間であり、残された人との実質的なつながりを必要としている。その際、贈り物とは、関係をつくりだし、つながりを維持するためのものとして位置づけられる。

レオとアーロンのジープニーは、こうした贈り物としての性質が重要となるだろう。母と義父という複雑な家族関係や十二年にも及ぶ妻との距離のなかで、容易にはその関係を維持することはできない。ジープニーに描かれる家族の名前や妻の会社のロゴ、そして似顔絵は、海外に出たまま帰る場所を失ってしまうかもしれない出稼ぎ者の不安が描かれているようにもみえる。フィリピンにおける贈り物は、時にとても過剰である。[2] 過剰な贈り物は、何かしら生じている関係上の問題を取り繕う効果をもつ。私たちもお詫びといって何かの過失を埋め合わせるために贈り物を贈るものだ。

だが、レオの理想の家族やアーロンの美しく笑いかける妻の似顔絵は、現実を歪曲し、問題を覆い隠しているだけなのだろうか。私は、ジープニーに描かれているものが嘘っぱちだとは思わない。描かれているのは夢や願望のようなものだろう。そもそも夢とは嘘とも本当ともいえないことだ。いまだに現実にはなっていないかもしれないが、その存在が現実を変えうる力があることを私たちは知っている。もし合理性だけを追求すれば、私たちは夢をみる必要などない。しかし、人間とはそういうものではないだろうし、そのように生きていけるほど強くはないのだから。

第3節　「取るに足らない」人々の自己表現

ジープニーのグラフィックをみていくと、いかにその車体に様々な想いや関係性が織り込まれているのかがわかってくる。そして、一人一人、一つ一つの家族が違うように、一台一台のジープニーのグラフィックが異なっている理由にも納得がいくようになる。私はフィールドワークが終盤に近づくにつれて、なんとなくグラフィックが読めるようになった。その理由は、一台一台を正確に読めるようになったというよりも、その背景の複雑な関係や生き方を感じ取れるようになったからだろう。

前節で示したグラフィックを描く人々の生への着目は、個別性へのフェティシズムではない。第三章と第四章で論じてきたように、ジープニーが生を探し求めることや生の場を共につくることとかかわってきたのは、生存の手段としてだけでなく、自らを特別な存在として表わす方法としても価値づけられてきたからだった。資本主義やグローバリゼーションに深く埋め込まれたフィリピン社会だからこそ、自己表現の方途としてジープニーには価値が置かれてきたのである。
「サバルタン」や「大衆」といった概念は、フィリピン社会が歴史的に経験してきた植民地支配の影響が、現在も続いており、社会の中で従属的な立場に置かれた人々が抑圧されていることを示すものであった。こうした批判の重要性は、つねに意識されるべきである。そして、そうした状況下でも人々が自身の生を社会に向けて絶えず表現しようとする試みを真剣に受け止めることも同じくらい重要性をもつ。たしかにアーティストや小説家という教養とアートのセンスをもった人物は、表象をめぐる問題に切り込み、撹乱し、既存のカテゴリーを刷新する。フィリピン研究で文学、映画、アートを対象とする人文学の学術蓄積が充実しているのは、そうした表象にこそフィリピンのポストコロニアル状況を変えていく可能性があると信じられているからだ。しかし、取るに足らないとされる人々も自身の表現を求めている。それらは個別の生と分かち難く結ばれているため、なかなか理解することは難しい。たった一つのグラフィックの表現は、たしかに個的なものである。だが、同様な経験をする人々にとっては相互理解可能なものでもある。個別の表現を尊重しながらも、その表現に通底する文脈を接続することで、サバルタンや大衆と呼ばれる人々による表現へアプローチすることが可能となるだろう。

写真
二〇六頁　右上：レオのジープニー、右下：側面に描かれたＪＡＬ、左上：アーロンのジープニー、左下：アーロンのもう一台のジープニー

注

1　本章ではジープニーの車両の所有者を「オーナー」と表記している。第三章や第四章で「オペレーター」という呼称を用いていたが、ここでは運行を意味するoperateではなく、その所有することに強調があるためこのような表記を採用した。

2　私は、関西国際空港でフィリピン人女性三人組の預け荷物のトータルが一一〇kgの超過で五〇万円超を支払う姿を目の当たりにしたことがある。「飛行機の搭載可能量が三〇〇〇kg、現在二八〇〇kg」と困惑する若い担当者、上司らしき人が「払えるなら載せましょう！」と窓口も慌てふためいており、私も手に汗握りながら見守っていた。重量が単純に想いの量へと変換されるわけではない。だが、贈り物やお土産の存在がこれほどまでに重みをもつのは、グローバルにどこへでも移動するフィリピン人だからこそつなぎ留めるアンカーも重くなくてはならないからなのかもしれない。

第三部
否定された者たちのポリティクス

グレース・ポー議員を招いた会合、様々な表情で聞くおっちゃんたち

「近代」あるいは「モダニティ」と呼ばれる言葉は、植民地支配を経験した発展途上国にとって呪縛である。近代をつくり出した先進国がポストモダンへ時代診断を移してから長い時間が経っても、それらの国家にとって近代の魅惑が薄れることはない。人間の理性や成長を信じて進歩し前進する近代精神は、未熟さや未開さの啓蒙を掲げて統治と支配を正当化した。こうした被支配の経験は、その社会に成長と成熟の証明をつねに自己要請する。精神の成熟を表わすために、土地が、制度が、都市がつくり変えられる。そのつくり変えは、悪い「現在」を否定し廃棄することで良い「未来」を用意することだ。しかし、より良い未来とは何なのか。政治家が示す未来像の多くは、資本と深く結びつき、その準備として法がブルドーザーのように領土を均していく。ポストモダンとは、僅かな理性のタガすらも外れてしまった近代の運動にほかならない。その証拠に、私たちはかつてないほど膨大な否定された人間、収奪された土地、廃棄物の山を目の当たりにしているのだから。

第三部は、政府が二〇一七年に開始した公共交通車両近代化事業によるジープニーの廃止に向けた政府の取り組みと、それに抗するおっちゃんたちのポリティクスが主題となる。政治家は国民に約束するものだ。より良い未来を「私」が与えると。ポピュリストとして名高いロドリゴ・ドゥテルテ大統領も、国民に向かって多くの約束を発し続けた人物だ。薬物中毒者に怯えることのない社会をつくる約束、その結果は私たちも知るところである。路上に遺体が積み重なった。「近代」に向けた歩みが力強くなるほどに、ますます多くのものが否定されていく。近代に向かって前進するフィリピン社会のなかで、ジープニーのおっちゃんたちは腕を組んでグッと踏ん張っている。

ずいぶん前に一回りほど上の研究者から「あなたがやっているのはラストモヒカンの研究だよね」と言われたことがあった。失われゆく文化や先住民の最後の生き残りを象徴する存在のようにジープニーとおっちゃんたちを考え、グローバリゼーションに強く後押しされた近代化政策が消去するかれらを慮っての発言だったのだろう。しかし、暗いニヒリズムだ。その時、応えあぐねて考え込んでしまったがいま私は声を大にしてこう言いたい。「そんなことはない!」。たしかに、ジープニーのおっちゃんたちの戦いは険しい。そして「現在」も続いている。近代化は、徐々にかれらの *karapatan*（権利）を奪い、*kabuhayan*（生活）を破壊しようとする。破壊と創造を繰り返すことが近代の本質であり、人々はそのダイナミックさを何かが前進しているかのように錯覚する。国家が「近代」という言葉を独占する限り、人々はその虚無な循環に閉じ込められ続けることになるだろう。しかし、おっちゃんたちが踏ん張り、それに通勤者である一般市民も参与する運動は、自分たちの求める社会、別様な近代の可能性に向けて、「近代」という言葉を奪い返そうとしている。資本の都市でも、権力の都市でも、管理の都市でもない、「私たち」が生き生きと生きる都市を求めつくり出そうとする運動の萌芽をおっちゃんたちのポリティクスから解き放つ。

第六章　スクラップ・アンド・ビルドし続ける近代

二〇一六年六月三〇日、選挙に勝利したロドリゴ・ドゥテルテが大統領に就任した。就任前から麻薬密売人や犯罪者に対する過激な発言を繰り返し、その後の「麻薬撲滅戦争」として知られる超法規的殺人は、日本でも繰り返し報道されてきた。本章が着目するのは、ドゥテルテ大統領の「処刑人」（the punisher）としての顔ではなく、もう一つのインフラや制度を構築する「建設者」（the builder）としての顔である（Forbes 2018）。国家や社会に仇なす者に対する容赦のない攻撃と排除の一方で、真っ当な市民や国民の社会福祉の拡充という二つの車輪によって同政権は高い支持率を保持し続けた（原 2023）。

マニラを横断するスカイウェイ（Rappler 2020）

高架鉄道の通勤者の列（PS 2018a）

ドゥテルテ政権が実施したジープニーを

含む公共交通車両近代化事業は、第二部で論じてきたジープニーの運行や生のあり方に介入し、既存のジープニーの廃止を試みた点で本書にとって重要である。本章では、この近代化事業がドゥテルテ政権のインフラ開発においてどのような役割を果たしたのかを検討し、「近代化」の名の下に行われたこの事業が、既存のジープニーセクターの廃棄とグローバル都市の建設とに、いかに結びついているのかを考察する。

第1節　ビルド！ビルド！ビルド！：建設者としてのドゥテルテ政権

ドゥテルテ大統領は、非常に明け透けな発言、そして目的のためなら手段を選ばない強権的な人物でありながら、就任期間中、九割強から最低でも六割を下回ることのない支持率を維持し続けた（Financial Times 2021）。ドゥテルテ大統領を刑罰ポピュリストと論じる社会学者ニコラ・クラートはその手腕を「不安・切望と希望の政治」として評価する（Curato 2016）。彼女によれば、ドゥテルテは、麻薬や犯罪による社会の危機を訴えることで不安を煽り、同時に不安ゆえにその解決に向けた「戦争」の実施によって希望の提供を約束する。ドゥテルテ政権への期待感は、グローバリゼーションに深く埋め込まれたフィリピン人の変わらない社会への憤りや不安感が変化への希求として現れた結果であったと結論づけている。

日本からみれば麻薬や犯罪に対する発言は過激なものに映るが、クラートが指摘するように、ドゥテルテの発言は一般市民の日常的な経験としての危機感や憤りにアプローチするものであった。とりわけ、選挙活動を通じてダバオ出身のドゥテルテがマニラ首都圏からも支持を集めた一つの要因は、ベニグノ・アキノ政権（二〇一〇～一六年）によって悪化した渋滞とインフラの不備を解決する公約にあった。アキノ政権は、日常的な交通渋滞や通勤の問題を軽視した。たとえば、アキノ大統領は「エドサ通りで渋滞が発生する方がまだマシな問題かもしれません。なぜなら、私たちには多くの道路があり、経済が非常に活発なことを意味するからです。ガソリンを買って自動車を走らせる余裕がないために、渋滞が発生しない状況よりはマシだ」といった発言を残している（Rappler 2016a）。高架鉄道の駅に並ぶ長蛇の列や緊急停止した車両から線路上を歩く乗客の報道写真は、日々の通勤・交通の問題に対応する力がないか、あるいは対応する気がない政府の無力さと無関心を象徴していた（Rappler 2016b）。

一方、ドゥテルテは、選挙キャンペーン中も都市の交通渋滞と通勤者の日常的な苦痛について発言してきた。二〇一五年一一月二九日、集まった数千人の支援者を前に、大統領に就任したあかつきにはこの大都市の交通インフラの改善を優先事項の一つに掲げると述べ、最後の大統領候補討論会でも、マニラ首都圏の交通渋滞とその解決策について「私は即効性のある緊急の解決策はないといったのだ。私が言っているのは、新しい自動車を投入し続ける限り、交通渋滞はつねに問題となるだろうということだ。公共交通機関、つまり、電車を増やせばいい。それは六年で実現できる」と発言してきた（VERA Files 2019）。

交通への関心が高まった背景には、渋滞が一日あたり二四億ペソの経済損失となっているという調査結果や、フィリピン経済のボトルネックとなっている流通を含むインフラの整備と再建が必要だという認識があった。解決策は、二〇一七年四月一八日に開始された「ビルド！ビルド！ビルド！」として打ち出され、フィリピンにインフラ開発の黄金時代を到来させるものとされた。同プログラムは、モビリティとコネクティビティを向上させ、ひいては経済成長を刺激するために高速道路、空港、港湾、ターミナル、避難所、灯台、病院、学校など、全国で約二万のインフラ計画から構成された。これはドゥテルテ政権の最優先プログラムの一つであり、六年間（二〇一七～二二年）で約八兆ペソの予算が割り当てられた。このようなインフラストラクチャーへの予算配分は、フィリピン史上最高額であった。

インフラ開発への関心の高まりのなか、運輸省は二〇一七年六月一九日に「公共交通車両近代化事業」（Public Utility Vehicle Modernization Program）を発表した。この事業は、不安定なサービスと個別の事業者によって運行されてきた公共交通を刷新し、安全で快適かつ環境にやさしい交通サービスの提供を目的としていた。同事業は、公共交通システムの全面的な見直しによって車両の安全基準、エネルギー効率、排出ガスの基準を満たすようアップグレードすることで通勤体験の向上を約束した。

インフラ開発と公共交通の近代化事業は、フィリピン経済のさらなる成長を試みたドゥテルテ政権にとって肝煎りの事業であった。同政権が約束したインフラの黄金時代の到来は、どのような政治的意味と役割をもっているのか。主に二つの役割をもっている。第一に、インフラとは、人々の生活に欠かすことのできないサービス、電気・ガス・水道・道路・公共交通などを提供する生存基盤としての役割をもつ。第二に、インフラは、政治において具体的な対象物の建設や設置を「約束」することで、人々の未来に向けた想像力を喚起するものである（Anand, Gupta and Appel 2018）。

ドゥテルテ政権は、インフラ事業によって自動車専用道路、郊外まで延びる高架鉄道、新しい空港の建設を計画し、人々を悩ませる交通渋滞の解消を約束したのである。フィリピンでも日本を含む他の国々でも、政治家や国家官僚は、高速鉄道や島と島を結ぶ橋などの建設によってより良い未来を約束し、統治の正当性を表現する物質として過去も現在もインフラをつくり続けている。市井の人々の立場からすれば、こうしたインフラはそれによって生活が実感をもって変化する感覚、あるいはその不在や崩壊が停滞／行き詰まりの感覚を引き起こすものでもある。さきのニコラ・クラートの「不安・切望と希望の政治」に引きつければ、インフラとは、現在の経済や生活を困難にする問題そのものであり、新しくインフラを建て替える政府の約束は希望の提供となるだろう。毎日二時間以上かけて通勤する労働者や学生の「苦痛だ。とてもストレスがたまる」といった嘆きを聞き取り、ドゥテルテ政権は、建設者としてそれに応えるべく仕事に従事した。

しかし、ドゥテルテ政権が約束するインフラ建設や交通の近代化は、ジープニードライバーやオペレーターにとって車両の廃棄、新型車両の購入の義務化、フランチャイズの収奪として経験される。ドゥテルテ政権は、未来のインフラと交通を建設するために、事業のフレームに沿わない存在に対して処刑人のように振る舞う。さきに述べたドゥテルテ政権の二つのペルソナは、誰からみるのか、どこから評価するのかという点で異なる表情をみせる。

第2節　ジープニーを廃止する公共交通車両近代化事業

運輸省による公共交通車両近代化事業は、マニラ首都圏の深刻な交通渋滞とジープニーの排出ガスが引き起こす大気汚染を問題視し、二〇二〇年六月までに一五年以上使用されたジープニーを廃止すると決定した。陸上交通許認可規制委員会のマーティン・デルグラ委員長は、公共交通が「適切、安全、快適、……移動時間が予測可能なもので、……ドライバーは正しい規律を身につけ、有能で、公共の利益に配慮して」いなければならないと発言している（PortCalls Asia 2017）。この見解に反する既存のジープニーは、市民に多くの不便をもたらし、人間の健康と環境を脅かしていると位置づけられた（Padillo 2019）。

近代化事業の具体的な内容は、（1）個人が所有するフランチャイズを路線ごとに合理化・統合、（2）統合に際し、ユーロ4エンジン規格の車両購入をオペレーターに義務化、[2]（3）現行の路線組合とバウンダリーシステムを廃止、協同組合あるいは企業による包括的な管理の導入、[3]（4）運輸省によるドライバーの講習と登録を義務づけることであった（Gatarin 2024）。なかでも小規模あるいは個人オペレーターのフランチャイズを廃止した上で路線ごとに統合する点、購入する車両の金額が問題となった。

近代化事業は、現在の個人による所有が優勢な状況から「一路線につき一つの統合されたフランチャイズ」の原則を通じて「収益共有と車両管理の共通化」を実施するものである（Sunio et al. 2019: 4）。

導入される近代車両は、当初、一台当たり約一四〇万〜一六〇万ペソと見積もられており、フランチャイズの取得には最低一五台の車両を必要とした。そのため、近代化事業は、事実上、小規模なオペレーターの排除を意味していた。政府は、応じるオペレーターに対してフィリピン開発銀行とフィリピンランド銀行をつうじた融資プログラムを提供し、近代車両一台につき一六万ペソの補助金と年率六％の金利で融資を行うとした（Mendoza 2021: 14）。七年間の支払い期間にもとづいて計算すると実際のコストは一台当たり二一〇万ペソに達する。このコストの試算も年々増加している。メンドーサによれば金利も問題となっている。自家用車の所有者は三％の金利でローンを利用することができる。一方、「ジープニーは公共のために走っているのに、なぜ近代ジープニーの金利は自家用車の二倍なのか？　……このことが、ただでさえ高価な（近代）ジープニーの基本価格にさらに拍車をかけている」（ibid: 23）。

運輸省からみた近代化事業

ドゥテルテ政権が推進する近代化事業は、それを受けもつ運輸省にとっていかなる事業だったのだろうか。一九七〇年代から現運輸省に勤めたA氏[4]は、この近代化事業がマニラ首都圏の交通の歴史、運輸省の発展とも深くかかわると述べた。彼は「マニラの交通がなぜカオス（*maglo*）なのかわかるか？　陸上交通許認可規制委員会を含む運輸省がその歴史において交通セクターの適切な管理と規制を行うことができなかったからだ。運輸省は政府機関のなかでも構造が脆弱だった。新しく大統領が決まれば、省のトップは変わる。[5] 就任してはじめて長官は公共交通を学びはじめ、何か新しいことをしようとする。そして私に尋ねてくる。『どうすればいい？』って。もう一つ、ジープニーセクターに蔓延ったフィクサー（ブローカー）の存在だ。かれらは、政府が発行するフランチャイズをビジネスにしてきた。政治組織の代表はそういうやつらだ。一九七〇年代にマルコスもこのフィクサーと戦おうとした。けれどそれは失敗に終わった。いまの近代化は決して新しいものではない。それはジープニーセクターとの長い戦いを知らないからそんなふうにメディアは報じる」と語った。

A氏の語りは、運輸省の抱える政権ごとに左右される脆弱性、ジープニーセクターが脆弱性を利用して路線を拡大したことが現在のカオスな交通をつくり出したと指摘するものであった。さらに彼は、フランチャイズを発行する陸上交通許認可規制委員会と、車両の点検や規制を管轄する陸運局のあいだには利権をめぐる対立関係が存在し、統合的事業を困難にしてきたという。運輸省で勤務し近代化事業にかかわるS氏[6]も「これまでの交通システムはカオスだった。陸上交通許認可規制委員会はただフランチャイズを発行するだけで適切な管理を行ってこなかったし、オペレーターもドライバーも互いに争い続けてきた」と振り返る。近代化事業の目的は、路線を合理化することで競争し合うかれらを協力させ、一つのグループに変えていくことだと語った。

近代化事業の中核をなす路線の合理化は、運輸省内部で対処できる人材が不足していたため、フィリピン大学国立公共行政・ガバナンス学部のノリエル・ティグラオのグループが請け負うことになった。コンサルタントの内容には、すべてのジープニー路線を調査し、路線を統合する交渉も盛り込まれていた。フランチャイズのデータを管理・計算すること自体は可能であっても、運輸省が設けた六ヶ月という短い期限のうちに、運行を担う数百以上の路線組合との交渉は不可能な仕事であった。近代化事業は、ジープニーセクターによって構築されてきたインフォーマルなネットワークの複雑性と、その把握の困難さに直面することとなる。

　この困難さについてフィリピン大学国立交通研究センターに勤めるホセ・レジン・レヒドール[7]によれば、交通を流れとして把握しようとする試みは二〇〇八年にJICAと共同で行ったGPSを用いたジープニーの路線調査が初めてであった。[8]彼は、研究室の脇に置かれた腰の高さまである紙の山を指し「これが二〇〇〇年代後半までのフランチャイズです。[9]JICAの協力のもと、マカティ市を走るジープニーをGPSデータに落とし込むまで、実際の運行がどのようになっているのかを把握することはなかった」と述べた。「路線の合理化と統合は近代化事業の要だ。同時に最も困難な点でもある。なぜなら最適な交通には工学的な計算が必要だが、ジープニーセクターは公共交通を生計の領域とみなしている」と彼は指摘する。戦後期における公共事業委員会の汚職をとおしてフランチャイズが発行され、また政治組織がフランチャイズのブローカーになったように、ジープニーの路線ネットワークは交通工学モデルではなく社会的な圧力と交渉のなかで生み出されてきた。政府には、ジープニーをめぐる社会関係の複雑な拡がりが捉えられず管理できないネットワークとして映っていた。近代化事業の統合と合理化は、複雑に結びついたネットワークを断ち切り、把握が容易な単一のシステムに変換する試みであった。そのため政府は、ジープニーセクターが自生的に組織してきた路線組合や政治組織と交渉しなければならなかった。合理化には、ジープニーの路線組合間また政治組織間の協調・調節が不可欠であった。だが、交通工学のアプローチは、交通の需要と供給の計算ができても、実際の路線をどのように組織化するのかについて交渉する手立てをもっていなかった。

このような困難を抱えながらも、ドゥテルテ政権が交通やインフラをその主要な政策と打ち出したことは運輸省自体の再編としても重要性を帯びることになった。割り振られている国家予算をみても、アキノ政権とドゥテルテ政権ではその額は全く異なっており、二〇億ペソ（二〇一五年）から七〇億ペソ（二〇二〇年）へと急激に増加している（Suzara et al. 2021）。

運輸省にとって近代化事業は、ジープニーセクターを近代化するだけではなく、運輸省の体制やこれまで続いてきたジープニーセクターとのインフォーマルな慣行とも決別し、切り離す試みであったとみなすことができる。近代化の方向性は、政治学者ジェームズ・スコットが『国家のまなざし』で論じるように、国家が統治の障害となる土地や共有財、把握できない人々の活動を管理しやすくするために、単一化しようとするハイパーモダニズムの道筋である（Scott 1998）。この近代化のプロセスは、国家に準じていない領域や存在を統合し、その過程で国家の組織や能力をも近代化していく過程でもあった。

国家によるインフォーマル化

二〇一七年に開始された公共交通車両近代化事業は、国家に従順でない自律的な対象にドゥテルテ政権が行う戦いであり、それはジープニーセクターに代表されるインフォーマリティに対する戦いでもあった。第一章で論じたように植民地支配下のマニラの交通インフラは、社会の統合を試みる装置として導入された。二〇世紀初頭、マニラ電力が運行する市街電車や路線バスは、その運行方法、ドライバーの資質、車両空間において近代を体現する存在であり、植民地統治の正当性を表現していた。

この近代交通インフラは、その出現によって馬車やコチェロを近代都市に適さない存在として排除・管理の対象とした。こうして排除される存在や領域はインフォーマルと呼ばれる。インフォーマルとは、公式や形式に則った存在や領域を意味する「フォーマル」に否定を意味する接頭辞「in-」を付けた言葉である。いわば、認められた「かたち」(forms)[10]がフォーマリティであれば、否定された「かたち」がインフォーマリティである。前者にとって後者は、構成的外部の役割を果たしている。

さきにジェームズ・スコットによる『国家のまなざし』を引用したが、彼は様々な伝統的かつ自生的な様式やかたちを国家が一元化することに対する批判を行ってきた。マニラを含むグローバルサウス都市においてインフォーマリティの議論が現在でも重視され続けるのは、伝統的かつ自生的な方法で生活を成り立たせている人々が多数を占めているからであった。植民地支配を経験した多くのポストコロニアル国家は、その社会領域に多様な「かたち」に依拠する経済活動、労使関係、居住形態を抱えていた。これらの国家が近代的社会制度を導入し国家建設に向かう過程は、必然的に多様な生活形態をインフォーマルと名づけて排除・管理することでフォーマルな統治や開発の正当性をつくり出してきた。

地理学者アナニャ・ロイは、国家によるインフォーマル化の議論をさらに発展させ、都市における包含と排除を定義・構築する認識、規範、法律といったマトリックスを通じた権力作用として明確化した(Roy 2011: 231)。彼女の論じるインフォーマル化とは、国家の外部や不在を指すのではなく、むしろ意図的な規制緩和によって創出された領域を指す。国家と政府がその規制を意図的に緩めているのがインフォーマルな領域だという。空間や人々はつねに国家と政府の支配下にあり、権力によってどの程度厳しくまたは緩やかに握られるかという違いがあるに過ぎない。

運輸省は、公共交通車両近代化事業を開始するにあたり覚書によって新型車両と新しい運行方法を「近代」ジープニーと位置づけることで、既存のジープニーを「伝統」的として再カテゴリー化した。この運輸省の操作は、ロイのインフォーマル化の議論を参照するとより明確になる。国家は近代というフレームを導入し、新しいかたちを定位することで、既存のジープニーをその外部へと排除したのである。これまで国家は管理や統治の手を緩めていただけで、必要に応じてその力を強めていったといえるだろう。

国家は都市計画において法的な宣誓やカテゴリーを分ける境界線に介入することで、特定の対象を法の外部や新たなカテゴリーとして再定置する。この操作は、ジープニーセクターが集合的で自律的な領域をもつからこそ強力な効果を発揮する。二〇一七年にジープニーセクターがストライキによる反対運動を行った際、国家はジープニーセクターを非難することで自らのプログラムの正当性を高め、かつインフォーマル化を一層強固にしようとする。ドゥテルテ大統領は

（二〇一八年）一月一日、もしお前（ジープニー関係者）がまだ近代化できていなければ、出ていけ！……お前たちが貧しいかって？　困窮して腹ペコだって？　くそったれめ！　そんなこと知るか！　それ（交通インフラ）はフィリピン人たちのためのものだ。人々を危険に晒すな！

と述べ、さらに運輸省局長マーク・デ・レオンは

それ（ジープニー）は合理的なストリートの使い方ではない。かれらは公共交通を生活手段（livelihood）と考えて、競争し合う。だが、私はこう言いたい。公共交通を生活手段と捉えるのは間違っている！

と非難した（Rappler 2017a; PS 2018c）。近代的公共交通インフラを建設する国家の姿勢は、その過程で障害となる存在に対しては処刑人の姿として映る。同時に、二人の発言は、ジープニーセクターによる自らの正当性の語りを封じる言説である。この政策によるジープニーのインフォーマル化ならびに言説での排除は、国家の約束する近代化においてジープニーが構成的外部となっていることを示している。つまるところ、「いまのジープニーではない」という既存のジープニーの否定が国家の示す「近代」の姿にほかならないからだ。

第3節　法による権利剥奪と略奪による資本蓄積の連続性

近代化事業をインフラの民営化として理解すれば、この事業の重大なインパクトを見逃すことになる。マニラ電力、マニラ・ウォーター・カンパニー、マニラッド水道事業会社といったインフラ民営化の世界的成功事例がマニラには存在する。しかし、電気や水道などのインフラと大きく異なるのは、そもそも交通インフラでは個人が公共サービスを提供するフランチャイズ（運営権）を有していたことにある。ジープニーの歴史でみてきたように、戦後期において国家は交通サービスを安定化するためにフランチャイズを発行することで都市成長に対応してきた。近代化事業がジープニーをインフォーマル化することは、近代化の名の下にこの法的権利の剥奪を正当化している。近代化事業が既定路線になり、どういった車両が望ましいのかという表層的な議論に終始すれば、この権利剥奪をめぐる根本的な変化を取り逃がしてしまう。

フランチャイズの剥奪

フランチャイズをめぐる問題こそが、複数のジープニーの政治組織（Piston や Manibela など）が強固な反対運動を続ける理由である。フランチャイズを国家によって与えられた権利としてのみ理解すれば、この反対運動がなぜ強固なのかを理解できない。陸上交通許認可規制委員会は、フランチャイズとは公共のために自動車を運行する必須条件ではあるが特権ではないと主張する。同委員会の主張は、フランチャイズがいつでも撤回・取り消し可能な対象であることを示唆している（Mendoza 2021: 27）。政府が付与する権利という理解に対し、ジープニーセクターは別様にこの法的権利を理解している。ジープニーの修理を受けもつインフォーマルなエンジニア[11]は、「フランチャイズは（ジープニー）オペレーターにとって土地のようなものだ」と説明した。オペレーターは、フランチャイズを得るため役人に賄賂をおくり、路線ごとの組合をつくり、政治組織によって国家とも深くつながることでその権利を獲得してきたのである。かれらの正当性の言葉は、与えられた権利としてのフランチャイズだけでなく、そのフランチャイズを土地のように耕してきたというジープニーセクターの歴史性とその自負に由来するものである。この自負の感覚は、第二部で論じた運行の方法、日々繰り返すメンテナンス、さらに車両の所有とグラフィックなどからも生じている。

ジープニーセクターが反対する際、主に二つの言葉が繰り返し叫ばれる。一つは、権利を意味する *karapatan* であり、もう一つは *kabuhayan* である。第四章で論じたように、生の場を共につくり出す *kabuhayan* と結びついた権利の感覚からジープニーセクターは近代化事業に反対しているのであった。二つの言葉はつねにセットで用いられ、*kabuhayan* という自生的かつ集合的なライフ・メイキングの実践に裏打ちされた権利（*karapatan*）にもとづいて近代化への反対を明言している。そのため、「公共交通を生活手段と捉えるのは間違っている！」というジープニーセクターへの非難は、*kabuhayan* の積み重ねによって継続してきたジープニーセクターをその根幹から否定する言葉であった。

近代化事業はオペレーターが所有していたフランチャイズを剥奪し、既存の車両を廃棄させる。そして、路線単位で統合された協同組合や企業に限定する。小規模オペレーターは、長年培ってきた生活手段を根こそぎ失う。メンドーサは、この統合、再編が「死の罠」であると指摘する（Mendoza 2021: 28）。彼によれば、この仕組みでは、月給は一万ペソ程度に低下し、個人でジープニーを運行していた時の三分の一にしかならない。加えて、近代車両の導入に伴う費用は、現状の運賃では補填することが困難であるため、試算によれば運賃が二倍から三倍に膨れ上がる可能性がある（ibid: 28-29）。

ジープニーセクターが反対運動のなかで声高にかれらの「権利」を訴えても、近代化事業というフォーマルな領域においてフランチャイズの歴史的かつ経験的な意味合いは切り捨てられてしまう。

ジープニーセクターによる自身の正当性の言説は、国家がかれらをインフォーマル化する際のフォーマルな言説空間のなかには居場所をもつことができない。なぜなら、かれらを否定することがこの事業を前進させる力となっており、その排除こそが近代化なのだから。

無主の領域をつくり出す

既存のジープニーからフランチャイズを剥奪することが何を可能にするのだろうか。言い換えると、公共交通車両近代化事業は、既存の交通の担い手を排除することで何をつくり出しているのか。それは、フィリピン全土の交通サービスを「無主の土地」にすることである。エンジニアはフランチャイズを「土地のようだ」と説明したが、それは的を射た表現であった。

ローザ・ルクセンブルクが本源的蓄積として論じるように、「誰にも所有されていない」土地や物や資源こそが資本にとって拡大再生産の運動を可能にする広大なフロンティアである。彼女は、マルクスの思想を「資本」の領域に限定されない、資本が蓄積と膨張の運動を続けるために「つね」に外部を必要とする点を強調した。資本の運動は、ある土地の固有の歴史と文化を剥ぎ取り、時に抹消し、資本主義の論理へと統合する時もっとも効率的になる。たとえば、植民地支配を行った国々は、その外部であるアフリカ、アジア、ラテンアメリカ地域を未開のフロンティアと位置づけ、軍隊を動員して従属させ包摂する。暴力と法を独占する国家権力と資本の論理が人々を追い出し、それによって誰とも取引も契約もする必要のない無主のフロンティアがつくり出されるのである。オペレーターやドライバーを排除し権利を剥奪することが、交通インフラの領域を広々とした市場のフロンティアに変換する。国家がフランチャイズの権利（*karapatan*）を剥奪する行為は、それと対になってきた***kabuhayan*** の正当性を否定し、かれらの歴史もなかったことになる。ルクセンブルクの議論を都市論として発展させたデヴィッド・ハーヴェイは、この資本の運動が先進国／途上国を問わず都市内部においても作用することを論じてきた（Harvey 2003）。新自由主義への彼の批判は、国家が都市空間を資本蓄積のフロンティアへと変換するために国家の統一的なコードに従属していない場所や集団への排除を強める点にある。ハーヴェイは、既存の資産や資源を他者から強制的に奪い取るプロセスを「収奪による蓄積」と理論化した。収奪による蓄積の観点からマニラ首都圏の都市開発を論じる人文地理学者アーニソン・オルテガも、非従属的でインフォーマルな自律性をもつ土地や集団が法の保護を受けられないまま収奪される状況を指摘している（Ortega 2016）。自律的で独立性の高いジープニーセクターだからこそ、そのフランチャイズを剥奪することは収奪的蓄積を加速させる。

　このように既存の「伝統」的な車両を廃棄することは、巨大な市場の創出を意味する。たとえば、グローバル市場で活躍するマヌエル・ベレス・パンギリナン[12]も交通インフラに関心を寄せている。彼はGrabの元CEOが設立したMPTモビリティ社に一五億ペソ以上の投資を検討している。同社は、ユーロ4基準に適合した車両の拡充、最先端の電動ジープニーの導入、そして路線網の拡大を進めており、フィリピンのジープニー交通エコシステムを変革するという広範な使命を掲げている（MB 2022）。

だれがスクラップされるのか

ここまでの議論を踏まえ、ドゥテルテ政権の建設者としての側面を鑑みると、多数の国民にとってのビルドは、ジープニーセクターなどの特定の者にとってスクラップとして廃棄される経験であった。このスクラップ・アンド・ビルドは、高速道路によって地方と首都を結び、スカイウェイによって首都の混雑した道路をバイパスし、領土の端々まで高速なインターネット回線が利用可能になることを目指した。「ビルド!ビルド!ビルド!」を宣言したカルロス・ドミンゲス財務大臣の言葉を振り返ると、「私たちがインフラ開発を怠り、近隣諸国が急速にそれを整備していた数十年間に競争力を失いました。島国に暮らす私たちにとって、貧弱なインフラは致命的である。……これ(島間の物資輸送コスト)が、私たちの食品価格が高い理由なのだ。渋滞した道路や港は、ジャスト・イン・タイムでの配達が必要な投資家を遠ざけてきた。高い電力コストと不安定な供給は、製造業への投資を阻んでいる」(Rappler 2017b)。経済発展の阻害となるインフラの欠如から、フィリピン全土が一体として結びつく時代へと大きな跳躍を試みたのがドゥテルテ政権であった。

しかし、そのためにスクラップとなった者たちの犠牲も計り知れない。ネフェルティティ・タディアーは、ドゥテルテ政権の麻薬撲滅戦争にみられる権力の行使を「正しい戦争」(just war)として論じる(Tadiar 2022: 229-30)。麻薬撲滅戦争は、ドゥテルテが国家の病巣――腐敗、犯罪、反乱、貧困、そしてエリート支配――を取り除くという約束の中心にあった。「正しい戦争」とは、「生きるに値する」命のために実施される「正義」にもとづいた戦争である。麻薬の売人や中毒者という真っ当に生きる人間に害をなす存在を排除する「正しい」戦争は、より良い社会を構築する過程で多くの人間をスクラップとして廃棄する。

インフラ開発と公共交通車両近代化事業を開始した翌年の二〇一八年、ドゥテルテ大統領は施政方針演説のなかで「私にとって人権（human rights）とは、フィリピン人、とくに社会の周縁にいる人々に、かれらの生活をより良くするために必要な社会的および物理的インフラを通じて、まともで尊厳のある未来を与えることを意味する」と述べた（PS 2018b）。個人が有するのではなく、国家が「与えるもの」となった人権は、人権の障害となりうる存在を排除する。タディアーが正しい戦争と呼ぶ行為は、公共交通車両近代化事業にも読み取ることができる。さきの「お前たちが貧しいかって？困窮して腹ペコだって？　くそったれめ！　そんなこと知るか！　それ（交通インフラ）はフィリピン人たちのためのものだ」という発言にあるように、ジープニーのおっちゃんたちが訴える「権利」は、より良い未来の発展と多数派のフィリピン人に害を為しうるとして排除の対象となった。

言語学者ラモン・ギレルモ[13]によれば、タガログ語で「権利」を意味する ***karapatan*** には、二つの伝統に則った対立する解釈が存在する。この解釈は、一八世紀から二一世紀までのタガログ語テキスト[14]の単語間でのつながりに関するクラスター分析を行った結果にもとづく。ギレルモは、時代を横断して様々な著者や辞書編纂者が「権利」という言葉をどのような単語と合わせて用いるか、その頻度を明らかにすることで権利の言葉がどういった傾向を示す概念であるか分析した。分析結果によれば、一つは、保守的およびリベラルな伝統の中核をなす排他的な解釈であり、もう一つは自由と結びつき、急進的左翼および革命的な伝統の一部を形成する包摂的な解釈である。前者では、「ふさわしいもの、正当に得られるもの」（***karapat-dapat***）という意味で使われる伝統に依拠している。「道徳的な美徳」や「対人関係における義務」と結びつく。この場合、権利とは、ふさわしく、値する存在が獲得するものである。後者では、「当然のもの、内在する／必要なもの」（*dapat*）という意味で使われる伝統に依拠する。これは二〇世紀初頭から「革命的タガログ語」の台頭によって出現した新しい意味であり、「自由」（*kalayaan*）の概念と密接に結びついている。

ギレルモによる権利に関する二つの伝統という解釈を踏まえると、近代化事業とジープニーセクターのあいだにも同様な対立関係を見出すことができるだろう。特定の尺度において優れた存在であるために獲得するものを権利とする解釈に立てば、害を為す存在は権利をもたない。一方で、ジープニーセクターが反対運動の際に訴える「権利」は後者の解釈に立ち、内在的なものである。タディアーの「正しい戦争」は、前者における「権利」の解釈に則って、麻薬中毒者やテロリストから「権利に値する人間」を救い出す英雄的な行為となるだろう。ドゥテルテは、より大多数の国民の前進のため、その歩みを遅らせたり、阻害したりする存在に対して容赦無く処刑人として動いていた。スクラップとしていまにも廃棄されようとするなかで、ジープニーのおっちゃんたちはいかに反対を試みているのだろうか。

注

1　アキノ政権に対する失望を四つに分類した *Rappler* の記事によれば、（1）首都圏における都市問題への無関心や無策、（2）台風ヨランダ後のレイテにおける対応の遅れ、（3）リーダーとしての共感の欠如、（4）友人との癒着であった（Rappler 2016b）。アキノ政権下での交通政策についてはカテリーナ・フランシスコの記事を参照（Rappler 2015）。

2　近代ジープニーは、ユーロ4エンジンに加え、監視カメラ、GPS、自動料金収受システム、前方を向いた座席配置、昇降口を右側に設置することが車両の要件であった。

3　包括的な管理とは、fleet management と呼ばれ、車両の追跡と監視、車両に対する適切かつ定期的なメンテナンスの実施、燃料使用量の監視と管理、複数の車両を全体として運営・管理する効率化の実施、ドライバーの管理などを指す。こうした管理方法は、日本のトヨタなどの自動車産業で導入され実施されてきた歴史的経緯がある。

4　二〇一八年一一月二七日にインタビューを実施。

5　A氏は、公共事業道路省が政権の変化に対して比較的自律性をもって事業を継続できる点を運輸省の性質と比較して評価していた。

6　二〇一八年一一月一日にインタビューを実施。

7　二〇一八年一〇月一六日にインタビューを実施。

8　ジープニーの管轄は、複数の省庁にまたがっている。フランチャイズを許可する陸上交通許認可規制委員会、車両の点検を行う陸運局、交通政策を決定する運輸省、主要な道路を取り締まるマニラ首都圏開発局、各市町には交通監視員が交通整理を行い、ショッピングモールでは民間セクターが交通を管理する。

9　政府は、陸上交通許認可規制委員会を経由してフランチャイズを発行してきた。フランチャイズには、特定の地点（ランドマーク）が複数記載されているに過ぎず、地点と地点を結ぶ路線の組み方はオペレーターやドライバーに委ねられていた。そのため、実際の路線がどのように運行され、組まれているのかについて政府は管理してこなかった。つまり、長年にわたってフランチャイズは、都市における複数の点を指定することで交通サービスを提供してきた。

10　語源的にいえば、formality は、ラテン語で形を意味する「form」に接尾辞「-alis」が加わって派生したものである。

「-alis」は「〜に関連する」ことを指すため、「formal」とは「形や形式に関連する」または「形や形式に従う」という意味をもつ。

11　二〇二二年八月二二日にインタビューを実施。

12　パンギリナンは、Metro Pacific Investments Corporationの会長兼CEOを務め、エネルギー、交通、通信、病院運営、水道事業など、フィリピンのインフラにかかわる多岐にわたるビジネスを展開している。彼が統括するのは、北ルソン高速道路の運営会社、マニラ電力の最大株主、マニラッド水道事業会社、フィリピンの固定・携帯通信事業のシェア一位PLDT社の会長などである。

13　ここで紹介しているギレルモの議論は、二〇一九年八月二日にシリマン大学で開催されたInter-Asia Cultural Studiesにおける「Plenary 2: Politics of Language and Translation」での彼の発表内容を整理したものになる。ギレルモとの私信で確認した限りにおいて、この発表内容はまだ論文化されていない（二〇二二年四月九日）。

14　ギレルモが利用したテキストは以下のものであった。一八世紀から二〇世紀までのタガログ語辞書、ホセ・リサールによるドイツ人の詩人・思想家であるフリードリヒ・フォン・シラーの作品の翻訳、フィリピン共和国の憲法を起草したアポリナリオ・マビニの著作、労働者の権利やその闘いに関するエッセイやスピーチをまとめたオノリオ・シリロによる「労働者の勝利」、ラザロ・フランシスコとアマド・ヘルナンデスによる小説、ドゥテルテ支持者のFacebookページの投稿。とくにドゥテルテ支持者の投稿について、彼は例として「この野郎!! 人権委員会……お前たちが守っているのはどうしていつも容疑者かテロリストなんだ……（やつらに）人権だって？　被害者の人権はどうなるんだ、被害者こそお前たちが守るべき人間ではないのか？　このクソ野郎、人権なんてクソくらえだ」（二〇一七年五月二九日）というものを紹介している。

第七章　おっちゃんたちのポリティクス
：ストライキという「現われ」の形式

否定された者たちの政治、承認されない人間による政治は、様々なポリティクスを考える際に最重要なものの一つである。真っ当な市民として教養と規律を身につけなければ、発言すること、その声が聞き取られること、コミュニケーションによって成立する政治過程に参加することはできない。粗野でルールに従わないジープニーのおっちゃんたちは、省庁に赴いて不公正を訴えるだけでは、その声を、意見を聞きとられることはない。ドゥテルテ大統領がジープニーセクターに対して、自分の生活の事しか考えず、社会に害をなす存在だと非難すれば、たちまちかれらが守ろうとする「生活」（*kabuhayan*）の正当性と、かれらが培ってきた「権利」（*karapatan*）は議論から排除されてしまう。本章が論じるのは、近代化事業の進展に対してかれらがどのように政治的実践を行い、反対運動を組織していったのか、そしてその形式と原理はいかなるものなのかである。

西洋を中心とする政治理論は、公共圏における人々のあいだの対等なコミュニケーションに政治の根幹を見出してきた。ハンナ・アーレントは人間が共に生きる世界をつくる上で私的領域から切り離された公的領域における活動として政治を位置づけ、ユルゲン・ハーバーマスは正直さ、誠実さ、理性などにもとづいた熟議によって社会の合意にたどり着けると論じてきた。純粋なコミュニケーションによる政治は、社会が正しい道を進んでいくことを想定する。私利私欲にもとづく意見、不適切な言動や振る舞いは、社会を誤った道へと進めてしまうため拒否されるべきものとされた。たしかに、理念的には、すべての者が選挙権をもつ国民として認められた現代フィリピンでは、対等に政治空間に参与できるはずである。しかし、先述したように、公共圏での言動や振る舞いは、適切であるのかどうかを特定の規範によって判断され評価されている。ジープニーのおっちゃんたちの言動や振る舞いは、まさに近代化事業が否定し廃止しようとする対象であるため、かれらの声が通常の政治的経路を通じて公共圏で聞き取られることはないのである。では、ジープニーセクターのドライバーやオペレーターは自らの考え、とりわけ反対運動をどのように展開し、かれらの政治を実行しているのだろうか。

ジェームズ・スコットは、市民や公共圏といった西洋を中心とする「政治」という領域にカウントされない行為や実践を捉えるため「インフラポリティクス」(infrapolitics)という概念を提起した(Scott 1990)。彼によれば、「政治にとってインフラポリティクスは、可視光に対する赤外線のようなものである。その領域は、政治的と認識されるにはまだ不十分な行為、身振り、思考を包含している」(ibid: 183)。清水展らによる翻訳はインフラポリティクスに「底流政治」を当てている(スコット 2017)。インフラを底流と訳すことで、市民として見られ聞かれる公共圏の可視的な政治領域に対し、地下水のように不可視で流動する異なる政治を捉えようとした。「政治的なものという概念を公然と宣言された活動に限定するかぎり、従属集団には本質的に政治的生がないか、あるいは政治的生があったとしても、それは民衆が爆発した例外的な瞬間に限られると結論せざるを得ない」という従属集団のポリティクスを捉えられない政治理論へのスコットの批判はアクチュアルである（Scott 1990: 199）。なぜなら、否定された者たち、公共圏へと出ていけない者たちこそが、社会を変えるための「政治」を求めており、かれらの生から政治を捉えるべきだと問題提起しているからである。[1] 公共圏へと出ていけない者たちは、いわば、美容院に髪を切りに行きたいのに美容院に行けるような髪型じゃないと悩む人、デートや面接のために服を買いに行きたいのに洋服店に入るための服をもっていない人たちである。美容院と洋服店からみていれば、かれらは永遠に存在しないことになってしまう。最もその場所を必要とする人たちなのに、だ。

インフラポリティクスあるいは底流政治とは、まっとうな政治領域からすれば政治的なものにはみえない存在が、赤外線のように実際には存在し、エネルギーを帯びていることを捉えるための概念である。infra- という接頭辞は、「目に見える波長の外側にあるもの」と「基礎となるもの」という二つの性質を意味する言葉だ。いわば、インフラポリティクスとは、「政治を可能にする必要条件」をめぐる政治そのものである。それは、インフラがしばしばそうであるように、良い生活の十分条件ではないものの、無ければ決定的な悪影響をもたらすものである。たとえば、共同作業において率直なコミュニケーションが良い仕事のための「基盤＝インフラ」として機能するように、インフラポリティクスもまた社会や政治の基盤を形成し、その欠如は社会の存立そのものを揺るがしかねない。ゆえに、「インフラ＝基盤」をめぐる政治は語義矛盾的ではあるものの、そこにおいて議論される対象は、社会の基礎的条件そのものである。

本章がジープニーのおっちゃんたちの政治的実践を捉える際に、インフラポリティクスに依拠した政治の理解はとても重要である。なぜなら、公共圏でのかれらの発言や抗議活動は、そもそも否定されるがために「現われる」ことの困難さを抱えており、しかし、それでも「現われる」ために非常に多くの「現われていない」支持によって可視性を得るからである。ここでいう「現われる」とは、アーレントやハーバーマスが論じる市民や国家の領域において、声を聞かれ、正当なコミュニケーションや議論へと参加することを意味している。本章は、「現われ」や「公共圏」の裏側を誰がどのように支えているのか、ポリティクスの不可視な領域にアプローチする。この不可視で、しかし、エネルギーに満ちた領域がどのようにフォーマルな公共圏へと介入する「現われ」を可能にしているかを解き明かす。

本章の議論は複雑な経路を辿るため、この先の道筋を整理しておく。しかし、大き分けると、①権力による支配から逃れ、統治の試みを頓挫させるネットワーク（第2節）、②ストライキにみられる連帯によって主体的に戦うこと（第3節）についてである。一見、矛盾する逃げることと戦うことは、「生」という一点で一貫している。第1節では、近代化事業がおっちゃんたちのこの「生」をどのように扱うかについて、その感情的反発の強固さから明確にする。第2節では、ジープニーセクターのネットワークの性質から逃げ斥ける側面を議論する。ここでの論点は、権力にいかにつかまらず、自律性を維持するネットワークをつくり出してきたのかについてである。この側面の理解には、第三章で論じた運行（ビヤヘ）の自律性を思い出してほしい。その自律性は、多孔的で離合集散するネットワークをうみ、一元的支配を斥けてきた。だが、自律性や離合集散するネットワークとは、悪くいえばまとまりのなさの裏返しである。そのため、団結した政治的行為を不可能にするようにみえるだろう。第3節で扱うのは、まさに逃散するモードから連帯／戦うモードに転じる過程だ。ストライキでは、この戦う意志が政治的行為として実行される。おっちゃんたちは、ストライキにより都市の交通を停止させ、その強制力をもって公共圏でみずからの声／姿、その存在を現わす。しかし、自律的で逃散する人々を団結させる方法はどのようなものなのか疑問が残る。ささのスコットによるインフラポリティクスが重要となるのは、ストライキという連帯と公共圏での舞台を裏側でつくり出すおっちゃんたちの見えづらい行為を捉えるためである。その概念によって、たとえば、ストライキのために近所のオペレーターのガレージに挨拶へと出向いてお願いをすること、伝わる言葉を懸命に探すこと、徹夜でスト中のランチを用意すること、そのような事柄が観えてくる。本章の最後（第4節）では、ストライキが単なる政治的交渉、ここでいえば近代化事業の延期や条件の修正を引き出すことだけではなく、おっちゃんたちにとって集団意識や連帯の感覚が生の実感をアクティベートするものであることを指摘する。

第1節　否定された生：近代化事業への感情的反発

ドライバーやオペレーターの近代化事業への反発は、いくつかの政治組織を除いて非常に強固であった。その理由は第二部で描いてきたように、ジープニーセクターにおいて働くことがかれらの生の実感と深く結びついているからである。

試験路線として近代ジープニーが導入されたバグンバヤン–パシッグ路線のドライバーとオペレー

ターは、その車両を口々に批判している。近代車両は、ガラス繊維強化プラスチックでつくられており、既存の鉄製のジープニーとは異なっている。かれらは、損傷を溶接で修理できないプラスチックでつくられた車両について「弱く」「使い捨て」だと口にする。コンピューター制御のエンジンが積んである近代車両のケアは、インフォーマルなエンジニアが関与できない複雑な機械である。路線組合BAPJODAのメンバーは、その車両を「ミニバス」あるいは「白色のやつ」(*puti*)と呼び、ジープニーとして認めなかった。かれらは、「ほれみたことか、使い捨てだよ、あんなミニバスは。配線がショートしたらもう動かない。おれたちの生活を支えるにはあんなのじゃだめだ」と耐久性への不満と感情的な否定を示した。この近代ジープニーは、従来のジープニーをめぐる広範なメンテナンスと修理の社会関係とは切り離された対象として導入される。つまり、ケアできないのである。近代ジープニーは、日野であれば日野、いすゞであればいすゞから派遣されたエンジニアによって専用の純正部品を用いたメンテナンスが施される。その際、近代ジープニーからは社会関係の維持も新たな関係の創造も生じない。

自身の生活をゆだねる車両であるからこそ、おっちゃんたちは政府が導入する近代的公共交通インフラの不安定さに批判的で厳しいまなざしを向けてきた。たとえば、二〇一九年一〇月中旬のデモにおいて、政治組織Piston名誉代表ジョージ・サン・マテオは政府による近代化事業を厳しく批判した。三線しかない高架鉄道のうち、二線が立て続けに故障し、復旧の目処は立っていなかった。サン・マテオは近代化事業が既存のジープニーを排除する危険性と国家による交通サービスが故障・停止する状況を「交通の危機」であると非難した。その夜、デモに参加したオペレーターと酒を飲んでいると、彼は「*Public kami*」[2]（おれたちがパブリックだ）といった。私がその意味について聞き返すと、「高架鉄道がなぜ止まるかわかるか？　それはビジネス（*negosyo*）だからだ。おれたちは生活（*kabuhayan*）だから何があってもメンテナンスし走り続ける。それが公共交通だろ」と述べた。彼の批判は、たとえ、台風によって太ももまで浸水したとしても、そのなかをかき分けて走っていくジープニーと、誰が誰のためにどうやってケアをするのか曖昧で無責任な高架鉄道の運行の対比からくる感情的なものであった。

日本や西洋のような都市では、政府による管理はそれが公共的な存在であることと同義として考えられている。しかし、政治家や政府の役人による汚職が蔓延するフィリピンでは、政府のプロジェクトが必ずしも誰にでも開かれている公共的なものではなく、一部の人物が資金を調達する手段にしかなっていないという共通感覚がある。とりわけ大規模なインフラ事業であるほどに、そこから利益を得る特定の人物がいる。それについて彼は、ビジネスに過ぎないと批判しているのであった。そんなビジネスのためでしかないインフラ事業が、誠心誠意をもって日々労苦を重ねながら積み重ねてきた「おれたち」のジープニー、その公共性を否定し、それによって私腹を肥やすことに対して、かれらは怒りを感じていた。生を懸けてつくり出してきたジープニーの否定は、かれらの生と尊厳に対する否定でもあったからだ。

フェルディナンドの怒り：規律正しいドライバーであれ

近代化の一事業であるドライバーズアカデミーは、交通規則の遵守や規律をドライバーに再教育することを目的としている。運輸省は「ドライバーズアカデミーは、公共交通機関のドライバーが交通規則の基本を再認識するのに非常に適した場となることを目指している。何千人もの公共交通機関の利用者がかれらを頼りにしているため、しっかりと学んでもらわなければならない」、「マニラ首都圏の交通事故を防止し、交通状況を緩和するために、すべての公共交通機関のドライバーが基本的な交通規則に従い、様々な交通標識を知っておく必要がある」と述べる（PNA 2017）。

BAPJODA のメンバーも、二〇一九年一一月七日にドライバーズアカデミーを受講することになった。大きな体育館に複数の路線組合のドライバーたちが集まって、パワーポイントを使った標識や交通規則についてのレクチャーを受け、最後には問題用紙が配られて試験となった。日本の受験や自動車教習所に慣れている私にとっては、ふつうのレクチャーであったが、ドライバーのなかにはひどく尊厳が傷つけられる感覚をもつ者も多かった。

アカデミーからの帰りのジープニーはとても感情的であった。メンバーが乗ったジープニーは、パラニャーケ市の会場を後にした。ニヤニヤと笑うフェルディナンドがビニール袋からエンペラドールを取り出す。「おい、ダメだろ」とまわりの仲間が笑いながらツッコミを入れた。昼食で配布された五〇〇㎖ペットボトルを上下に引き裂き、下半分を即席のグラスにして、同じく配られたパンシット（焼きそば）をつまみにする。車内でタガイがはじまった。フェルディナンドは「タガイだぞ、ショットしろよ」とまわりに掛け合う。急にはじまったタガイに困惑する者、呆れている者、グラスに手を伸ばさない者もいる。それでもフェルディナンドは手を伸ばし続け、受け取る者がいると「ほれみたことか！　好きじゃねえか！　なあ！」と張った声を出す。グッと一気に飲み干した奴に「お～」と

声を合わせた。「なんだか今日のタガイは物足りないなぁ」とフェルディナンドがまわりに煽りを入れる。彼は運転しているメンバーにすら「おい、あんたの番だよ」と冗談をいう。他のおっちゃんが「それはダメだって、違反だぜ、さっき講習を受けたばかりだろ！」とまっとうなことをいうと、フェルディナンドは感情を露わにして「なにが違反だっていうんだ？　言いがかりをつけるのはやめろよ」と返した。偉そうに講釈をタレていた若い役人を思い返しているのだろうか、「何が正しいパブリック・サーバントであれ、だ。あいつらのいうドライバーはパブリック・スレイブじゃねーか。まずは交通のルールもわかっていない警察どもにセミナーを受けさせろ」というのだった。助手席へとお手製グラスは回り、ある人が「嫁さんから禁酒令が出ている」といえば、「お～、タクサ（*takot sa asawa*：恐妻家）か、奥さんはヤクザか」とイジりながら「けどお前はババエロ（女たらし）じゃねえか」と詰め寄る。ババエロという言葉に反応したのだろうか、スマホを取り出してブックマークしていたポルノを流し、それをまわりのおっちゃんたちにみせる。「どうだ、うまそうだろ」「とってもジューシーフルーツだ」。フェルディナンドがユニフォームのポロシャツを脱いでタンクトップになった。夕方の風が車内を吹き抜けていく。「さっきの会場はエアコンが効き過ぎで寒かったなあ」。タギッグのいつもの路線に帰ってきた。

ドライバーズアカデミーが否定し矯正しようとしたのは、第二部をとおしてみてきたように、おっちゃんたちの誇り、ビヤへの感覚、生き方そのものであった。フェルディナンドの過剰なまでの男性的な振る舞いは、彼にまとわりついてくる規範を振り落とそうとする反射的なものであった。このような感情的な反発は、日下渉がモラルポリティクスと呼び、大衆的公共圏の言説として提示するものと酷似している（日下 2013）。モラルは、日下によれば、恥の感覚や自身の仕事への誇りから生じる。重要な点は、日常的に繰り返す実践とこのモラルの連続性を認識することである。生を守るための戦いであることを、この反対や抵抗の核として理解する必要がある。ジープニーセクターが行う政治は、一見矛盾する二つの形式で展開される。生き延びるために権力から逃がれ支配を斥けること、生きるために権力と戦うことである。次節では、前者のポリティクスをみていこう。

第2節　支配を斥けるリゾーム・ネットワーク

近代化事業は、ジープニーセクターを掌握しようとする試みである。前章で確認したように近代化事業を進める際、政府はまとまりのないジープニーセクターを統合するために複数の政治組織と交渉を行った。一部の政治組織は、近代化事業によって路線と利権を拡大しようと画策しており、近代化事業において様々な思惑が交差することとなった。政府は、複数の路線を束ねる存在として政治組織をみなしており、かれらにジープニーセクターを統括する役割を期待した。しかし、それぞれの政治組織は、各組織によって異なる意図をもっており、路線組合や個々のオペレーターとドライバーを管理する存在ではなかった。政治組織に対しても、ジープニーのネットワークは管理を逃れ、支配を斥ける自律性をもっている。

本節では、ジープニーセクターの組織化の特徴を同盟と裏切りの歴史から明らかにし、離合集散を繰り返しながら広がるネットワークがジープニーセクターを統治できない自律空間にしてきたことを論じる。ジープニーセクターに対する統治や管理の試みは、決して二〇一七年の近代化事業が初めてというわけではなく（第二章・九二頁）、何度も繰り返されてきたことであった。

同盟と裏切りを繰り返す政治組織

論点を先取りすると、近代化事業に伴う政治組織間の同盟と裏切りを繰り返すネットワークの動態は、人類学者・小川さやかが都市の露天商における「インフォーマル性の政治」として論じたものに類似する（小川 2017）。小川によれば、露天商が政府の要請に応じて組織化を進める際、形成されるのは一貫した理念や合意にもとづく統一的な組織ではなく、むしろ利害の多様性と個々の異質性を抱えたリゾーム的な結びつきであった。このインフォーマルな結びつきは、自律性を第一の原則としながら、状況に応じて分離と統合を繰り返す。たとえば、一枚岩となることのない露天商たちは、個々の自律性から生じるネットワークを活用し、政策の恩恵が得られる時には統合し、一元的な支配に転じる時には分離することで回避するのである。小川の議論が本節にとって示唆的なのは、このネットワークのリゾーム的な特性が、ジープニーにかかわる組織的・政治的結節点の性質を理解する上で不可欠だからである。本節では、ジープニーにかかわる人々の連携が、個々の自律性を基盤としながら、政治組織間の同盟や路線組合の分岐を生み出し、流動的に再編されてきた様相を示す。ここで注目すべきは、ジープニーが単なる交通手段として存在しているのではなく、異質な利害を結びつける結節点として機能し、権力による一元的な統制を回避する動態を生んでいる点である。このように、ジープニーのネットワークは、異質な主体が交差しながら形成される開かれた結節点としての特性を持ち、都市の諸関係における政治的な連携と抵抗の場を提供してきた。本節では、二〇一六年から二〇一九年九月三〇日のストライキに至るまでの政治組織間の離合集散に着目し、近代化事業をめぐる状況を分析する。

ドゥテルテ政権が近代化事業を開始する一年前、二〇一六年三月一〇日、Pasang Masda、ACTO、Fejodap、三つの政治組織は、アキノ大統領が属する自由党の候補者であったマニュエル・ロハスのもとに集まり大統領選における支持を表明した。これらの政治組織は、「彼（ロハス）は近代化事業を推進しているが、『政府からの具体的な代替策や支援がない限り、ジープニーを廃止することはない』と（私たち）に約束した。だからこそ、私たちは明日やその翌日にでも自宅の食卓に食べ物がなくなるのではないか、という不安を感じていない」と述べた（PDI 2016）。二〇一六年時点では、近代化事業の具体的内容も明確になっておらず、三つの政治組織はロハスへの支持を表明することで次期大統領候補から将来的な見返りを期待していた。しかし、大統領選を制したのはドゥテルテだった。ここから、様々な政治組織が近代化事業をめぐり同盟と裏切りを繰り返すことになる。

二〇一七年時点で近代化事業を支持する政治組織は、Pasang Masda、ACTO、Fejodap、1-UTAK、Altodap であった。Pasang Masda のオベット・マルティン代表は、「いまこそが既存のジープニーをより近代的で効率的な車両に置き換える時期である」と述べた。一方、左派の政治組織である Piston は二〇一七年一〇月に二日間のストライキを実施した。これを受けて政府はすべての小学校、高校、大学の授業と政府の業務停止を発表した。なお、記者会見で ACTO のエフレン・デ・ルノ代表は、「公共交通車両近代化事業が乗客の安全を確保し、環境的に持続可能な交通インフラとなるだろう」と政府を支持する立場からストライキに参加しなかった。

二〇一六年から二〇一七年までのあいだ、複数の政治組織は近代化事業による新規路線の獲得に期待を寄せていた。というのも、新規路線には既存の路線組合や協同組合（一〇六頁）が存在しないため、路線を独占できるからである。政治組織はフランチャイズを取得するエージェントであり、それをインフォーマルに売買する役割を担ってきた。一方、政治家は、政治組織を手綱を握っておくべき存在としてみなしており、かつてコチェロ票と呼ばれたような重要な支持基盤でもあった。先の大統領候補への支持の見返りとは、こうした新規路線の獲得であった。

政治組織と政治家との親密な関係は、多くの政治組織に見受けられる。たとえば、Fejodap の事務所を訪問した際、ゼナイダ・マラナン代表[3]は、壁に並べられたフェルディナンド・マルコスからベニグノ・アキノJr.までの歴代大統領とのツーショット写真を眺めながらその思い出を語った。政治組織LTOPの代表であるオランド・マルケスも、マカティ市長からアキノ政権下で副大統領になったジェジョマール・ビナイと深い親交を持ち、ジョセフ・エストラダが選挙キャンペーンで使用したジープニー車両を提供している。

各政治組織はそれぞれ異なる性質と目的をもつ。日和見主義、左派組織からの支援を受けているもの、大手ショッピングモールの管轄にあるものなど、ジープニーセクター全体を総括して代表する単一の組織はなく、つねに複数の組織が同盟と裏切りを繰り返している。各政治組織が状況に応じて臨機応変に態度を切り替える例をみてみよう。二〇一八年一〇月九日に行われた上院での近代化事業に関する公聴会では、ACTO と Fejodap の両代表が陸上交通許認可規制委員会のデルグラ委員長に新路線について質問を投げかけた。すると、すでにいくつかの路線はPasang Masdaによる申請がなされ、受理されていたことがわかった。独占状態を確認した両者は、近代化事業の非公開性を非難し、この事業によってオペレーターには多額の負債がのしかかり、ドライバーの生活も一変すると華麗な演説で訴えた。横で聞いていたドライバーは、手のひら返しをして批判に回る二人を「口だけは達者だよ」とその役者ぶりを皮肉った。

この公聴会を機に、日和見を決め込んでいたACTOと左派のPistonは、徐々に協働を図るようになる。それまで新規路線の獲得を期待したACTOはPasang Masdaが近代化事業の受け手として一人勝ちをすることを許せず、他の政治組織間との同盟に積極的になっていく。しかし、こうした同盟はつねに緊張状態にあった。なぜなら、一九七一年のPasang Masdaの分裂（一〇二頁）にもあるように、ジープニーセクターの歴史は裏切りと分裂、ときおりの同盟に特徴づけられるからである。

Pistonのサン・マテオは、政治組織の同盟と裏切りについて以下のように語る。彼の経験では、二〇〇四年頃からPasang Masda、ACTO、Fejodapと同盟を組んでストライキを行うことがあった。しかし、二〇〇八年にマニラ首都圏開発庁が導入した単一違反切符制度[4]に対するストライキが最後になった。Pasang Masdaに「ストの準備はできているか」と尋ねると、オベットは「準備に時間がかかる」といい、ストライキを開始して数時間後、何の連絡もなくPasang Masdaのメンバーが路上から消え、Pistonだけが取り残され裏切られた。Fejodapのマラナンについても、彼女は状況次第では同盟を持ちかけてくるが、ストライキを「ストリート・ホリデー」と呼び、つねに政府と良好な関係を維持しようとするため信用できないと評価する。だが、Pistonのあり方に対しても、Stop&Go

表7-1　政治組織の一覧（二〇一八年時点）

組織名	設立年	設立者	現代表	マニラ首都圏	フィリピン全土
Pasang Masda	1960年代末	オスカー・ラザロ	オベット・マルティン	83路線組合	100路線組合
ACTO	1960年代末	ボニファシオ・デ・ルナ	エフレン・デ・ルナ	500路線組合	47万5000人
Fejodap	1976年	ラファエル・サラオ	ゼナイダ・マラナン	23路線組合（マニラ市内）	不明
Piston	1981年	メダルド・ロダ	ジョージ・サン・マテオ	49路線組合	不明
Altodap	2000年頃	ボイ・バルガス	ボイ・バルガス	不明	不明
UTFM	2008年	ボン・ドゥーカ	ボン・ドゥーカ	32路線組合（マカティ市のみ）	なし
LTOP	2008年	オーランド・マルケス	オーランド・マルケス	7万人	25~27万人
Stop&Go	2009年	ジュン・マグノ	ジュン・マグノ	7万人	28万1000人
Trinoma Transportation Federation Inc.	2010年	ロメル・ランサガン	ロメル・ランサガン	16路線組合	なし
SMMITT	2015年	不明	マール・バルブエナ	30路線組合	なし

のジュン・マグノ代表は「やつらは左派で過激派だ。政治について何もわかってない。おれたちは共産主義者じゃない」[5]と自身の政治組織との差異を強調する。サン・マテオの語りは、政治組織間の同盟と裏切りがつねに繰り返されながら、それぞれが自律していることを示している。

二〇一九年九月二日、Stop&Goが発起人となって「公共交通車両の廃止に反対し、正しい近代化とリハビリテーションを求める同盟」（Alyansa Kontra PUV Phaseout! Yes to PUV Modernization/Rehabilitation!）が結ばれた。これは、Stop&Goの呼びかけに、PistonとACTOが応答するかたちで生じた。こうした同盟は、過去につくり上げられたものを再活用するのではなく、その度に組みなおされるため持続性をもたない。マグノは同盟の理由を「同じ関心」に根ざしていると強調する。政治組織間の協働が取られる際、かれらはネットワークを活用し、連合や同盟をつくり出す。だが、それぞれの政治組織は、同じ理念によって結びついているわけではなく、それぞれの戦略に則って状況に働きかけるために同盟を利用している。

政治組織間の同盟は、いわば、自由に動くためのネットワークであった。表7-1では、インタビューから聞き取った政治組織に加入している路線組合数とフィリピン全国におけるメンバー数を示している。ACTOのデ・ルナは、五〇〇の路線組合と四七万五〇〇〇人のメンバーと答えた。だが、何を根拠とする数値なのかは説明しない。つまり、政治組織は、複数の路線組合を束ねる存在にみえながら、具体的にどれだけの路線組合やメンバーがいるのか不透明なのである。

離合集散するジープニー・ネットワーク

ここからは、政治組織の同盟と裏切りにみられる流動性の高さを、政治組織とローカルな路線組合との関係(加入と脱退)、その路線組合間の分裂と協働、さらに路線組合を構成する個々のオペレーターとドライバーの関係に着目しながら掘り下げていく。それによって示されるのは以下のような事柄だ。

ジープニーセクターは、垂直的なツリー構造ではなく、水平的で離合集散するリゾーム状のネットワークによって特徴づけられる。すでに政治組織間の関係で確認したように、ジープニーセクターは、政治組織、路線組合、オペレーターとドライバー(おっちゃんたち)の三つのアクターによって構成される。これらのアクターの関係性は、政治組織が路線組合を統括し、路線組合はその路線上のオペレーターとドライバーを統括するようなものではない。それぞれが自律性をもって動き、中心性と垂直性をもたないジープニーセクターは同盟と裏切り、加入と脱退、分裂と協働を繰り返す。ジープニーセクターのつくり出すネットワークは、哲学者ジル・ドゥルーズとフェリックス・ガタリによって提唱された「リゾーム」（根茎）の特性をもつ（ドゥルーズ・ガタリ 1994）。リゾームは地下で複雑に広がり、特定の中心点や方向を持たず、どこからでも新しい芽を出して成長することができる。これは、ツリー状（樹木状）の構造、つまり、幹、枝、葉へと広がる階層的なモデルとして中心からはじまって分岐する形式とは異なる。政府は、政治組織を幹、路線組合を枝、オペレーターとドライバーを無数の葉としてツリー状に捉えていた。しかし、その想定に反して、実際のジープニーセクターのネットワークは、同盟と裏切りを繰り返しながらリゾーム的な性質を帯びるものであった。政治組織、路線組合、個々のおっちゃんたち、それぞれの離合集散の動きは、政府の掌握や支配から逃れ、それらを斥けるエージェンシーを発揮してきたのである。

さて、政治組織と路線組合の関係性をみていこう。まず、ちょっとしたエピソードを紹介したい。二〇一九年一〇月、Piston の会合に参加した路線組合 BAPJODA は、「来週月曜に行う運輸省前のデモにタギッグ市から三〇名参加してほしい」と要請された。メンバーは「はい、わかりました！」とその場では気のいい返事をする。バイクにまたがってエンジンをかけると、「いやー三〇人？ そんなの絶対無理だろ、いししっ」と笑いながらタギッグ市に戻っていく。政治組織の言うとおりに動かされる人々ではなく、路線組合とそのメンバーは、自律的に考え、動く人々なのであった。

こうした路線組合の自律性は、どの政治組織とつきあうのかを自ら決める際にもっともよくみえてくる。たとえば、エドサ通り沿いの路線組合の代表であるT氏は、長年にわたって Pasang Masda に加入していた。しかし、運輸省が彼の路線へ介入し、そのフランチャイズの更新を差し止めたとき、

Pasang Masdaのオベットが政府側の主張を支持したため、彼はPasang Masdaを脱退し、Stop&Goに加入してマグノの助力を得て、フランチャイズの再登録を行った。にもかかわらず、二〇一八年一〇月の時点で近代化事業に対してStop&Goが明確な方針を示さなかったので、T氏の路線組合は今度は左派のPistonに加入し、行動を共にしていた。この事例は、路線組合が状況に応じて活用できる存在として政治組織を出入りしていることを示すものだ。さらに他の事例では、フィリピン大学ディリマン校−SM North路線の組合は、Pasang Masdaが日々の会費の支払いに口を挟んだり、組合の発車係を無理やり変更する圧力をかけたことをきっかけに同組織を脱退した。このように、政治組織による運行への介入が自律性を侵害するものとみなされ、組合側によって斥けられた例である。

近代化事業へPasang Masdaのような政治組織が関心を寄せているあいだに、多くの路線組合はPistonによる「ジープニーの廃止に反対する連盟」(No to Jeepney Phase Out Coalition)に加わっていった。なぜなら、近代化事業によるフランチャイズの統合は、小規模オペレーターやドライバーにとって死活問題であったためであった。T氏の例が示すように、路線組合はつねに政治的状況、そして政治組織の行為をよく観察し、そのなかでいくつもの政治組織を出入りすることで自律性を維持してきたのである。さきにACTOのデ・ルナが語った五〇〇の路線組合が傘下にいるという数字は、路線組合の自律性を鑑みるに、正確なものではないだろう。路線組合は、様々な政治組織をネットワークとみなしており、必要なものを得るために結びつき、不都合があれば離れていく存在である。政治組織と路線組合の関係性は、組織する側と組織される側、導く側と導かれる側、という垂直的なものではない。包括する組織というよりも、つながっては離れるネットワークであった。

また、路線組合も決して一枚岩な集団ではなく、同一路線内で分裂を繰り返して離合集散している。その例が顕著にみられる郊外のアンティポロ市から商業施設が集中するケソン市クバオ地区の路線を取りあげる。ここでは、四つの路線組合、一つの協同組合が、同じ路線内で対立しながらも協働している。一九七〇年代まで歴史を遡れば、アンティポロ－クバオ路線は一つの組合のもとで運行されていた。しかし、当時の代表が組合の資金に手を出したため、多くのオペレーターはその組合から離れ、新しい路線組合を設立することで二分化した。さらに、新たにフランチャイズを得たオペレーターは、独立した新しい組合を立ち上げた。加えて、一九八二年にフェルディナンド・マルコスの政策から交通協同組合が設立（一〇六頁）した。そのため、同路線には、現在、七〇台、八三台、五〇台、一〇〇台のジープニー車両で構成された四つの組合が存在する。個々の運営においては、それぞれが独立した代表とメンバーによって会費を集めている。こうして路線を運営する組合が分裂し多元化していく性質は、ジープニーセクターにおいてめずらしいものではない。二〇一四年の調査によれば、マニラ首都圏全体で六七七のジープニー路線が登録されていた。仮にアンティポロ－クバオ路線のように組合が分裂を繰り返した場合、一〇〇〇以上の路線組合が存在することになる（ITPL 2014）。

過去の軋轢や汚職にもかかわらず、さきの四つの組合は協働している。とくに、ジープニーターミナルの維持には、そうした協働を明確にみてとることができる。具体的にいえば、アンティポロ市のターミナルの土地を借りるには、月々七万六〇〇〇ペソが必要である。一つの組合では決して捻出できないこの費用を四つの組合で分担している。ターミナルの敷設には、ある程度の広さで利便性の高い市街地の土地を借用しなければならない。立地に大きく左右されるが、それには二万～一〇万ペソ程度の費用がかかる。そのため、組合と組合間の協働は、路線を共有する人々にとって乗客をよりすばやく乗せるターミナルを運行するために必要であり、多数のドライバーとオペレーターにとって日々の運行を支えるプラットフォームとなっている。共通の利益があるため、オペレーターやドライバーは組合に加入するのである。

同時に、協働は集団内での利害、汚職といった軋轢を生じさせる。協働と分裂が繰り返されてきたのは、アンティポロの事例からもよくわかるだろう。そのためオペレーターやドライバーのなかには、会費の支払いを嫌い、加入しない例も多数存在する。タギッグ市のバグンバヤン-パシッグ路線で一九九〇年代から運行するドライバーは、BAPJODA を含む路線組合に決して加入しないという。「組合に加入したっていいことはない。ずっとうまくいく組合なんてないからだ。会費を払った、払っていないで揉めなきゃならない。自分の運転がうまければ、組合なんかに頼る必要はない」と語る。このドライバーの語りは、第三章でみてきたビヤヘ（運行）の自律性がいかにジープニーの組織やネットワークの性質に決定的な影響を与えているかを示すものだ。外からみればジープニーを取りまとめているような路線組合自体も、個々のオペレーターやドライバーにとっては、必要であれば加入し、不利益があれば離脱できるネットワークのハブに過ぎない。路線組合の存在は、ジープニーを運行する十分条件（より利益のある運行）であっても必要条件ではない。なぜならバウンダリーシステムに基礎づけられるかれらの働き方は、自律性と対等性のもとで競争と協働を行うからだ。こうして参加と退出、分裂と協働、離合集散を繰り返すため、時に路線組合の代表ですら、動き続けるメンバーの数や状況を正確に把握できないのである。

以上でみてきたように、政治組織と路線組合は、自律的で個々のモビリティの高いオペレーターやドライバーというアクターによって構成されている。こうしてジープニーセクターがつくり出すネットワークは、離合集散をその性格として変化し続けている。近代化事業が掌握を試みても失敗し続けてきたのは、この自律性につらぬかれるネットワークが支配を斥けてきたからである。政治組織、路線組合、オペレーター、ドライバーは、前者が後者を取りまとめていく垂直的なものにみえながらも、実際は水平的な関係であった。自律的なおっちゃんたちは、様々な競争と協働を繰り返し、このネットワークを融通無碍に生成し続けてきた。では、リゾーム状（地下の根茎）で離合集散するネットワークから、おっちゃんたちはどのように地上の公共圏での連帯した政治的行為を行うのだろうか。

第3節　現われの場を紡ぐ見えない行為

リゾーム状のネットワークは、政府による一元的な統治や管理から逃れる自律空間を創出する。しかし、近代化事業が法的な権利剥奪を実施する際、離合集散によって権力による支配から逃れることは、不可能であるだけでなく意味がない。なぜなら、権利剥奪はジープニーセクターによる運行の正当性を停止させるからである。そのため、ジープニーセクターは、逃散し自律性を保持するだけではなく、強固な連帯感から政治主体をつくり出し、公共圏でのポリティクスに介入しなければ排除の圧力を変えることができない。どのようにして連帯感や集団意識をつくるのか。その一つの方法がストライキという政治的行為である。だが、それぞれが自律性をもつため、Stop&GoやPistonといった政治組織の代表による鶴の一声でストライキを組織できるわけではない。かれらは統括する存在ではない。では、ストライキというジープニーセクターによる連帯した政治的行為はいかにつくり出されるのだろうか。

本節では、二〇一九年九月三〇日に実施されたストライキ[6]について BAPJODA の事例から検討を行う。前節で触れたように、このストライキは、Stop&Go が発起人となった「公共交通車両の廃止に反対し、正しい近代化とリハビリテーションを求める同盟」によるものである。このストライキの影響として、マニラ首都圏に限れば[7]、カローカン市、ラスピニャス市、マラボン市、マニラ市、マリキナ市、モンテンルパ市、パラニャーケ市、パサイ市、パシッグ市、パテロス町、ケソン市、サンファン市、タギッグ市、ヴァレンスエラ市の教育機関が休校になり、複数の政府機関も休止することになった（Rappler 2019）。交通ストライキは都市を停止させ、経済活動を麻痺させ、その影響力を政府にみせつけることで交渉力（bargaining power）を得る政治的行為である。事実、運輸省は、このストライキによって近代化事業の期日の延期を決定した。発起人であったマグノは、「このストライキで運輸省のマーク・デ・レオンが近代化事業を延期したことはおれたちの（政治的行為の）勝利を示している」と電話で答えた。

このようにストライキは、政府の強硬な政策とその実施に対して、介入し変更させる有効な政治的行為である。しかし、ストライキがどのように可能になるのかは、先のような新聞記事に書かれる話だけでは理解できない。Piston のサン・マテオによれば、ストライキは一つの水準の政治的行為によって組織される。「厳密な用語では、労働ストライキ（*welga*）は抗議行動（*protesta*）と労働者による

路上で立ち往生する通勤者[9]

作業停止（work stoppage）の組み合わせによるものだ。[8] 報道でよく用いられる *tigil pasada* は（後者の）作業停止を意味する。Piston が交通ストライキを行う時、それは *welga* を意味する」と彼は説明した。

ここで重要なのは、交通ストライキが二つの政治的行為の形態（抗議行動と運行停止）によって構成されるという認識である。この二つは、それぞれ可視的な政治領域で行われるものである。抗議行動（*protesta*）とは、デモのように人々が集まって通りを進行し、スローガンを唱えて意思を表明すること、集会所に集まって演説や話し合いを通じて意見や要求を訴える行為を指している。「*tigil pasada*」とは、作業停止と近しい意味をもつが、ジープニーセクターならではのニュアンスを含んでいる。「*tigil*」はタガログ語で停止する、止まる、中断するという意味をもつ動詞であり、「*pasada*」は定期的な運行、走行、通過などを意味する名詞である。二つの言葉が合わさって「運行停止」を意味する。定期的な運行を意図的に停止することは、日常生活に密着した交通のリズムを途絶えさせることで、経済や社会的諸活動の循環に打撃を与える行為となる。

サン・マテオによるストライキの二つの水準は、*protesta* という公共圏での抗議活動が *tigil pasada* という連帯にもとづいた運行停止と分けられないことを示している。しかし、抗議活動も運行停止も、離合集散するネットワークをまとめ上げなければ実行することはできない。ストライキという現われの政治は、その基礎を不可視な政治領域に依存している。九月三〇日のストライキを例にとっても、マニラ首都圏の四六箇所で抗議の集会所が設けられた。関係者へのインタビューでは、その抗議行動の場に現われたのは、一五九六人のドライバーやオペレーターであった。この人数は、マニラ首都圏に存在する三万人のオペレーターと一〇万人を超えるといわれるドライバーのほんの一部にすぎない。しかし、この現われは、都市を停止させ、それによってかれらの声を政府や公共圏に届けさせる。では、垂直的で強力な構造をもたない中で、「現われ」の場をつくり出し支えるインフラ政治は、どのようにしてストライキを組織しているのだろうか。

このストライキの組織化の過程はとても重要だ。だが、思いもよらないようなスペシャルな方法や実践があるわけではない。どれもとても重要な「地味で些細な」行為なのだ。現われの政治の舞台裏では、黙々とふだんの生活とあまり変わらない方法、たとえば、影響力のある地元のリーダーやオペレーターにお願いのための挨拶に伺う、政治的にアクティブではない路線組合に伺って協力をお願いする、ストライキ決行の日にランチで何を提供するべきなのかを話し合う、限られた予算でそれを手に入れるために知人や親族の養豚場を訪ねる、そうしたこれまでかれらが生きて関係をもった様々なネットワークを駆使する活動がある。どのような運動も、こうした舞台裏を担う人々がいなければ、決して持続することも、かたちを保つこともできないだろう。

では、タギッグ市のBAPJODAがどのようにストライキを組織していったのかを追っていこう。BAPJODAの路線は、近代化事業の試験路線として選ばれ、他地域に先立って近代ジープニー、効率的な車両運行管理が導入された。その点では、近代化事業に対する反対の熱意は、他の路線組合と比較しても高い。だが、同路線を運行するオペレーターとドライバーの全員がストライキに参与するわけではない。地道な交渉と説得、挨拶回りから徐々にストライキの引き受けと支持をお願いしていた。なぜなら、オペレーターもドライバーも自身のビヤへを決定する自律性をもっているからだ。望めば運行するだろうし、望めば運行をとりやめる。さて、底流を満たし、渦を巻き、互いに絡みつくようなおっちゃんたちのインフラポリティクスの世界へ向かおう。

日々繰り返し語りかけ続ける

第三章でみてきたように、ジープニードライバーは日々自身の運行について考え、高い自律性を有する。この自律性はリゾーム・ネットワークを構成する原動力でもある。近代化事業とその車両が自分たちの路線を荒らしている、あるいは収入を減少させる原因であることを、かれらは体感として感じている。しかし、だからといってそれが反対運動への理解、自身の「生活」を犠牲にして運行停止する理由と直結するわけではない。BAPJODAのメンバーのように、Pistonの会合に参加するなかで、かれらの経験を政府の問題として認識し言語化することは、同じ路線で競争し合うことから協働に変わっていくために不可欠なことであった。

フィールドワーク中、BAPJODAのメンバーの助手席でお釣りの計算を行っていると、バグンバヤンのターミナルでの待ち時間、あるいはそれぞれのガレージでメンテナンスをする間に、何度も近代化事業の問題性が訴えかけられるのを耳にするようになる。とりわけ代表であるサルディは、ターミナルの小さな食堂で昼食を食べてソフトドリンクを飲み、タバコをふかす傍らでラジオのようにそこにいるドライバーに話しかけ続けている。ドライバーは、また彼が活動家みたいに語っているよ、と何十回も聞いた話を食堂のテレビをみながら聞き流している。

この繰り返し語り続けることとは、まわりのドライバーを即座に覚醒させるようなものではない。しかし、日々の運行の合間、メンテナンスの合間、こうした言葉がおっちゃんたちのまわりを取り囲んでいる。サルディに至っては、近代化事業について批判的に語ることが身体化し過ぎて、彼の父が亡くなった葬式の通夜のあいだも親族相手に同じ話をしていた。海外企業の顧客データの分析・管理を仕事にするサルディの息子に、「なんであなたのお父さんは、葬儀のあいだも近代化事業について話し続けていたの？　まえから彼はああだったの？」と尋ねると、少し時間をおいて息子は、「お父さんはね、嬉しいんだよ、ああやってみんなの前で話せることが。お父さんは、この田舎のビコールで教育を受けることができなかった。だからPistonで言葉を学んで、それを堂々としゃべれることが嬉しいんだと思う」と答えた。

サルディは、左派の言説を学び、そのイデオロギーに取り憑かれているというよりも、その言葉を使って多くの人に話しかけ、その声が聞かれること（同時にスルーされることでもある）に能動性を感じていたといえる。もちろん、近代化事業は、BAPJODAが走る路線の大きな問題であり続けている。サルディが熱心に擦り切れるほどに語りかけ続けることは、日常の運行で精一杯であるドライバーたちのあいだに「生活」や「権利」、それらを守るための「戦い」としての「運行停止」や「ストライキ」といった言葉を浸透させていく。

BGMのような言葉

九月一三日、サルディが利用するガレージの敷地でPistonの代表を招いた会合が開かれた。開始予定は一五時だった。メンバーは九時過ぎにバラバラと集まってくる。ガレージの一角を会合の場として利用する、といってもただのガレージにはメンテナンスの道具しかない。まずは椅子を地元政治家のオフィスに借りにいくところから準備ははじまり、昼食をつくってドライバーやオペレーターに振る舞って一緒に食べる。その間も、ガレージ内でジープニーの修理をしているドライバーもいる。若いドライバーを囲んで熟年のドライバーが横から「あーそこはそうじゃない」とか口出しをしながら、代表らがくるのを待っていた。代表が到着し、Pistonがつくったビラが参加者の手に渡っていく。抜粋した内容は以下のようなものだ。

二〇一九年九月三〇日の運行停止、ジープニーとUVエクスプレスの廃止に反対するために！そして公共交通機関に対する独占企業の支配を強制する国家の圧力に抵抗しよう！　二〇二〇年七月一日には、ジープニーが廃止されるといわれている！　……問題は政府にあり、公共交通におけ る基本的な役割を果たすことから逃げている。公共サービスの責務を回避しつつ、政府は公共交通機関を搾取の対象にしているのだ。すべての書類や手続きには高額な料金がかかり、手続きはわざと複雑で時間がかかり、賄賂の温床となっている。間に合わない人々には過度な罰金が科されている。さらに悪いことに、近代化や交通問題の解決策と称してドライバーや小規模オペレーターの生活（*kabuhayan*）を奪い、大企業や外国企業の独占的支配に引き渡そうとしている。……最終的には企業や大資本家だけが路線やフランチャイズ、車両から利益を得るようになる。そして、高額な車両やターミナル、ガレージ、その他の要件を負担するために、運賃が引き上げられるのは確実だ。……これは、大企業が新しい車両やターミナルを通じて参入し、ドライバーやオペレーターの生活を奪うための明らかな策略である。さらに、労働者や学生、その他の通勤者も運賃の大幅な値上げに苦しみ、乗り換えの手間も増えるだろう。……だからこそ、さらなる意識啓発、組織化、そして戦闘的な集団行動が必要だ。私たちの生活を守り、私たちの民主主義的な権利（*karapatan*）に対する圧力やファシスト的な攻撃を跳ね返すために。ドライバーや小規模オペレーターの戦い（*laban*）は、労働者や通勤者、そして国民全体の戦いでもあるのだ！

参加しているバグンバヤン-パシッグ路線のドライバーやオペレーターの顔つきは様々だ。真剣そうに代表の顔と手元のビラを往復してみている者、ぼーっと様子を眺める者、タバコをふかす者、スマホでFacebookの投稿をみている者。BAPJODAのメンバーやメンバーが連れてきた未加入者もその場で話を聞くのであった。

サルディィは、彼自身のガレージを開放し、地元政治家とのネットワークからテントや椅子を借り、少額ではあったがランチ用の費用を得て、それにメンバーからのちょっとした金銭的援助をつかって昼食を振舞う。BAPJODA の路線だけではなく、マカティ市の交通の要所であるガダルペ地区、タギッグ市ティパス地区の路線組合の代表とそのメンバーにも声をかけた。なぜならストライキの運行停止は複数路線間での協働がなければ交通を麻痺させるインパクトをもたないからだ。バグンバヤン－パシッグ路線は、南北に非常に長く車幅の狭い路線である。南端のバグンバヤン地区から北上すると、多くの住民は、交差するパテロス町でガダルペ行きジープニーに乗り換える。ガダルペ地区は、エドサ通りに接するハブであり、そこからマカティ市、マニラ市、高架鉄道でケソン市やパサイ市につながる。あるいはパテロス町を通り過ぎてパシッグ市の市場まで向かう。ティパス地区も二つのジープニー路線によってパテロス町やパシッグ市場と結びついているため、運行停止によって同地区に与える影響は大きい。

旧知の仲でもある三つの路線組合の代表にも会合への参加を呼びかけた。Piston の代表がモンテンルパ市アラバン地区の同様の会合に移動してから、サルディらはエンペラドールを買ってきてタガイをはじめた。サルディが近代化事業の危険性を訴える言葉自体は、Piston のビラで書かれていることと大きくは変わらない。生活、権利、路線統合からフランチャイズを守るための団結と戦い。それらの言葉を何度も繰り返す。しかし、私には酒を酌み交わしながらその場を共有し、それぞれの路線組合の代表が共に居ることが重要なようにみえた。彼の語りは、飲み会のＢＧＭのように繰り返されながら、各路線組合の代表たちは、最近あった出来事、それぞれが少しずつ共有する路線上で起きた事件や交通事故、共通の知り合いであるメンバーのことなどを語り合っていたからだ。ドライバーたちは、オペレーターとそりが合わなくなれば、同一路線の別のオペレーターの車両を運転するか、あるいは隣接する路線のオペレーターへと移動する。多くのドライバーは、かつてはティパス地区やガダルペの路線で運転していたことがある。「アイツは最近どうしているんだ？　いまのオペレーターとうまくやっているか？　前みたいに殴り合いの喧嘩はしていないか？」など、メンバーの話に耽っている。その合間にサルディの近代化事業、生活、権利、路線統合……といった言葉が抜けていくのだった。政治的言説や言葉の重要性は、政治学や政治理論では何よりも強調されている点だろう。しかし、どうにもガレージやタガイの場では、それはたしかに重要ではあるが、唯一重要なものというわけでもないようであった。

心配りによるケア

九月二一日、BAPJODAはストライキに向けた具体的な段取りについてミーティングを行った。そこでは間近に迫ってきたストライキの当日に向けて必要な機材や物資、あらためて運行停止の協力をお願いするオペレーターなどについて話し合われた。

なかでも時間が割かれたのが、当日のお昼、何をランチとして提供するべきなのかという点である。ストライキの集会所に足を運んでくれるドライバーやオペレーターは、その日の稼ぎを犠牲にして運行停止を選択した人たちだ。その人たちにケチを付けられないくらいのランチは提供したいため、議題は熱を帯びたのであった。しかし、予算は本当に限られていた。私が冗談混じりで「ジョリビー（フィリピンで人気のファストフード）でいいじゃないか」と投げかけると、メンバーはキッと私の方を向いて「ジョリビーはダメだ。金がいくらあっても足りない。腹が満たされない。重要なのは腹が満たされるランチだ」と語る。予算は限られているが、かれらは様々なネットワークをもっている。メンバーであるジョセフの兄が郊外で養豚をしているため、そこから安く豚を仕入れることで話がまとまった。けれど、もう一品くらい何かつくれないか、とまた頭を捻って考えていた。

ジープニーのおっちゃんたちは、食を共にすることをとても大事な事柄として受けとめていた。それは会合で話される内容より場合によっては重要なことである。BAPJODAの会合に参加することは、そこで提供される飯を食べることでもあった。それについて共食の文化として論じることもできるが、ストライキのための運行停止への協力は、まず腹を満たすこと、参加者の犠牲に報いる食べ物を提供する心配りが重要なポイントであった。その心配りはケアとしてみなすこともできるだろう。

九月二八日、ティパス地区の路線組合の代表とメンバーのミーティングでは、まずティパスの代表による「私たちのメンバーはまだ寝ています。ですが、近代化事業の圧力は高まっている。寝たままではいけない。起きなければならない。ケンカだけをしているようではダメなんだ」という言葉からはじまった。彼に続いてサルディも運行停止とストライキへの参加を呼びかけた。

この戦いにティパスの路線組合が加わってくれることはとてもありがたい。でなければ、私たちの生活そのものであるジープニーが失われてしまうかもしれない。私たちのフランチャイズを守らなければなりません。私たちは状況に押しやられ、ドアのところでなんとか踏みとどまっている。ストライキは政府への戦いというよりも、私たちの権利であるフランチャイズについて話し合うためのものです。私たちはいつも路上で運転をしながら互いの調子を聞き合います

(*kumstahan*)。あるときはとても良いビヤへだし、あるときはまあまあで、あるときは少しだけ。もちろん、いつでも最高のビヤへであってほしいと願っています。［参加者がふふッと笑う］でも、そうではない時もある。私たちが互いの調子を聞き合うのは、それが私たちの生活にとって互いに大事だからです。さきほど（ティパスの）代表はメンバーが寝ているといいました。でも、運転する以上寝ていることはありません。運転するなかでその目でみて、気づいているはずです。ただイシューに向き合っていないだけです。でもイシューはすでにここにあります。次世代のためにも、このイシューに向き合うことが必要です。運転が続けば、子どもは大学を出て、ひょっとしたらドクターにだってなるかもしれない。弁護士になるかもしれない。いまはまだスナック菓子を食べているだけの子どもたちでも。だから、この子たちの未来をみたいと思いませんか。そのためにもタギッグの路線組合は団結しないといけません。もし運行停止で家族のご飯を心配するようなら、あなただけではなく家族もストライキに連れてきてください。私たちはあなたたちのランチを用意しています。イシューから目を背け続ければ、希望はありません。ストライキは対話の場所です。話に来てください、そして熱く（*mainit*）なってください、そして自分たちの正しさを伝えましょう。冷たく（*malamig*）あっては、希望をつかむことはできないでしょう。

あなたの家族にもランチを用意する。ストライキは、皆にとっての場所である。ランチがあるとは、そこにあなたのための席があるというようなものだろう。食事を用意することは、自らの正当性、自らの価値を表明する場である現われの場が自分たちのケアと思いやりと行為によって成立していることを示す。

スト前日、奔走するメンバー

九月二九日、早朝に行われたミーティングの内容は、ほんの手のひらサイズのメモに収まるものだった。一番上に「FOOD」、二番目に「BOD = Pangulo」、三番目に「MARSHALL」、四番目に「FRONT」と書かれていた。FOOD は昼食を用意すること、BOD = Pangulo は、Board of Directors つまり抗議行動の際に外部から呼んでくる活動家の案内役とスピーカーを Piston オフィスから借りてくる役、MARSHALL は、綴りが間違っているが道路の一部を閉鎖するためその際に交通の整理を行う役、FRONT はマイクを握って抗議のスピーチを行う役である。

早朝ミーティングで翌日の役割を確認した後、FRONT を中心とするメンバーは翌日のストライキについての最後の挨拶回りへとバイクに飛び乗り、FOOD グループは食材を得にジープニーで郊外へと向かう。まず前者の動きをみていこう。

最後の挨拶回りに向かったメンバーたちは、大規模なオペレーターのガレージを訪ねた。写真（右中）の様子は、MEGADAK と呼ばれる七二台の車両を所有するオペレーターのガレージである。サルディは、このオペレーターの同意を引き出すためにドライバーの共感を得なければならなかった。彼は九〇分以上話し続けた。MEGADAK のジアンというオペレーターは父からこの家業を受け継いだためとても若い。彼はサルディと目を合わせることなく、遠くの方を眺めるか、スマホをイジっていた。まわりで二〇名近くのドライバーも話を聞いていたが、タバコをふかしながら静かだった。話しかける内容に大きな差があるわけではないが、四〇分を過ぎた頃に静かに聞いていたドライバーが声を出して笑い、共感が生じた。その前後は以下のようなものであった。

一部の仲間がいうには、（近代化事業で）最初に影響を受けたのは私たちドライバーだ。運輸省の長官は、ドライバーたちは自分たちの収入をきちんと把握していない、オペレーターはドライバーを管理できていないという。だがそれは間違っている、そうだろ？ ドライバーが運転して稼ぐことは、オペレーターの収入になっている。私たちは、互いにとって不可欠な存在で、管理する／される関係ではなく相互にリスペクトし合う関係だ。近代化事業の協同組合をみてほしい。ドライバーがいくら頑張って運行しても、その（稼ぎの）ほとんどが組合にもっていかれる。ほんの僅かな金が手元に残るだけ、それが効率的運行車両管理だっていうんだ。おかしいだろ。おれたちの収入は高いわけじゃない、毎日寝不足（*puyat*）になれば、ちゃんと稼げるだろう？ ［ドライバーたちが笑う］おっと、いらんことを言ったな。けど、実際そうだろ、おれたちはそんなふうに運転して生きている。おれもお前もドライバーだからわかるだろ。おれたちの運行のシステムはそのようにできている。政府は睡眠時間を削って走るおれたちをケンカばかりしているという。そうじゃない。

「寝不足」や「夜更かし」を意味する「*puyat*」という言葉が鍵となって、彼の言葉がドライバーたちの感情と応じ合うようになった。この言葉は辞書的な範囲ではセクシュアルな意味合いをもたない。

LTFRB 24/7 Hotline
MAX. PASS
TEXT
IBOTO!!!
BONG
REVILLA
SENADOR

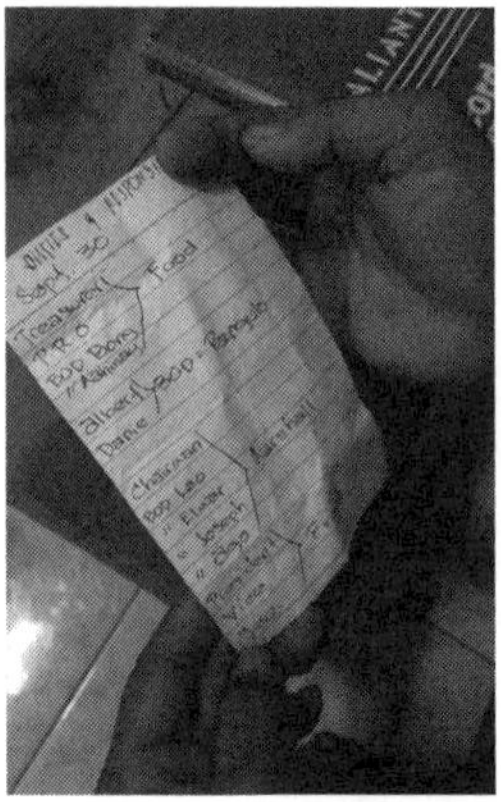

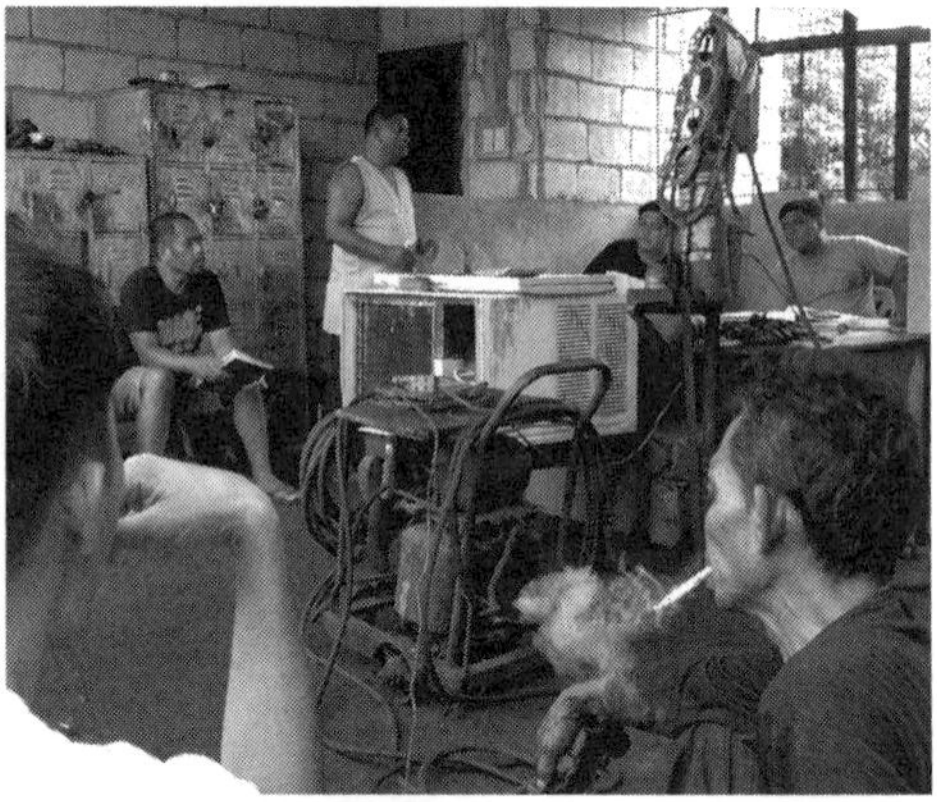

だが、ここで生じた笑いは、ドライバーがパートナーとイチャイチャする時間を「夜更かし」や「寝不足」とイメージさせ、そのイチャイチャタイムを削って家族のために運転するという、*puyat* の意味合いがドライバーたちのユーモアの感覚に刺さったため生じたと考えられる。[11] こうしたサルディとドライバーたちとの感情的高まりを MEGADAK のオペレーターは醒めた目でみていた。九〇分に及ぶこのスピーチを一応最後まで聞き遂げて、ジアンは「あい、わかった。運行停止の件は了解したよ」といい、トヨタの白いSUVに乗り込み、「緊急事態が生じたらしい」といってガレージを出ていった。

寝不足や夜更かしのような明らかに非政治的な言葉が、ドライバーたちにとっては重要な言葉であった。サルディは、この笑いが生じるまでの四〇分間、様々な言葉をドライバーに投げかけていた。ときに理性的な分析、ときに活動家の情熱的な弁舌、無数にある言葉の中から、ここでクリーンヒットしたのはたまたま *puyat* であった。重要なのは、届く言葉を探し続ける熱意である。同じ言葉であっても、その受け取られ方、その意味の理解は、コミュニケーションの性質に左右される。四〇分かけて言葉を探す行為は、ドライバーの感情的な起伏をその都度その都度ケアするようなものであった。

もう一方のグループは、マニラ首都圏郊外のタナイ町までジープニーを走らせている。前回のミーティングで話し合ったランチのメニューを安くつくるためだ。ファストフードでは、腹も満たせないし、お金がいくらあっても足りない。メンバーの兄がタナイで養豚を営んでいるため、そこに向かって走る。八〇〇〇ペソで豚を仕入れることになっていた。六人のメンバーがジープニーに乗り込み、アクセルを踏み込み軽快なエンジン音を響かせながら、車両は風を切って進む。養豚場で豚を解体する傍で、少しくらいならいいだろうとジョセフの兄と近所の人と酒を飲みはじめた。「おい、サルディに怒られるぞ」と窘める者もいたが、少しくらいなら大丈夫だって、とビールを回し飲んだ。日が暮れる頃に、タギッグへと帰った。メンバーはそのまま調理をはじめた。廃材を燃やして大きな鍋で米を炊く。豚はアドボにした。豚肉を酢などでマリネした煮込み料理で、フィリピンの国民食みたいなものだ。もう一品は、ラインと呼ばれるビコール地方の郷土料理だ。BAPJODAのメンバーには、ビコール出身者が多いこともあるが、なによりお金をかけなくてももう一品つくれるからだった。ラインは、タロイモの葉を唐辛子、ニンニク、ショウガ、レモングラスなどと一緒にココナッツミルクで煮込んだ料理である。タロイモの葉を煮込むと強い灰汁が出て、ちょうどミルクを入れたコーヒーくらいの色になっていた。ジョセフは、その灰汁を「カフェだ」といって仮眠を取っていたメンバーを起こして飲ませて笑い転げていた。「ああ、ごめん、カフェといってもコーヒーではなくて、チャー(お茶)の方だったかも」と付け加える始末である。とても苦い。みんな少しずつ口に含んでみてはその苦さに笑い、夜通しで料理を続けた。

第4節　舞台へとあがるおっちゃんたち

ストライキは、怒りとともに自然現象のように突然発生するわけではない。前節でみてきたように関係の活性化、交渉、挨拶回り、そしてケアともいえる心配りをもってようやく紡がれる舞台がストライキといえる。スコットのインフラポリティクスの概念からすれば、運行停止への理解と協力のための奔走は、一般的な政治のレンズでは捉えきれない赤外線のようなものであり、不可視でありながらもエネルギーに満ちている。本節では、自らが紡いだこの晴れ舞台に現われることがどういった意味をおっちゃんたちにもたらすのかを考察する。

発起人となったマグノによるストライキの評価に立ち返れば、「このストライキで運輸省のマーク・デ・レオンが近代化事業を延期したことはおれたちの（政治的行為の）勝利を示している」という文言は、ストライキが政府との交渉力を引き出す利害の政治であることを示す。たしかに、ストライキは政府に対して圧力をかけて、交渉を引き出すためのツールである。それは憲法において保障された権利でもある。今回のストライキの目的は、政府の近代化事業に反対し、介入することで事業を中止させること、あるいはフランチャイズの要項について変更させることだ。しかし、ストライキはそうした目的を達成する道具や手段といった理解に限定されないポリティクスを宿している。なぜなら、これからストライキ当日の様子を描きながら論じていくように、おっちゃんたちは、明らかにストライキに祝祭性を感じながら喜び、楽しんでいたからだ。ストライキには、その交渉力という手段以上の意味がある。どのような意味だろうか。

おっちゃんたちがストライキを少し心待ちにする感覚は、九月三〇日のストライキの際にはじめて感じたわけではない。その一年前の二〇一八年八月、近代化事業の圧力は徐々に高まっていた。Piston のミーティングに参加した際、四〇代半ばのアントニオが「ストだ！　ストライキをするしかない！」と声を張り上げ、イキリ立った。しかし、その声はどこかユーモアさを含んでいて、ちょっとした祭りを楽しみにするかのような雰囲気を帯びていた。アントニオの掛け声は、その場では勇み足過ぎだと見送られたが、二〇一九年九月三〇日のストライキにも、彼の声に含まれていた感触があった。

具体的な考察は、ストライキを描写した後になるが、交渉力とは異なるストライキの効果は、ジープニーセクターの集団意識や政治主体をストライキによって行為遂行的につくり出し、自らの力や価値を可視化することにある。おっちゃんたちが都市を日々つくり出しながらも、自らの、そして自分たちジープニーセクターのもっている力を実際に目にするのは、ストライキで都市を停止させ、その停止させる事実から自らの力や能力を観ることによってである。祝祭性を帯びる理由は、自分たちには信じられないような力が宿っていることをその行為を通じて可視化し、それを目にすることで驚き、そして喜びを感じるからである。

「ご近所の皆さん、私たちは運行を停止しますよ〜」

BAPJODAのメンバーは徹夜あるいは僅かな仮眠で朝を迎えた。メンバーの自家用車にPistonから借りてきた巨大なスピーカーを搭載する。まだ五時半の早朝だった。サルディは、プロテストのためマイクとスピーカーの調子を確認している。配線がどこかで断線しているようで、なかなか音が出ない。何度か配線を見直してようやくつながった。彼はマイクを手に取って第一声に喜びの感覚をのせ、「あー、ハロー、サウンドチェック、ハロー、サウンドチェック。ご近所の皆さ〜ん、私たちは運行を停止しますよ〜」(*Ah, hello, soundcheck, hello, soundcheck. Mga kababayan po~, tigil pasada tayo~*) とのんきな感じで呼びかけた。鶏のコケコッコーという鳴き声と一緒にストライキの朝を告げた。

集会所であるヴィスタ・モールの前におっちゃんたちが徐々に集まりはじめた。テレビのメディアクルーも来ている。現われの場であり、公共圏へと自らを露わにする舞台は整った。サルディは眼鏡をかけていた。おそらく伊達眼鏡だろう。後にも先にもその日だけだったから。若い頃にバイク事故で前歯を失ってから、グリーンマンゴーを手に取る度に「おい、歯もねえのに食べれるのか」と仲間にからかわれ、「奥歯はしっかり在る」と頬張りながら笑って答える彼もその日ばかりは、彼が想い描くバッチリな感じで現われた。マイクテストののびのびとした口調とは変わり、めかし込んだ言葉遣いで報道のマイクに向かって、道ゆく人々に向かって、政府に向かって、この都市に向かって言葉を投げかけた。

おはようございます。この朝の集いは、いまの近代化事業によるドライバーとオペレーターの生活（*kabuhayan*）の破壊に反対するための集会です。この近代化事業は大企業のためのものです。私たちはフランチャイズも路線も奪われてしまいます。そのため、近代化事業の要となっているフランチャイズの統合を廃棄しなければなりません。この朝、私たちがここに集まるのは、政府、運輸省、陸上交通許認可規制委員会の進める近代化事業は、私たちドライバーやオペレーターに生活をもたらさない虐殺を訴えるためです。近代化事業による問題、私たちの生活に対する虐殺を訴えるためです。参加者の皆さん、私たちの守るべき権利のために一緒に団結しましょう。

近代化事業は、私たちの生活、そして共につくり上げてきた関係を断ち切るものです。だから、

OFFICER
AMC
Ibasura ang
Pagkakaisa ng

皆さん、近代化事業のもたらす影響がいかなるものかをよく知ってください。仲間たちよ、私たちはよく知っています。この事業が私たちから仕事を奪うことを。ですが、これが私たちの仕事であり、生活なのです。このジープニーが私たちの家族を支え／養う（*ibuhay*）ものなのです。だから、仲間たちよ、あなたたちに呼びかけています。この集会所に足を運び、集まってください。ここで近代化事業について話し合いましょう。私たちの生活と権利を守るために。

市民の皆さん、ドライバーとオペレーターの戦いは、通勤者であるあなたたちも一緒です。この近代化のシステムは、あなたたちの生活にも損失を与えるでしょう。近代化事業はオペレーターに巨額の借金を背負わせ、その皺寄せとして運賃が値上がります。現在（二〇一九年時点）の初乗り九ペソからおそらく一八ペソ、最大では二五ペソに値上がりする可能性があります。ですから市民の皆さん、このストライキが何と戦っているのかをどうか理解してください。今日、この戦いは、あなたたちを含む「私たち」の戦いなのです。……ジープニーは何十年もかけて、米軍のウィリスジープを改造して一〇人乗りのジープニーをつくり、それは現在では二〇人乗り、二二人乗りへと発展しました。これは、私たちオペレーターとドライバーによる近代化、その長い歴史を表わしています。だからこそ、政府の実行する近代化ではなく、私たちに本当に必要な近代化とは何かを考えなければなりません。ジープニーは運輸省や陸上交通許認可規制委員会の遊びのおもちゃではありません。私たちの権利と生活を守り続けるための戦いをどうか理解してください。ですから仲間たちよ、ここに集まってください。

サルディのスピーチは、マイクが断線しているので時折ぶつ切りになりながら続いていく。運行している友人を見つけたドライバーが「停止するか」（*tigil ka?*）と問い詰めると、「このワントリップだけだから」と返す。運行するドライバーを見かけたオペレーターは、「今日のビヤへの後、一人で飲む酒はうまいか！　それで酔えるのか！」と笑いながら声をあげる。そのドライバーは今日のビヤへで稼ぎを得るだろう、いつもよりも車両が少ないから多くを得るだろう。けれど、今晩、そこで得た金で一緒にタガイを囲む仲間が彼にはいない。オペレーターのジョークを聞いて、まわりのドライバーも笑い合う。サルディらのスピーチに感化されたドライバーが路上の真ん中へスタスタと歩いていき、胸の前で手のひらを広げた。そして、近代ジープニーを強制的に停止させた。それをみたBAPJODAのメンバーは二人がかりで彼の腕を抱えて連れかえってきた。真面目な声明、怒り、笑い、楽しさ、おっちゃんたちのポリティクスは、実にかれらの生のあり方そのものを現わしているように観えた。数週間をかけて、このストライキの舞台をかれらの力でつくり上げた。途切れがちのマイクではあるが、それでも威勢よく語り続ける様子は、かれらが日々繰り返すアラガの仕方と地続きの印象を受けた。

早朝からはじまったストライキは、最初こそ沸騰するような熱が広がったが、徐々に平熱へ、プラカードを持ち続ける者もいれば、座ってその様子を落ち着いて眺める者も増えていく。一〇時半頃、はやめのランチを取る。頭を捻って、夜通し調理したものだ。メンバーの奥さんたちも、容器に料理を詰めるのを手伝った。ジープニーで運ばれてきた弁当を皆列になって受け取り、それを食べる。ランチを終えたら、ストライキの雰囲気はまた一段と弛緩したものになった。一二時近くになる頃、マ

BASURA

TUTULAN
ANG SAPILITANG
FRANCHISE
CONSOLIDATION!
-PISTON-
#SAVEOURJEEPNEY

イクを手にしたい者たちは、もう話すことを話し終え、ストライキのプログラムは消化し終えていた。

そして、どうしてだかわからないが、さきほどまで真面目な言葉を発し続けていたスピーカーを車のオーディオに接続し、ローカルなテクノミュージックであるブドッツ[12]を流しはじめた。ブドッツは一二〇〜一四〇ＢＰＭ程度のはやいテンポでパーティなどのダンスミュージックとして親しまれている。そのテンポに合わせて、何人かのドライバーやオペレーターが踊りはじめた。全員が踊っているわけではない、お調子者な数名が踊っており、それを眺める人たちと一緒に私も眺めた。この音楽も、この踊りの調子も、どこかでみたことがあった。それはBAPJODAのクリスマスパーティだった。年に一度のパーティでハメを外すおっちゃんたちの姿がストライキの場で現われていた。

一四時になろうとする頃、BAPJODAのサルディィがマイクからストライキの終了を告げる。「皆さん、今日は参加いただき、本当にありがとうございました。この場で話をしてくれた方々にも本当に感謝です。このタギッグの集会は、マニラ首都圏全体の一部です。Pistonからの話では、マニラ首都圏全体に対して一〇〇％の交通麻痺を成し遂げました［拍手と歓声が上がる］。このタギッグではすべての路線組合がこのストライキに参加しました。皆さんの助けがあって、この成果は成し遂げられました！　本当にありがとうございます！　四一四人が今日、この集会所に集まりました。次のステップは、この運動をさらに大きく、さらに多くの都市や街へと広げることです。私たちの団結によって対話が続くことを願っています。ストライキを行った今日という日、皆さんに、そしてタギッグの市民の皆さんに本当に感謝申し上げます！」。

午後三時を過ぎるとドライバーやオペレーターたちは次々と帰宅し、ストライキ中の禁酒が解かれたため、ガレージに戻った皆が仲間同士でタガイをはじめるのだった。

ストライキが可視化する意識と主体

九月三〇日に向けてBAPJODAが紡いだ現われの舞台は、前節でみてきたように非常にローカルなものであった。路線組合やタギッグ市といった特定の地域における知人や友人という関係に根ざしており、それらは日々の運行などで培われてきた。スコットのいうインフラポリティクスは、こうした非政治的領域における行為や関係性を公共圏などの政治と区分しつつも、それが現われの政治の基盤となりうることを捉えるための概念であった。ストライキという現われの場は、不可視の底を流れる領域での行為や想いから可能になったのである。このストライキでは、集会所に集まったのはマニラ首都圏全体で一五九六人だった。しかし、その現われは、その場に現われていない様々な人々に支持されているから可能となった。いわば、ストライキとは、都市の底から関係を積み重ねることで氷山の一角のように現われることであった。そして、一角が現われるからこそ、海中に沈む巨大な塊の存在が想像されるのである。

マニラ首都圏では、タギッグの事例のような集会所が四六箇所つくられた。加えて、マニラ首都圏の外部でもルソン島北部からミンダナオ島まで様々な都市でストライキが行われた。マイクからメディアに語りかける人も、自宅で休みながら運行停止するおっちゃんも、ストライキに参与している。止まる都市交通、集会に集まった人々、それらを目にすることは、自分たちがつくり出したストライキの影響力を認識することである。もちろん、政府や市民もそれを認識するだろう。

「ストライキをつくること」と「ストライキがつくること」は、異なっている。言い換えると、人々がストライキをつくることと、ストライキによってもたらされる効果は同じではない。こんな風にイメージすればいい。地元の祭りに駆り出され、一緒になってその準備をして祭りをつくることは、その祭りが地域社会を活性化し、深い愛着を経験させることとは異なっている。人々が協働してつくったものは、個々が行っていたことの総和以上であるということだ。

この点に留意してジープニーのストライキを考えてみよう。リゾーム・ネットワークでは、その全貌や全体性を把握できない。[13]ジープニーのおっちゃんたちは、たしかに特定の車両、特定の路線をつくり出している。どうやってそれをつくり出しているのかについて、あるローカリティの範囲では明確である。調査者である私にとって、当初、ある車両が、この路線がどのように運行されているのかは、あまりにも複雑で理解することができなかった。しかし、助手席や路上のガレージにいるうちに具体性をもって把握できるようになる。ストライキの集会所は、かれらが日々支え維持する領域と関係を引き寄せていくことでつくり出された。

だが、タギッグ市から離れたケソン市クバオ地区やナボタス市について、タギッグ市のかれらは同じように把握しているわけではない。逆に他の地域でジープニーを運行するおっちゃんたちもタギッグを理解しているわけではない。ジープニーセクターという全体性は、日常的経験の水準から想像することはできないのである。かれらは、都市において労働と睡眠を繰り返す零細で取るに足らない人間に過ぎない。ストライキがつくり出す効果とは、細分化してまとまらないリゾーム状のネットワークに象徴的瞬間を打ち立て、都市が停止／麻痺する瞬間性によって個別のおっちゃんたちが「おれたちジープニーセクター」という強大な集団の不可欠な一部であるという認識をもたらすことにある。別様にいえば、おっちゃんたちが運行停止によってストライキに参与することは、運転をする／しないという自身が繰り返す日常的行為こそがこの都市をつくっていたことを知ることである。

タギッグの事例においてストライキが祝祭性を帯びる理由は、*We are jeepney drivers and operators!* とでもいう全体性と連帯感、己の価値と能力に気づいたことへの驚きと喜びから生じている。マニラ首都圏という一三〇〇万人以上が生活する大都市を、フィリピンの広範な地域を「おれたちジープニーセクターが停止させる」ことは、自尊心をもちながらも同時に日々オイルと汗にまみれた労働者でもあるかれらにとって「おれたちがこの都市を、この社会を支え、つくっている」というこれまでの行為、いつもの繰り返しの行為と自身に宿る能力と価値を可視化する契機となる。都市交通がその日止まるのは、かれらが都市交通を毎日つくっているからにほかならない。周囲の環境に対する力の感覚は、自分自身に宿る力の感覚を呼び起こす（ハージ 2022: 170）。おっちゃんたちは、ストライキが可視化するジープニーセクターという全体性に個別の自己を結びつけ、自身に宿る力がこれをつくり出したことに気づくのである。

ストライキという行為は、その行為を行うことで「私たちは何者であるか」という集団意識と政治主体をつくり出す形式なのである。[14] ストライキの前に、「私たち」という共通する意識やアイデンティティが存在するのではなく、ストライキによってそれらが形成される。[15] その意識は、日々の自律的な運行やそれによるネットワークといったリゾーム的性質にみられるように、ストライキの後は徐々に薄れていく。しかし、この自律性に裏打ちされたネットワークこそが通常時においては統治されず生活をつくり出すために不可欠なものだ。そのため、ストライキによってつくられる「私たちは何者であるか」という集団意識は、その都度異なりうる。ストライキが行為として実行される瞬間まで、何が可視化されるのかを知ることができないためである。ストライキという行為が集団意識や政治主体をつくり出す形式であることについては、二〇二三年のストライキから（第九章）再び検討を行う。「私たちは何者であるか」という政治主体をつくり出すことが、公共圏のポリティクスといかに交わるのかについて考察することで本章を締めくくりたい。序章（四二頁）で論じたように、本章は複数の公共圏があることを前提としない。なぜならこのマニラという都市は一つしかないからだ。都市は、その人間が位置する場所で別様に経験される。言説の水準でいえば、日下が主張するように市民と大衆のあいだはカテゴリーとして区分されうる（日下 2013）。だが、その区分を前提とすれば、おっちゃんたちによる声明がなぜ否定され、ストライキをしてまで政府に介入するのか、その困難さがみえなくなる。さらに一つの公共圏において人々の現われを捉えることは、政治のあり方自体がその現われによって変わっていくことを考えるためにも不可欠である。公共圏という政治空間はおしなべて身体化されている（齋藤・竹村 2001）。歴史を遡れば、政治に参与できるのは成人男性だけであった。男性の身体とその身体が発する言葉によってつくられる公共圏は、その身体的区分をもとに女性を排除してきた。性差だけではなく、まっとうな服、まっとうな髪型、まっとうな言葉、そうした区分によって特定の身体が公共圏を構成することは現代でも継続している。公共圏というテーブルにおいて、最初から用意されている椅子は、そうしたマナーを身につけていなければ座ることができない。「現われ」の政治の重要性は、すでに用意された椅子ではなく、自分たちにとっての椅子をつくり、テーブルに持ち込んで議論に加わることにある。自分たちで自分たちの椅子をつくり出すことは、新しい政治主体をつくることを指している。これまで存在しなかった新しい椅子がそこに加わることは、テーブルのあり方自体を変えうるかもしれない。テーブルが複数あるように捉える見方では、私たちは政治に賭けられる社会を変えていく「現われ」の力を見逃すことになるだろう。

写真

二四五頁上　ドライバーズアカデミーを受講する様子

二四五頁下　帰りの車内とタガイ

二七二頁　上：サルディと話し込むオペレーター、右中：MEGADAK のガレージで説得するサルディ、左中：シンプル過ぎるメモ、右下：購入した豚、左下：徹夜で料理する様子

二七八頁　いつになくイケてるサルディ

二八一頁　右上：腕を組むレオ、左上：ドライバーの子ども、右中：ヴィスタモール前の集会所の様子、左中：ランチタイム、右下：踊るおっちゃん、左下：ストライキ後に車内でタガイ

注

1　日下は、本章で論じるような「おっちゃんたち」の政治を大衆的公共圏として、市民的公共圏と区分した政治領域として概念化している（日下 2013）。その点については序章を参照。本書では、複数の公共圏があるのではなく、公共圏はあくまで一つであると認識し、議論を行っている。

2　フィリピン語には英語でいう「we／us」に相当する二つの表現「*tayo*」と「*kami*」が存在する。「私たち」の包括形として表現される*tayo*は、コミュニケーションの文脈のなかで、話し手と聞き手の両方からなる集合体を指す。一方で「私たち」の排他的な形として説明されている*kami*は、話している人だけで構成される集合体を意味する。この発話においてオペレーターは、高架鉄道が公共的なサービスを提供できておらず、その資格を認めていない。つまり、ここでは*kami*という表現を使うことで、真に公共を担うのは「おれたち」ジープニーのオペレーターとドライバーであって、「あいつら」ではないという意思が明示されている。

3　二〇一八年一〇月二六日にインタビューを実施。

4　二〇〇八年にマニラ首都圏のマニラ首都圏開発庁が実施したこの制度は、交通違反の取り締まりを効率化するために導入された。目的は、複数の交通違反を一枚の切符で一括して処理できるようにすることだった。この制度については、警察官や交通監視員による不正行為が増えるのではないかという懸念が残った。とくに、制度を悪用して違反者に対する過剰な取り締まりや賄賂の要求が行われる可能性が指摘された。

5　二〇一八年一〇月一七日にインタビューを実施。

6　このストライキが近代化事業に対する最初の反対運動ではないことに留意。二〇一七年六月一九日の公共交通車両近代化事業の公布前から、ストライキは何度も実施されてきた。二〇一七年二月六日、二月二七日、一〇月一六日と一七日、二〇一八年三月一九日、六月二五日、そして二〇一九年九月三〇日である。九月三〇日のストライキは、パンデミックによる公共交通の封鎖を経て二〇二三年三月にストライキが再び組織されるまでの最後のストライキとなった。

7　他地域でのストライキの実施としては、ルソン島のカウアヤン市、サンティアゴ市、バギオ市、ダグパン市、ブラカン州、サンフェルナンド州、カビテ州、ラグーナ州、リパ市、レガスピ市、パナイ島のカピス市とイロイロ市、ネグロス島のバコロド市、セブ市、ミンダナオ島のジェネラル・サントス市であった。

8　ストライキは、労働者が賃金や労働条件の改善を求めて行う行動であり、組織的な抗議を意味している。フィリピンの場合、スペイン語の「*huelga*」から派生して「*welga*」と呼ばれる。

9　UNTV: C-News（二〇一九年九月三〇日）の放送をキャプチャ。

10　協同組合ではバウンダリーシステムが禁止されている。給与は時間単位の固定給にエクストラとして手当が追加される形式となっている。ただし、近代車両と効率的車両運行管理が導入される以前の協同組合では、バウンダリーシステムが利用されてきた。

11　タガイの空間や時間では、こうした典型的な（おちゃらけた）ジョークやユーモアを交えた話が繰り返される。

12　ブドッツ（Budots）とは、フィリピン南部のダバオ市で始まり、最終的にフィリピン全体に広まったローカルなテクノ音楽（ＥＤＭ）のジャンルである。

13　ここで全体性（totalities）と表現しているのは、デヴィット・グレーバーによる『価値論』の議論を念頭にしている。行為の価値に気づくには、参照し測る体系が必要である。おっちゃんたち一人ひとりが、自らをジープニーセクターという全体の不可欠な一部として位置づける行為によって、価値体系が遂行的に想起されるからである。同書の藤倉による訳者解題を参照（グレーバー 2022: 484-88）。同様な議論として、アルジュン・アパデュライは、ムンバイのスラムにおけるトイレ祭りという儀礼化によってカーストの価値体系からコスモポリタンなエンパワーメントの価値体系へと再接続する例などがある（アパデュライ 2020: 185-86）。アパデュライの議論に引きつければ、ストライキはある種の儀礼のように別の価値体系への接続を意味する。

14　集団意識や政治主体をつくり出すことは、他の抗議活動や集会についてもいえることでもある。たとえば、マニラ市のマラカニャン宮殿に近いメンジョーラ橋は、抗議活動のメッカとなっている。毎年、いくつものデモや集会がその場所で開かれる。マイクを掴んで政府や大統領の批判を行う姿とその内容について「いつもあまり変わらず、何かが変わっていく感覚もない」とそう思っていた。ここで見逃されがちなことは、デモや集会が単なる交渉のための道具ではなく、繰り返すことでかれらの連帯を刷新し、新しくつくり出し続ける形式である点だ。

15　あらかじめ集団意識や政治主体があり、それゆえにストライキを実施するわけではないことについては、ジェームズ・スコットによる階級意識ゆえに階級闘争があるのではなく、具体的な闘争ゆえに階級意識が育まれる議論からインスパイアされている（Holtzman and Hughes 2010）。また、スコットの議論に倣いながら、主体化のプロセスを考える上でジュディス・バトラーの行為遂行性の議論を補助線とした（バトラー 1999）。しかし、バトラーの『アセンブリ』の議論には、インフラという基盤や不可視な政治領域での行為や経験への注目がない点には注意が必要である（バトラー 2018）。バトラーの議論が集合し現われる瞬間だけを見ている点について、社会学者・鈴木赳生は「運動の瞬間を一時的・唐突とみなす視点は、運動の内実に立ちいらない傍観者のそれにすぎない」と喝破している（鈴木 2021: 17）。

第八章　パンデミックによる都市の停止、死にゆくジープニー

二〇二〇年三月一日、私は本調査を終えて日本に帰国した。当初、五月にマニラへと戻り、追加調査を少し行い、博士論文を執筆する目測を立てた。だが、それから二週間後の三月一五日、二月中には遠く離れた中国や日本のパンデミックのニュースを肴にして酒を酌み交わしていたマニラの地にもロックダウンが敷かれることになる。国境が閉じられ、都市のなかに検問が設けられ、私の渡航も中止になった。その後、マニラは世界でも最も長い封鎖を経験することになる。私がようやくマニラに戻ってきたのは二〇二二年八月のことであった。本章では、この未曾有のパンデミックとその対応としてのロックダウンがジープニーセクターをいかに弱体化させたのかを整理する。

第1節　世界で最も長く苛烈なロックダウン：見えないウイルスに対する戦争

二〇二〇年三月一二日、ドゥテルテ大統領は、三月一五日から一ヶ月間の「コミュニティ隔離措置」（ロックダウン）の実施を宣言した。これにより公共交通機関の停止、民間企業の営業停止、買い出しを除く二四時間の外出禁止が敷かれ、都市住民はステイホームに従事することとなる。日本でパン

デミックを経験した私も、こうしたモビリティの制限、生活に不可欠な移動の抑止を経験していた。だが、マニラ首都圏のロックダウンは、八〇日間に長期化し、武漢の七九日間を超えて「世界で最も長いロックダウン」と呼ばれるものになった（MT 2020）。ロックダウンという手法は、まだ感染者が限られていた三月時点でフィリピンの医療体制が崩壊するかもしれないという危機認識から来ていた（日下 2020）。

フィリピンにおけるパンデミック対策の特徴は、軍を動員したモビリティの管理にある。日本国内で積極的に用いられた対応策は、各自の感染予防の徹底や検査・検疫によって感染をクラスター（集団）単位で発見し拡散を防止する措置であった。日本においてもステイホームの掛け声のもとで日々のモビリティの制限はなされた。しかし、国民全員が参与すべき戦争としては経験されなかった。パンデミックは緊急事態であるが、その緊急事態は戦争ではない。一方、フィリピンでは、ロックダウンがはじまった翌日、ドゥテルテ大統領が「私たちは命をかけた戦いに直面している。目に見えない凶悪な敵と戦争をしているのだ。肉眼では見えない敵である。この特別な戦争において、私たちは皆兵士である」、「警察と軍に従え。かれらと争うな。違反となるような騒ぎを起こすな。逮捕されて刑務所に連れて行かれる。従えば問題はない」と国民に訴えた（PCOO 2020）。そして、効率的な対応を確保するために、政府はセクター間の協力を執り行う省庁間タスクフォース（IATF-EID）を組織する。しかし、現役または退役した軍人を対策本部に任命したため、政策決定において軍部の見解が支配的になり、政策プロセスにおいて医学・疫学の専門家の居場所が奪われていった（MT 2020）。「見えないウイルスに対する戦争」は、通常の感覚でいえば、徹底してパンデミックと戦い抜くとい

銃をもった軍人がロックダウンを指揮する（CNN 2020）

う比喩表現であろう。しかし、対策の中枢を担う省庁間タスクフォースにおいて、医療専門家を欠き、軍部が指揮を取る場合、それは比喩では済まされない。軍は国家の脅威に対処する専門職であるが、ウイルスに対処する専門職ではない。「見えないウイルスを観る」、これは日本などで敷かれたクラスター対策の基礎にあり、医療専門家は様々な方法でウイルスを追跡する。軍が全面に出てくるパンデミック対策は、ウイルス自体を捉える手段を持たないため、ウイルスの運び手となる人間を潜在的な脅威と判断し、人を管理することでウイルスを管理する。ドゥテルテ大統領は、国民に向けて「規律」をもつように発言を続けた。この規律は、うがい手洗い、マスクの着用といった個人が実践可能な感染予防を徹底することであり、軍や警察の敷いた管理に従うことも意味している。当時フィリピンでパンデミックを経験していた日下も「大義のために、日に日に自由が失われていく状況は戦争中を思わせる」と記している（日下 2020）。

マニラ首都圏が経験した世界一長いロックダウンとは、国家権力による徹底した人間の管理を手段とするウイルスに対する戦争であった。それは実際には、ウイルスを保持する可能性がある人間、規律を守らず「違反を犯し」、「騒ぎを起こす」存在を取り締まることである。ロックダウンの語源は、刑務所内の暴動後に安全のために囚人を檻房に閉じ込めることであり、檻房から出た囚人は敵性有りとして射殺される。このロックダウンを八〇日間実施するために取られたのは、主に都市のモビリティに対処する二つの方法だった。第一に公共空間を管理すること、第二に公共交通を停止させることだ。本章の前半では、この二つの方法について概観した上で、とりわけ後者に関係するジープニーセクターがいかにロックダウンとその後も続くパンデミックを経験したのか明らかにする。

戦争の標的となる公共空間

ロックダウンが実施された三月一五日、マニラ首都圏から人混みが消えた。学校や大学の授業は中断され、大規模な集会は禁止された。政府機関は最低限の職員で運営され、必要不可欠な物品やサービスを提供する事業を除いて経済活動も制限された。公共交通機関も強制停止され、人々はソーシャルディスタンスを保って自宅にとどまるよう命じられた。二〇二〇年四月の経験について社会学者カール・ハパルは以下のような出来事を書き記している。

公共交通機関がないため、市場まで歩いて約三〇分かかった。……（その途中で）警察車両を目にした。また、何人かがバスに乗せられているのも見た。最初、バスは前線労働者（フロントライナー）を運ぶためのものだと思ったが、後で知ったところでは、隔離ガイドラインを違反した人々を運ぶためのものであった。私が政府の隔離ガイドライン違反者を取り締まるキャンペーンに遭遇したのは一時的なものでしかなかったが、マニラ首都圏周辺では、警察と軍の合同部隊が違反者を取り締まっていた（Hapal 2021: 225）。

三月一五日にロックダウンが実施されて以来、二〇二〇年四月末までに一五万六〇〇〇人が逮捕され、うち四万一〇〇〇人が起訴され、残りは警告を受けたのち釈放された（PDI 2020a）。ハパルによれば、ドゥテルテ政権によるパンデミック対策は、見えないウイルスへの戦争、そのウイルスが顕在化した存在として規律を守らない「*pasaway*」（反抗的人物）を標的にした。この戦争状態において、守るべき国民とその国民に仇なす敵の二つに人間が分けられる。一つは、戦争に貢献する医療従事者、警察、軍隊といったフロントライナー（前線に準ずる人）に加えて「ホームライナー」（ステイホームに準ずる人）である。かれらは法に準じ、社会を守る存在として区分される。もう一つが、厄介で自分勝手または手に追えない人間を示す *pasaway* である。ロックダウンにおいて *pasaway* は、政府の健康プロトコルに違反する人々を指し、法を破り、規律をもたないためウイルスを拡散する存在として区分された。ドゥテルテは、「射殺せよ」と反抗的人物に対する発砲を許可し、戦争の障害となるかれらを殺すことは危機に瀕した社会と善良な市民を救済することであった（Al Jazeera 2020）。

しかし、ここで *pasaway* とされているのは具体的にはどういう人物だろうか。かれらは、決して違法な存在ではない。多くの場合、自宅でのステイホームが限界を迎え、なんとか食い扶持を探してストリートを彷徨う人々だ。この戦争の主戦場となったのは、マニラ首都圏のストリート、公共空間そのものだった。ロックダウンといえども、完全に人間の移動を自宅周辺だけに制限することは不可能である。パンデミック対策の「隔離パス」は、食料の購入などの限られた範囲での外出を許可し、住民は検問を管理する軍人や警察官にそれを見せなければならない。これらの措置は、ストリートや公共空間を利用する人間とその活動をできるだけ制限するものであった。

マニラ首都圏の公共空間は、日本のように私的活動からまったく切り離された領域を示すわけではない。公共空間は私的な空間でもありうる。公共に私的な活動や関係がもち込まれ、そうした私的な活動とフォーマルな資本の活動、国家による統制のあいだでマニラの公共空間はつくられ、つくり変えられ続けてきた。ジープニーの例でも、それは「公共」交通機関だが、同時にオペレーターにとっての私有財産であり、ドライバーにとっては生活手段であった。そのため、マニラ首都圏の公共空間であるストリートの性質は、開かれたパブリックとしての単一的な性質ではなく、時間帯、状況、関係によって変化する。とりわけ、インフォーマルなジープニーや露天商は、ストリートの「公共」的性質によって生活をつくり、この性質をつくり続けてきた存在である。

マニラ市の露天商について、社会学者・吉田舞はかれらがパンデミックをどのように経験したかを論じている（吉田 2023）。露天商の経験は、パンデミックによる都市のストリートの変化を如実に示す事例である。吉田によれば、パンデミック以前は露天商のなかにも中心業務地区／公設市場／ショッピングモール敷地内といった空間で活動する資金をもった者、文字通りの路上において活動する零細な資金しかもたない者、そうした階層的な違いが顕著にみられた。だが、パンデミックにより露天商間の差異にかかわらず、すべての露天商が大幅な所得減少を経験したという。その割合は、多くが五〇%の減少を示し、さらには八〇%以上の減少に及ぶ者も存在し、露天商というセクターそのものが底辺化した（吉田 2023: 91）。

この原因の一つは、都市住民のモビリティが減退したことによる顧客の減少だった。加えて、都市空間を管理する警察やマニラ首都圏開発庁の取り締まりの強化が露天商の活動を困難にさせた。長年にわたり露天商を調査してきた吉田は、取り締まり自体は露天商にとって決して特異な事態ではなく、これまでも経験してきたふつうの状況であったという。その頻度は、せいぜい月に一度や二度であり、露天商たちは、取り締まりを懐柔する賄賂、取り締まりから逃げるための緊急ネットワークを構築してきた。低強度の取り締まりであれば、仮に商品を没収されても次の日からの稼ぎで凌ぐことができた。しかし、パンデミック後、その頻度は時に一日に数回へと増加した。露天商は、商売に集中することができず、つねに逃走するために気を張り続けなければならない。そうなれば、より安全だが稼ぎの少ない場所へと移動する必要が出てくる。イタチごっことして描かれる露天商と取り締まりの関係は、一方が本気で銃を構えた途端に終わってしまう。生存のための露天商の諸活動は、この戦争状態においてはさらなる制圧を継続・強化する口実をもたらす。

ウイルスに対する戦争では、露天商のような都市のストリートで生計を立て、生活を送る存在が *pasaway* と位置づけられる。ステイホームに準ぜよという政府の要求は、都市の公共空間と自らの生活を不可分に関係づけてきた人々にとって生活手段を禁止する命令として経験された。

公共交通の停止、物乞いする「道の王」

公共空間の管理は、各世帯や個人といった単位で人々のモビリティを制御する試みであった。一方の公共交通の強制停止は、都市の集合的なモビリティを制御する手段である（Dobusch and Kreissl 2020）。平常時、公共交通が人々の日々の生活を成り立たせ、経済を回す不可欠な存在であったとすれば、パンデミック下の公共交通は、ウイルスを社会に蔓延させる致命的脅威であった。同時に都市住民を餓死させず、生かすためにも交通は必要とされた。政府は公共交通の停止と部分的な再開を通じてウイルスに対する戦争を続けた。この状況は、人々の命を守ることを名目に、生活の犠牲を人々に強いる。とりわけ、公共空間で生きる者や公共交通で生計を立てる者は、その影響を如実に経験することになった。

フィリピン政府は、三月一六日からマニラ首都圏におけるすべての公共交通の運行を強制的に停止させた。六月一日、「一般的なコミュニティ隔離措置」へと緩和したことに伴い、路線バス、鉄道、タクシー、配車タクシーサービスが再開した。政府はマニラ首都圏での公共交通機関の運行再開を許可したが、その方法は「部分的、段階的、計算された」もので、厳格な保健衛生プロトコルに従って行われた（Sunio and Mateo-Babiano 2022）。六月二二日に近代ジープニー、七月三日から運行に適切な伝統的ジープニーの再開となった。運行は再開されたが、ソーシャルディスタンスを確保するために定員は制限された。運行は定員の一〇％から再開され、その後時間をかけて徐々に五〇％まで引き上げられていった（Ugay et al. 2023）。

第三章で確認したように、ジープニーのドライバーは、バウンダリーシステムによって生計を立て

物乞いするジープニードライバー（PS 2020）

てきた。ロックダウンの三ヶ月、その後も継続する運行の強制停止や定員制限は、ドライバーたちに経済的損失をもたらし、オペレーターにとっても車両の賃貸料を得ることを困難にした。こうしたドライバーとオペレーターの困窮は、パンデミックによって国民の大半が逼迫するなかでもとりわけ顕著であったといえる。

「私たちジープニードライバーに少しの助けを」と書かれた段ボールの看板を抱えたサミュエル・ナラグは、他のドライバーたちとともに、コロナウイルスの隔離措置で職を失い、施しを求めて月曜日にケソン市ディリマンのC・P・ガルシア通りで物乞いをしている。二〇二〇年六月二五日、インクワイアー紙（PDI 2020b）

二〇二〇年六月、私はこのニュースに目を奪われたことをよく覚えている。おっちゃんたちがストリートでペットボトルを掲げ、物乞いをしている。ACTOなどに属する路線組合であることがユニフォームからわかる。私は食い入るように写真をみて、私の知り合いがいるのではないかと一人一人の顔に見入った。そのニュースに接した時、私は二つの怒りと一つの悲しみを感じていた。はじめに、怒りはこんな情けない施しを乞うおっちゃんたちに向かった。あれほど自律であることにつらぬかれたかれらが見ず知らずの他人に無心することを信じられなかった。どう考えてもお門違いな怒りが私に取り憑き、やがてこんな状況を強いるフィリピン政府に怒りが向かった。そして、なんともいえない悲しみが押し寄せてきた。

ジープニードライバーのダニエル・フローレスは、ロックダウンにより道路を封鎖され、現在はマニラの街を歩いて、飢えた家族を養うために物乞いをしている。……稼ぎがなく、借金が山積みになったフローレスは、家賃が払えなくなってアパートを追い出された後、妻、二人の子ども、ドライバー仲間とジープニーで暮らしはじめた。……他のドライバーは、通り過ぎる（自家用車の）運転手の目を引き、同情を得るために、プラスチック容器や段ボールの看板を首から下げている。「私たちにはもう使えるお金が全く残っていません」と彼は、路上に駐車され、調理鍋や衣類など質素な持ち物でぎっしり詰まったジープニーの車内に座りながら、エージェンシー・フランス・プレスに語った。二〇二〇年八月一七日、フィリピンスター紙（PS 2020）

七三歳のセシナンド・ボンドックは二八歳の時にジープニーの運転をはじめた。この年齢では他の仕事を見つけるのは不可能だ。他のドライバーたちとともに往来の激しい道路の端で、炎天下の中お金を求めて立っている。ボンドックは、食べることへの欲望がウイルスや猛スピードですれ違う自動車への恐怖に勝るという。「一度、車にもう少しで轢かれるところだった。だが、実際に選択肢はほかにない。家を出て、何とかして道端で運に頼るしかない、空腹を満たすために」と彼は涙をこらえながら声を震わせて語った。ドライバーたちは政府からいくらかのお金と食料を支給されたが、失われた収入を補うには至っていない。（同右）

ウイルスに対する戦争は、市民の命を守るために公共交通を強制停止し、その結果としてドライバーとオペレーターは窮地へと追い込まれていった。「また運転が許されることを願っています」というドライバーの語りは、パンデミック下のほぼすべてのジープニーに携わる人々に共通する経験であった（PDI 2020c）。

ドライバーとオペレーターは運行の再開を待ち望んでいた。六月二五日、ハリー・ロケ大統領報道官は、「公共交通車両が足りない場合、私たちは伝統的なジープニーの運行許可を検討していますが、これらが運行に適切（roadworthy）である限りです」と述べた（PDI 2020d）。大統領報道官の発言は、近代ジープニーを優先し、複数の公共交通のなかで既存のジープニーを最下層に置くことを意味していた。彼は乗合バン（UVエクスプレス）[2]を引き合いに出して「すべての乗客が前を向いて座っています。誰もが顔を向き合わせていない」と説明し、既存のジープニーが公共交通車両のソーシャルディスタンスとそのプロトコルにおいて不適切であることを強調した。ジープニーは乗客のコミュニケーションによって駆動する公共交通機関である。そのため、人と人が触れ合うことなくして移動することはできない。パンデミックは公共交通を序列化した。既存のジープニーは、ウイルスの感染拡大に対する適切な管理ができない、という理由から運行再開は延期され続けた。

政府の差別的な対応に対し、政治組織ACTOのデ・ルナは「こういった状況がどれほど（ドライバーとオペレーターにとって）深刻かということです。政府がこれらの車両が道路に戻ることを許可しないなら、私たちはどうすればいいのでしょうか。……これらの役人の問題は、かれらがジープニードライバーの苦労や苦難を理解していないことです。かれらは空腹を知らず、毎日子どもたちが何も食べられないために泣く声も聞かないし、バウンダリーを払えないために車内で生活しなければならない気持ちも分からない」とし、運輸省と陸上交通許認可規制委員会の「一貫性のない」政策を非難するために抗議活動を計画していると述べた（PDI 2020d）。彼はジープニードライバーたちがかれらの生活のために戦っていることを強調し、「私たちは最後の手段として、ジープニーをストリートで燃やすだろう」と発言した。ウイルスに対する戦争は、政府の方針に準じない存在を反抗的人物として排斥する。六人のジープニードライバーは、二〇二〇年六月二日にカローカン市のモニュメントサークル近くで平和的な抗議活動を行った際、警察に逮捕された（The Diplomat 2020）。

二〇二〇年一〇月を過ぎても、一〇万人のドライバーが無職状態を経験していた（MB 2020）。さらに翌年に入っても、状況は改善しなかった。二〇二一年九月一三日に政治組織Manibelaのマール・バルブエナ代表はあるドライバーについてFacebookに投稿している。

彼が寝ているところに向かった。深夜で申し訳なかったが、どうしても様子を確認したかった。

コミュニティ隔離措置の影響で乗客が少なく、ほとんど稼ぎがないといっていた。節約のためにここ（ジープニー）に住み、寝泊まりしている。運行が再開されてからもう一年以上経つが、稼ぎが悪くて「バウンダリーを支払うこと」はできていない。ただ、車両をケア（*alaga*）することが精一杯だ。我慢しよう、仲間たち。

困窮したドライバーたちが路上で物乞いをする。生活のために立ち上がったかれらが運行の再開を求めて声をあげる。こうした行為は、政府の目には厄介で自分勝手あるいは手に負えない反抗的人物として映る。近代ジープニーの優先は、先述したように疫学的根拠に則ったというよりも管理しにくい厄介なドライバーたちから交通を引き離しておく手段にも考えられる。近代ジープニーは、すでに政府の管轄下にある協同組合や企業によって運営されている。そのため、パンデミック対策では政府にとって管理しやすい対象であった。露天商の例で示されたように、ストリートと密接に結びついたドライバーやオペレーターが生活の必要性を訴えることは、正しい市民の生命に対する障害や攻撃としてみなされたのであった。

ここに近代化に反対を続けてきたジープニーセクターの窮状が示されている。前章で論じたストライキは、公共の場での抗議活動と社会関係を動員した連帯によって可能になっていた。しかし、公共空間に出ていく経路は封鎖された。一方で、長期間にわたる運行の強制停止は、かれらを結びつけていた社会関係の崩壊を招く結果となった。

第2節　抵抗の限界、ジープニーの死

二〇二二年八月、パンデミックを挟んで二年五ヶ月ぶりにマニラに戻った私は、調査地であるタギッグ市を訪れた。サルディィとタガイで久々の再会を祝いながら酒を酌み交わす。まだパンデミックの影響が抜けきらないマニラなので、別々のショットグラスを手にした。驚いたのは、テーブルに置かれたのがエンペラドールではなく、ヒネブラのジンに変わっていたことだった。パンデミック前に私たちが飲んでいたのは前者のブランデーだった。後者はより安く、よりアルコール度数も高い。おっちゃんたちの経験する困窮化とそれでも歓待してくれることに複雑な気持ちになった。

酔いとともにサルディィの顔に浮かんでいる疲弊を感じ、彼の語る状況は深刻であった。結論からいうと、路線組合の弱体化、抵抗の限界を迎えつつあった。まず、かれらはパンデミックをどのように堪えてきたのか整理し、二〇二〇年一二月二四日にバグンバヤン–パシッグ路線が再開した後でいかなる問題が生じていったのかを明らかにする。その上で、二〇二三年二月に実施した聞き取りから、二〇一九年九月のストライキのような反対運動を立ち上げることが困難になっている現状を踏まえ、抵抗の限界について考察を行う。

ジープニーセクターの動揺

二〇二〇年三月一五日、BAPJODA のメンバーもロックダウンのなかでの生活がはじまった。三月

一六日、かれらの路線も閉鎖され、自宅待機を余儀なくされる。六月一日の緩和を受けて、かれらは危機的状況に達した家計をなんとかするために様々な職種へと転じていった。当時はいつ路線が再開されるのか予想することは困難だった。二〇一九年に所属していた一一三人のメンバーは、パンデミックのあいだ、様々な手段で生計を立てた。

一一三人のうち二四人が *BalikProbinsya* 事業[3]を利用してタギッグ市を離れ、帰郷した。その中でジープニーセクターに戻ったのは八人であった。タギッグ市でパンデミックを経験した八九人の内訳は次の通りである。

一一人が建設業の労働者として働き、のちに全員が運行に復帰した。三四人がカビテ州やバタンガス港とマニラ首都圏を結ぶ近郊のトラック輸送のドライバーとなり、そのうち二二人がジープニーセクターに戻った。また、七人がビサヤ地域やミンダナオ島などの遠距離のトラック輸送のドライバーとなり、そのうち六人が復帰した。さらに、市内のフロントライナーとしてトライシクル（六人）や救急車（一人）のドライバーとして働いたうち、六人が後にジープニーセクターに戻った。バランガイのタスクフォースとして勤務した一人も、後にジープニーセクターに復帰している。パンデミック中に需要が急上昇したデリバリー業に従事したのは七人であり、その内訳は FoodPanda に三人、GrabFood に二人、Shopee に一人、ＬＰＧガスの配達に一人であった。そのうち四人が復帰した。さらに、行商（三人）や雑貨屋（五人）、ワークショップ（三人）で生計を立てたうち、復帰者は八人であった。また、九人が自宅待機し、そのうち八人が復帰した。パンデミックを契機に高齢のためリタイアしたのは二人である。二〇二二年八月時点で、一一三人のうちジープニーの運行に戻ったのは

フィリピン大学内のジープニー（左：二〇二二年八月、右：二〇一八年八月）

七四人（六五・四八％）であり、実に三割以上のドライバーやオペレーターが転職したことがわかった。

おっちゃんたちは生計手段の模索に奔走し、ある者は政府の ***Balik Probinsya*** 事業を受けて故郷へと帰った。概観すると、トラック輸送業やデリバリーなどのドライバーとしての就労先を探した者が多かった。サルディは、BAPJODAでは物乞いをするような者はいなかったと語気を強めて否定したが、先述したジープニードライバーが経験した困窮化は、タギッグ市の路線組合にも共通する点であった。

一二月二四日の路線再開を待ち望んでいたBAPJODAを含むバグンバヤン-パシッグ路線のオペレーターとドライバーたちであったが、運行再開には困難が待ち構えていた。第四章でみてきたように、ジープニーの耐久性は、ドライバー、オペレーター、そして周囲にいる人々との社会関係に依存したものである。日々の、そして毎週のメンテナンスやアラガの実践がジープニーを駆動させ続けてきた。パンデミックによる一〇ヶ月間の強制停止は、車両、とりわけエンジンに深刻なダメージをもたらした。二枚のジープニーの写真をみてほしい。前者は二〇一八年八月に撮影した車両である。ピカピカに手入れが加えられていた。後者は二〇二二年八月に撮影した同じオペレーターが所有する車両だが、鉢植えが置かれ、ボンネットにはホコリと錆が目立ちはじめていた。四年の間に劣化したことを踏まえても、これは適切なアラガがなされずに放置された結果である。おっちゃんたちは、運行を再開する前に、こうした車両と向かい合わなければならなかった。

サルディによれば、一二月末の路線再開時、走行していた車両は一〇台に満たなかった。彼自身のジープニーを含め、エンジンのコンディショニング、場合によってはオーバーホールが必要だったからだ。彼の車両の場合は、路線の再開の情報を掴んだ一一月中旬からメンテナンスを開始した。しかし、建設業による収入は日々の生活費に費やされており、修理のための十分な予算とはいえなかった。もちろん、ジープニー向けには多くの中古パーツが流通しており、新品で揃える必要はない。けれど、物価高騰の煽りを受けて、エンジンオイルの価格は急増し、多数の中古パーツを探すための労力は別途のしかかってくる。ジープニーが走行可能になったのは一月中旬であった。合計、約二ヶ月間と二万ペソ以上がかかった。この例は、多くのドライバーとオペレーターに共通する経験であり、より資金に乏しいオペレーターでは、再開が二月以降になり、かさむ費用を賄うため建築業やトラックの運転へと一時的に戻っていた。

右記のような車両の状況だけではない問題も存在する。複数のオペレーターが強制停止期間に資金難に陥り、メンテナンス費の捻出を諦めて車両を売却した。この状況はSNS上でも広くみられ、ジープニーの部品などを売買しているFacebookグループ内ではほとんど底値で車両が取引された。所見

アランたちがジープニーの車内で寝泊まりする

の限りだが、バグンバヤン–パシッグ路線における最安値での車両価格は六万ペソだった。この車両のオペレーターは、慌てて売却したために破格の値段となったが、他にも九万ペソで売却して四万ペソでトライシクルを購入する例などもみられた。一方、バウンダリーフロッグをとおして車両を購入したドライバーも多い。これはオペレーターが自身で運行再開に向けたメンテナンス費用の捻出を断念して、ドライバーからバウンダリーを得るための方途として普及したと考えられる。ドライバーにとってはチャンスのようにみえるこの選択も、矛盾を抱えている。アランは、こうして四〇万ペソで車両の購入を決め、バウンダリーフロッグをしたドライバーだ。彼は一度妻子を連れてビコール地方に帰郷し、二〇二一年一月にタギッグ市に戻ってきた。だが、妻子と生活するには家探しからはじめなければならない。彼がジープニーの購入を決めたことで、ほとんどの資金はメンテナンスに流れ、彼は自身の車両でもう一人のドライバーと生活をすることになってしまった。

車両の売買がパンデミック以前より頻繁に行われ、ドライバーがオペレーターへと転じるだけでなく、以前からオペレーターだった者も問題を抱えていた。それは、ドライバーが戻ってこないことだった。第三章で確認したように、ドライバーは交通の状況に応じて運行を決定する。二〇二〇年一二月時点では、まだまだ通勤者の数と需要が限定的であり、ドライバーたちはジープニーの運行では十分な稼ぎを上げることができないと理解していた。さらに、政府はソーシャルディスタンスを要請して定員を制限していた。乗客のなかでも割合の大きい学生が対面授業に戻り、通学を再開したのは二〇二二年八月上旬であった。これらの状況は、オペレーターにとって死活問題である。なぜなら車両の運行によってかれらはバウンダリー（賃貸料）を得て、それを資金にして自身の生活費や車両のメンテナンス費に充てているからだ。あるオペレーターは四台の車両を所有しながらも、二〇二二年八月時点でもそのうちの二台しか運行させることができなかった。なぜなら二人のドライバーが田舎からタギッグ市に戻ってこないからであった。その時点で車両は二年間以上停止しているため、メンテナンス費はきわめて高額になることが予想される。

車両の売買には、こうした資金とメンテナンスをめぐる非常に困難な状況だけでなく、政府の進める近代化事業の影響もあった。二〇一九年九月三〇日に実施されたストライキは、近代化事業に対する拒絶としてジープニーセクターの政治主体を創造する行為であった。しかし、パンデミックとなり、政府は公共交通への介入を強めていった。Piston のメンバーが二〇二〇年六月に抗議活動を行い逮捕された際、かれらが主張していたのはロックダウンとパンデミック下でも継続する近代化事業への批判であった。BAPJODA と同じ路線を走行する協同組合の近代ジープニーは、二〇二〇年六月二二日から再開していた。オペレーターは、自身の私有財産でもあるジープニーに未来があるのか、現在の困窮状況とつなげて考えていた。「近代化事業による廃止と統合はすぐそこまで迫っている、ならば、最後にドライバーにこの車両を売ってしまうか、バウンダリーフロッグでお金に変えてしまわなければ……」と考えるのはふつうのことであった。将来を見通すことのできないなかで、ジープニーセクターは近代化の圧力を受けながら、自らを支えてきた社会関係やネットワークをも喪失しはじめていた。

これらはBAPJODAにとってメンバーが減少する大きな要因となった。二〇一九年時点で登録されていた一一三名はパンデミックを経て七四名(二〇二二年八月時点)になっており、三割強がジープニーの運行から離れた。車両は頻繁に売買されるようになり、メンテナンス費は高騰していく。一つの路線組合だけみても、メンバーや社会関係が大きく変動し、ときに運行が不可能となるような断絶を経験している。ジープニーの車両を支えてきたのは、社会関係の持続性と頑強さであった。その社会関係がパンデミックで揺らぐときは、ジープニーの耐久性も揺らぐときである。二〇二二年八月の調査では、パンデミックによる深い傷跡が、ジープニーセクターのあいだで癒えることなく経験され続けていることが明らかになった。

「いま立ち上がれば、殴り倒されて二度と立ち上がることができない」

二〇二三年二月に再びマニラに戻った私はサルディと話し込んだ。なぜなら、近代化事業がふたたび大きく動き出しそうだったからである。二〇二二年五月九日、大統領選挙に勝利したフェルディナンド・マルコスJr.、そして副大統領となった前大統領の娘でもあるサラ・ドゥテルテ、両者による新政権のもとで、公共交通政策が明確化してきた。マルコス政権になり、二〇二二年九月二三日に発行された覚書は、近代化事業の統合を二〇二三年三月三一日まで再び延長していた。期日の三月が近づき、新政権が前ドゥテルテ政権から続く近代化事業をどのように扱うかが注視された。一月末には経済がパンデミックから回復傾向にあり、政府は一時停止状態だった近代化事業の再始動を準備しているというニュースがリークされた。

高まっていく緊張感を受けて、私は「サルディ、どうするんだよ。ストライキをするんだよな？」と二〇一九年の光景を思い出しながら問いかけた。彼は私の方を見ず、少し俯きながら

ストはしない。プロテスト（抗議活動）だけだ。いま立ち上がれば、殴り倒されて二度と立ち上がることができない。市民からの理解も得られない。（二月一日、サルディの自宅にて）

と答えた。私はいつもアクティブで前向きなサルディの「二度と立ち上がることができない」という言葉に、私も殴り倒されたかのように感じた。それは都市をつくりだし、支えてきた「道の王」たちがとうとう崩れ落ちようとする姿に映ったからだ。

サルディのこの発言を理解するには、当時の状況を整理する必要がある。前章でみてきたように、ジープニーセクターのストライキは、抗議活動と運行停止の組み合わせからなる。サルディは、前者は可能であるが、後者ができないのでストライキはできないと言ったのである。彼は先日見たニュースについて語る。「二万台の新型車両がフィリピンにやってくる。五〇〇〇台のディーゼルエンジン、五〇〇〇台の電気モーター式の車両だ。まだ協同組合に実装される前段階だが陸上交通許認可規制委員会での登録が進んでいる」。こうした状況は、サルディたちと共に活発な抗議を続けてきた友人に

も影響を与えた。「カローカン市のミサエルを覚えているか。あいつらもとうとう一〇台か、一五台のミニバス（新型車両）を手にしなければならなくなった。借金漬けだろう、かわいそうに」。私は、ではなぜ彼が態度を反転させ、受け入れたのかと尋ねた。「以前は……きっといまだってミサエルは、近代化事業も新型車両も嫌いだろう。けれど、結局、もう彼にできることがなくなってしまったんだ」。彼は近代化事業による統合の圧力がますます高まっていることを認識していた。だからこそ、ストライキが重要ではないのかと私は尋ねた。

いま *tigil pasada* をすることはできない。私たちが運行（*pasada*）を停止（*itinigil*）させれば、政府は「お前たちが運行をやめるなら、そのまま取り除く」といっておしまいだろう。だから、運輸省前で抗議活動を続け、声を大きくし、問題を騒ぎ立て続けないといけない。けれど、運行停止はできない。政府のことに加え、市民も移動手段がなければ、激怒するだろう。いま運行停止をすれば、政府に私たちを殴りつける理由を与える。……いま立ち上がれば、殴り倒されて二度と立ち上がることができない。

なぜ二〇一九年にできたストライキが二〇二三年にはできないのか。「二度と立ち上がることができない」と語るように、ジープニーセクターの減退、そして都市住民からも理解が得られないことに要因がある。この減退は、先述したBAPJODAにみられるセクター全体の困窮化と社会関係の変動から生じている。パンデミックは、ジープニーセクターの内的な自律性に深い傷を残した。運行停止は、かれら自身の自律性を操作することで都市の経済活動を部分的に停止させる戦術である。しかし、この自律性こそがパンデミックとウイルスに対する戦争で揺らいだのであった。

「いま立ち上がれば、殴り倒されて二度と立ち上がることができない」とは、かれらの自律性の危機的状況と自律性にもとづく抵抗の限界を示す言葉だった。「ジープニーは死んだ」。私は決して彼に向けてこの言葉を発することはできなかったが、内心はそのような喪失感でいっぱいであった。弱者のあいだを結ぶ内的な自律性がゆらぐ時、抵抗の論理は意味をなさない。ウイルスとの戦争が命の保護を理由として特定の対象の生活を犠牲にし、おっちゃんたちは自分たちの生活をなんとか回すために散り散りになって活路を模索した。それによってなんとか生活の術を手に入れたが、それまでの生の基盤が代償となった。近代化事業のさらなる波が押し寄せてくるなかで、ジープニーヤクターはどこに向かっていくのだろうか。時は二〇二三年三月へと移る。

注

1　クラスター対策は、感染者の特定と隔離、接触者追跡、感染拡大防止策の実施、情報共有と啓発といった方法を特徴とする。

2　UVエクスプレス（UV Express）は、マニラ首都圏を中心に運行される公共交通機関であり、主にバンやミニバンを使用して短距離および中距離の移動を提供している。これらの車両は、一般的に一〇～一八人乗りで、座席の配置に加えてエアコンが備わっている点から、ジープニーに比べて空調管理がより徹底できる交通手段とみなされていた。この特性により、政府はパンデミック対策のプロトコルに適合する公共交通車両として位置づけた。

3 *Balik Probinsya, Bagong Pag-Asa* 事業は、都市部から地方への移住を促進する政策。この政策では、パンデミック時に都市部の過密状態を緩和し、地方に新しい機会と希望を提供することを目的として実施された。

第九章　「私たち」が望む都市へとつくりなおす

二〇二三年二月九日、マニラから日本に帰国した。サルディの言葉が頭から離れなかった。三月末の近代化のデッドラインは、着実に近づいていた。パンデミック前とは打って変わり、PistonやACTOといった政治組織は動けていなかった。その理由は、オペレーターもドライバーも自身のジープニーの運行と車両のケアで手一杯であったからだ。社会関係や相互行為、そうした関係性の網の目によって維持されるジープニーセクターは、パンデミックにより窮地へと陥っていた。前章での「二度と立ち上がることができない」とは、かれらが置かれた限界を示していた。

だが、二月下旬、ストライキの実施に関するニュースが飛び込んできた。いったい誰がどうやってこの状況下で準備することができたのか。もはや死に体であったジープニーセクターを再生したのは、二つのアクターの存在であった。本章では、新しい政治組織と通勤者という政治主体がジープニーセクターを媒介し、それによってストライキがつくり出されたことを主張する。Manibelaという政治組織は、パンデミック下でSNSを積極的に活用することで従来とは異なるネットワークを構築し、通勤者はMove As One Coalitionという連盟を組織することでジープニーを含む都市交通に関与していった。とりわけ後者の通勤者は、近代化全般ではなく政府によって一元化された近代化を拒否し、ジープニーのおっちゃんたちと一緒に「真の近代化」を要請した。

第七章で論じたように、ジープニーセクターのストライキとは、すでに確固たる集団意識と政治主体があるから実行されるのではなく、ストライキによって行為遂行的にそれらを立ち上げるものであった。パンデミック以前のストライキが「We are jeepney drivers and operators!」というアイデンティティを享受する瞬間であったとすれば、二〇二三年三月のストライキは「We are with the jeepney community!」という、より広範な都市で生きる「私たち」によるより良い交通とモビリティの希求として連帯の意思と政治主体をつくり出していた。

二〇二三年三月のストライキ

このストライキは、二〇一六年以降、都市交通の状況を追ってきた私にも、ジープニーセクターのおっちゃんたちにも、予想できない連帯が現われる場となった。ストライキが近づくにつれ、Facebook や Twitter（現・X）、Instagram でたくさんの人が #NoToJeepneyPhaseout（ジープニーの廃止に反対）と発信しはじめた。SNS上には、ジープニーのグラフィックの写真、車内で経験したおかしな出来事、廃止を憂慮する言葉、NBA選手やK-POPスターがジープニーに乗車するコラージュ画像、映像が溢れかえった。それらは系統だったイデオロギーや紋切り型のイメージではなく、フィリピンで生活する人々が自身とジープニーとのつながりや愛着、切り離せない縁を表現したものであった。

通勤者を中心とする連盟 Move As One のメンバーであるアリッサ・ベルダは、以下のように語る。

オンラインでストライキの情報を見つけたの。近くに集会所が設けられるのを知り、勇気を出して自転車で行ってみることにしたんです。私はサイクリストたちにジープニーの抗議活動を支援し、チラシを配るように呼びかけました。ストライキの前にも、ターミナルを訪ねてドライバーにストライキへ参加するよう話をしました。通勤者にビラを渡し、ストライキについて理解してもらいました。そして、私にとって初めてのストライキでした。ジープニードライバーやその家族と話をする機会がありました。ターミナルではかれらの子どもたちにも会いました。公共の場でありながら親密な雰囲気、これがジープニーとフィリピン人の特性であり、とても社交的だと感じました。

フィリピンの有名私立であるデラサール大学でインテリアデザインの学位を取った彼女のような若者もストライキのために奔走し参加した。

また、学生からの支持も広がった。「フィリピン学生連盟の全国議長、本日、我々は各地方自治体からの発表を目にしました。それは今週の残りをオンライン授業に移行するというものでした。私たちはすべての若者に呼びかけます。家族と共に家から出て、私たちのドライバーとオペレーターの交通ストライキに参加してください。私たちは若者として、通勤者として、ドライバーとオペレーターの闘いが私たちの闘いでもあることを理解しています。ジープニーの近代化やジープニーの廃止が運賃の値上げを引き起こし、学生や一般市民の状況をさらに悪化させる影響を目の当たりにしています。

だからこそ、私たちのメッセージはサラ・ドゥテルテ教育省長官に向けられています。[1] このストライキが『教育の危機』の原因ではないということです。あなた方が教育の危機の原因なのです。義務的な予備役将校訓練課程を導入することで国民のニーズに応えるとしていますが、あなたはドライバーとオペレーター、交通セクターの要請にはまったく応えていません。……私たちのドライバーや若者の未来に関心がなく、自分たちの利益だけを考えています」という声明も出された。[2] ストライキは、パンデミックから継続する様々な政治的問題への不満が噴出する経路となった。

パンデミックならびに近代化事業によるジープニーセクターの弱体化は、学生や通勤者にとって日常的な交通手段の減少であり、政府の政策に対する不満を象徴するイシューとなった。ストライキに際したSNSの投稿では「もし本当にお金がなければ、『ありがとう』とだけ言ってくれればそれでOKだ」と書かれたジープニーの運賃表、「今日はおれの誕生日なのでフリーライドだ」など、ジープニーのおっちゃんたちが乗客に対して行う人情溢れる姿も共有された。パンデミックで政府が実施した公共空間の取り締まり、公共交通の強制停止は、ジープニーセクターに最も深刻な被害をもたらし、都市の通勤者は「物乞いをするかれらをニュースで目にした」ことも共感を高めた。

このストライキを受けて、政府は態度を一変し、ストライキを実行したManibelaのマール・バルブエナとPistonのモディ・フロランダの両代表をマラカニャン宮殿に招いた会合をもうけた。この三月のストライキ以降、ジープニーセクターと通勤者は、政府が独占している交通政策に対して介入し、また数多くのストライキを実施するようになった。[3] パンデミックによって死に体となったジープニーセクターに再び活力をもたらした二つのアクターとはどのような存在だったのだろうか。

媒介者という概念

本章では、媒介者（mediator）あるいは媒介（mediation）を二つの意味で用いる。一つは、一般的な意味で用いる情報伝達を可能にする相互作用の場／基盤として、もう一つは、人々の認識や経験を形成し、変容させ、新しい意味や価値を創造する行為や経験としての媒介である。媒介とは、質的に異なる存在のあいだに交流やコミュニケーションを生み出す行為である。

ストライキを契機としたTwitterやFacebookの投稿においても、情報や経験を伝達するメディアの側面に加え、そうした外部の情報や経験を契機として自身の認識の変容や経験とが相互作用する媒介の側面が同時に現われていた。仮に前者だけであれば、単なる情報の交換や情報の消費に過ぎない。しかし、そこで共有される情報に人が参与して自身の認識や経験を加えることは、それによって他人の認識や経験を変え、社会的現実をも変えうる。この開かれたコミュニケーションがストライキから生じたことは、ジープニーセクターがその具体的な運行に無関係な人にとっても共有されるイシューに転じつつあることを示している。

ネフェルティ・タディアーは、テレサ・ド・ローレティスの「経験」[4]に関する議論を引用しつつ、経験が媒介され、また媒介が経験を知覚可能にすることで社会的現実を刷新していくと主張している（Tadiar 1996: 4-6）。媒介の役割が重要となる理由は、人間が個的な経験を認識するために必要とする社会的な物差しやマトリックスをつくり出すからである。第五章で論じたサバルタンの概念は、サバルタンの声が社会の物差しやマトリックスに登録されていないために聞き取られないことを示していた。また自分自身の経験すら社会なしで認識することはできない。媒介とは、こうした複数の個的な

二〇二三年三月のストライキと抗議活動の様子[5]

経験のあいだを結び、交流を生み出すことで物差しをつくり変えたり、新たにつくり出したりする経路である。

この媒介によって個々人が抱えるイシューは、共有され広がっていき、社会的な存在となる。この共有は、新たな政治主体の形成と社会的現実に対する認識の刷新によって社会をつくり変える可能性を拓く。ジープニーセクターのストライキとは、安定した集団意識や主体性があるから実行されるのではなく、むしろストライキによって遂行的にそれらをつくり出す形式であった（第七章を参照）。その意味では、二〇二三年三月のストライキは、ＳＮＳというメディア上での活発な媒介によって新たな連帯の意思と政治主体をつくり出したといえる。この経験の媒介は、ジープニーからどのような社会的現実や社会の行方を観たのだろうか。

本章が着目するのは、このストライキを可能にした二つの媒介者である。ストライキ直前のＳＮＳだけを見ていれば、その反響は半ば自然発生した共感の伝播に感じられる。しかし、ストライキという舞台は具体的な誰かの手によってつくり出されるものである。それはすでに第七章で論じてきたとおりだ。媒介者が奔走し、話し合い、ケアをし、助け合い、時間と労力を惜しみなく費やすことで可能となったものである。そうした労力とプロセスには敬意を払わなければならない。なぜならかれらによる媒介の実践とは、異質で遠く離れた存在や領域に交通をつくり出す行為であり、異質性ゆえに媒介の試みは斥けられ、失敗に終わることも多いからだ。時期的にいっても、ジープニーセクターが困窮と抵抗の限界に達していなければ、そうした媒介者は拒絶されていただろう。前章で確認したのは、ジープニーセクターが媒介者を受け入れる文脈が生じてきた経緯であった。同様に、媒介者自体の経緯も存在するのである。

第1節　オンラインからジープニーセクターを媒介する

Manibela は、二〇一九年九月に設立した新しいジープニーの政治組織である[6]。代表であるマール・バルブエナ（以下、マールと表記）は、前述のストライキを牽引した存在であった[7]。マールによれば、二月六日の時点で政府の近代化事業に関する情報が集まりはじめていたという。彼は「最初、ストライキを実行する政治組織があれば、Manibela も参加するつもりでいた。だが、誰もいなかった。私がストライキを決めた時も、他の政治組織からの参加の声はなかった。私たちは孤立状態だった」と振り返る。二月二二日に運輸省が正式に近代化事業の続行を発表した時、マールは Piston のモディ・フロランダに電話をかけたが反応はなかった。それからの一週間、マールはマニラ首都圏の路線組合をいくつも訪問し、Facebook のライブ配信でストライキを訴え、報道機関の対応を行った。Piston

から最終的な参加の声明が出たのは、三月三日、ストライキの三日前であった。Manibela と Piston は、三月六日から一週間のストライキの決行を宣言した。ストライキ一日目の夜には、大統領府からマラカニャン宮殿での会合が申し出られ、ストライキは翌日をもって終了となった。新興の Manibela は、どのようにストライキを可能にしたのだろうか。第七章でみたように、運行停止には路線組合単位での入念な準備が不可欠である。パンデミックによって弱体化した路線組合、ドライバー、オペレーターをどのようにつなぎ合わせたのか。

ネットワークをハンドルする

Manibela は、Facebook を中心に拡大したジープニーの政治組織である。マールは、Facebook のライブ配信機能を用いて、彼のもとに寄せられた質問に応答してきた。ドライバーやオペレーターが知りたいことは似通っている。だが、それぞれ違う人々だ。個別に対応できる以上の質問が寄せられ、その数は膨れ上がってきた。「一つひとつには答えることができないから配信（ブロードキャスト）するんだ。本当なら昼間にそうしたライブをやりたいが、ドライバーたちは外で働いている。だから、夜中にライブ配信をする」。彼が住んでいるマンションのユニットはとても狭く、空間は限られている。時にはベッドから、時にはキッチンのテーブルから配信を続けている。

Manibela の Facebook ページには七・五万人のフォロワーが存在する（二〇二四年六月現在）。Piston が一・四万人であることと比較しても、大きいネットワークを形成しつつある。マールは、この Manibela をネットワークやメディアのように説明する。「これまで金融のネットワークをつくる仕事をしてきた。いまは別のネットワークをつくる仕事に従事している。生活（*kabuhayan*）のネットワークといえるかもしれない。私のアクティヴィズムは、ネットワークを媒介することで、交通セクターの労働者を助けることであり、またそれは政府を助けることでもある。ただし、いまのような賄賂や仲介料で金儲けを考えている政府ではない」という。「ライブ配信はインタラクティブな場だ。私がメッセージを読み上げる時、個人的な問題や事柄が共有され、個別なかれらがお互いの状況を、場所は離れているかもしれないけれど、知り合う場となっているんだ」。ネットワークの媒介を仕事とし、その仕事で何を行うのか、彼が前職とアクティヴィズムの連続性を語る時、彼の仕事と役割は非常に明確である。

私の仕事とは、たくさんの問題をまとめ上げ、解決策を提示することだ。これは前の仕事も、いまのManibelaの仕事も変わらない。いってしまえば、これはトラブルシューティングだ。ネットワークを構築し、そこでの問題を解決する。それが私の専門技術だ。大学を卒業した後の私の人生は、このトラブルシューティングをすることだった。いまはそれに加えて、トラブルメイキングもしている。トラブルを起こすことで、政府を動かし、かれらにも「トラブルシューティング」をさせる。私はいつもストリートにいて、そこで抗議の声を上げる。政府は私たちをトラブルシュートしなければならない。政府は、そこではじめて私たちと話をし、考えを改めることができる。政府は解決策を提示しなければならないし、私たちも解決策を提示する。もし私が、Manibelaがそうしなければどうなる？　私たちは問題にアプローチすることすらできない。なぜなら、トラブルがなければ、最初から問題がなかったことにされてしまうからだ。考えてみてくれ。もしすべての伝統的なジープニーを廃止したらどうなるか。政府はきっと自分たちの政策とその間違いを恥じることになるだろう。これまでいったい何回のデッドラインの延期が行われてきたのか。政府は、近代化事業で仲介料をいかに得るかを考えている。それはストリートで起きている問題解決のためにはならない。ストリートを見てみろ、ドライバーとオペレーターの生活は改善されたか？　通勤者の苦痛は軽減されたか？

Facebookのページにアップされる写真や動画は、メッセンジャー機能でマールの手元に送られたものもあれば、かれらがページを自由に使ってそこにアップロードすることもある。ページ上の写真や動画には、多くのコメントが寄せられる。テレビ報道で交通の問題が取り上げられるのは、ごく限られた一瞬に過ぎない。けれど、SNS上のページではつねにその問題が議論されている。そして多くの情報がそこに集まり、共有されていく。

Manibelaというネットワークを結ぶメディアは徐々に彼が単独でライブ配信をする場ではなくなっていく。ドライバーやオペレーターたちもまたManibelaというメディアを活用しはじめた。かれらは自分自身でライブ配信を行うようにもなった。「もしかれらの地域で出来事や事件があれば、Manibelaを通じて配信することができる。各地域におけるすべての問題が明らかにされ、政府は何が起こっているのかを目にするだろう」。マールがその地域に行かずとも、人々はネットワークがつながることでお互いを知り合うことができるという。

Manibelaにはオフィスすらなく、マールが語るように「スマホがあるだけだ」。それにもかかわらず、メンバーは増えていく。ACTOやFejodapといった歴史ある政治組織から多くのドライバーやオペレーターが移ってきている。インタビューを実施したつい数日前にもパラワン島からの加入があった。彼はまだ一度もパラワンを訪問していない。けれど、かれらはManibelaに加入したいと表明した。ネットワークはすでに媒介されていた。

マール曰く、彼もManibelaも組織拡大のためのリクルートなどはしていない。ただ、人々が欲する情報とコミュニケーションを媒介するメディアをつくり、維持するだけで拡大していっていると語る。「コロナウイルスのようにManibelaは広がっていく」。彼にもメンバー数は把握できていない。マールに媒介されることで感化された者たちがManibelaの名前を使うようになる。さきのパラワン島のグループのように、人々は具体的にどのような組織なのか、マールがどのような人物かを深く知ることなく、その名前を名乗り、メディアを活用するようになる。たとえば、Manibelaのロゴが入ったユニフォームやステッカーについてもそうだ。その路線組合も、Facebook上で共有されるロゴのデータを勝手にダウンロードし、組合のロゴと掛け合わせて自由に編集する。マールはそれに対して使用料を取ることもない。彼が語るように、「生活（*kabuhayan*）のネットワーク」によって離散した人々のあいだを「媒介することで、交通セクターの労働者を助けること」に従事している。

マールの取ったFacebookの利用という方法は、長い歴史をもつジープニーセクターにとって新しいものであった。以下では、コロナによって対面的なコミュニケーションが制限されるなかで人々を媒介する彼の才覚について、さらに掘り下げていく。

自身をメディアに変えた男

Manibelaという組織名は、フィリピンで「ハンドル」を意味し、また彼自身のマール・バルブエナの発音を短縮するとマニベラに近いことからも付けられた。自身の人生を「私は困難な状況をハンドルする（maneuver）ことがいつも求められてきた」と振り返る。八歳の頃に父が家を出ていったので、母と一緒に幼い兄弟を食わせるために野菜や果物の行商で生活を支えてきた。

勉学優秀であったマールは、大学を卒業し、大手テレビ局でインターンとして働き、その後、グローバル企業であるTP-ICAPに就職する。TP-ICAPは、マニラだけでなく、本社をロンドンに持ち、支部は東京、北京、上海、オーストラリア、マレーシア、世界中のグローバル都市で活動する金融サービス企業である。彼の仕事は、金融、コールセンター、IT-BPOといったグローバル事業のオフィスを設計、制作、管理するものであった。顧客の要望に合わせて、ビジネスに必要なネットワークをデザインし、それを六〇名ほどのエンジニアに向けて指示をする。彼は主任にまで昇格した。その仕事についてマールは、「私の仕事は、いつもネットワークをつくり出すこと、媒介することともいえるかもしれない。いくつもの要求、現場の声、両者の橋渡し、実行したい事業などを媒介する仕事」だったという。

給料はとても良かった。その時の給与で彼は、マンションの一室を購入し、自家用車も購入した。それどころか三年に一度新車に乗り換えることだってできるほどの給与だった。ボーナスだってあった。貧しい田舎の出身というハンデを打ち破り、グローバルドリームを手に入れた彼に、ストリートで汗と埃に塗れながら声を張りあげる活動家の姿と重なる部分を見つけるのは難しい。インタビュー

グローバル企業から抗議のストリートへ

のなか、彼は以前のFacebookへの投稿を見せた。左の写真では、彼はたくさんのモニターが設置されたオフィスに立ち、ジャケットを着ている。エアコンが良く効いている職場だったのだろう。若く、そして肌も白かった。右には、いまの彼の写真も載せられていた。拳を握ってドライバーやオペレーターを鼓舞する写真だ。そこには、「かつてはIT管理職、いまでは交通のリーダー！　時が経つのははやい、私はジープニーとUVエクスプレスのオペレーターとして始まりましたが、いまは全く違います。皆さんに心から喜んで奉仕するため職業を犠牲にしました」。一体全体どういうわけでグローバル企業のエリートがジープニーセクターのリーダーになるというのだろうか。彼によれば、それはドラマのような、思いがけない再会からはじまった。

時を二〇〇八年に戻そう。ある早朝、さきのグローバル企業に出社しようとマールがゲートを出たところ、向かいの通りから「マール！　マール！　マール・バルブエナ！」と呼ぶ声が聞こえた。そこには痩せたジープニードライバーが立っていた。男は「おれだよ！　ジュンだよ！」とさらに声をかけてきた。彼の顔があまりにも痩せていて、誰かわからなかった。その人物は、高校の同級生のジュンだった。マールは驚き、「すっかり痩せちまったな」といい、ジュンは「おまえはドクターになったのか」とオフィスに向かうマールの姿を見ていった。マールがいうには、ジュンも同じくらい成績優秀だった。だからマールも「おれは、お前こそドクターになっていると思っていた。おまえはここで何しているんだ」と返した。ジュンは、「見ればわかるだろ、ジープニーがパンクしちまったんだ」、すぐそこの修理屋まで押していかないといけない。マールもジープニーを押すのを手伝った。それ以来だ、「私たちはいつも一緒にいる仲間（*kasama*）になった」。一ヶ月が経つ頃、ジュンが「知り合いがジープを売ろうとしている、マール、お前買わないか」と誘った。ジュンがドライバーで、マールがオペレーターとなった。当初、給与を銀行に預けておくのではなく、サイドビジネスとなるような投資先を探していたマールにとって合理的な選択だった。それから五年のうちにかれはジープニーを一〇台以上購入し、オペレーターになったのである。

　このエピソードをマールは、ドラマのような経験として語ってくれた。同じ環境で育ち、マニラに出てきて、まったく違う環境で働き生きていた二人がストリートで再会する。綺麗なシャツに身を包んだ者、汗をかいてパンクしたジープを押す者、本来であればすれ違う二人の視線が向き合うような場面だ。彼は、この経験を「ストリートに、かれらに呼ばれたような感覚」だったという。こうしてジープニーにかかわるようになったマールは、二〇一九年九月にManibelaを設立し[8]、新しい政治組織として多くのドライバーとオペレーターを媒介する存在へとなっていく。

マールは、Manibelaというハンドルを握って、ジープニーセクターを媒介している。その才覚は、たしかに幼少期からの生活の糧を探すことに由来するが、それだけではなく、グローバル企業での経験によって育まれたものでもあった。マールの事例は、グローバル資本主義をつくり出し支えてきた彼の能力がストリートから呼ばれることで、危機に瀕したジープニーセクターを媒介するために再活用されたことを示している。このようにグローバリゼーションや資本主義の世界に浸ればそこから逃れることができない、ということはなく、別様にその創造的力を活用することも可能なのである。

第2節　モビリティを希求する通勤者

本節では、ジープニーセクターを外部からの媒介したMove As One連盟（一つとなって動く／動かす連盟）をみていく。この連盟は、都市のモビリティにまつわるイシューに幅広く取り組んでおり、とくに注目したいのは、通勤者（commuter）が主体となってつくり出したことである。通勤の経験は、マニラにおいて日常的に耐えなければならない苦痛でありながらも政治的な影響力をもつことがなかった。上院でも下院でも、そこにいるのは交通セクターの代表と政府の役人だけで、政策や都市開発の受け手であるはずの通勤者はいなかった。この連盟が革新的であるのは、新しい政治主体の形成と発展に寄与した点にあった。また、通勤者の連盟は、交通セクターと通勤者のあいだに深く横たわってきた対立関係を刷新する視角を創造した。というのも、荒い運転やストライキの決行による不便など、交通セクターは通勤者に負担を強いる存在としてフレーム化されてきたからだ。さらに、この連盟は、政府の予算案にも介入し、通勤者の求めるモビリティに向けて動き出している。モビリティの希求は、近代化事業によるジープニーセクターの破壊ではなく、その再編や変革に向けられていた。

「専門家はいるのに、受け手となる人がその場にいない」

二〇二三年のストライキが以前とは異なるものとなった理由は、「通勤者」(commuter)が政治主体として支持を表明したことにある。たしかに通勤は、自家用車を所有できないほとんどの都市住民にとって共通する経験であった。しかし、そうした個々の経験は、そのまま政治主体を形成するわけではない。日々の通勤の経験を政治的で連帯する意識へとつなげ、イシューへと変換する媒介が主体の形成には決定的に重要である。

通勤者という主体をつくり出したのは、トイクス・セルナとその友人たちであった。[9] 彼女は、長年にわたって公正な政治、透明な行政、反腐敗活動などのアドボカシー団体で働いてきた。しかし、政府を監視し批判する「仕事を一〇年以上して分かったのは、批判だけしても現実が何も変わっていかない」ことだったと語る。二〇一三年にアジア財団およびオーストラリア外務貿易省による「変革のための連盟」(Coalition for Change)に転職したことで政策を提案する側に変わった。二〇一七年から交通政策にかかわる政策案の作成と提言を引き受けることになった。ここでつくられたのが交通政策のシンクタンクであるMove Metro Manilaだった。一年ほど交通政策の現場で働いたある日、飲みの場での何気ない一言から変革がはじまった。

様々なディスカッションに参加するなかで、どこにも通勤者を代表するグループが存在しないことに気づいたのよ。そのことについて友人に飲みながら愚痴をいったのね。専門家はいるのに、一番の受け手となる人がその場（政策を議論する場）にいないってことを。酔っ払った友人が言ったのよ。「通勤者を代表するグループがないのなら、僕たちが代表しよう！　僕たちだって通勤者だよ」って。これがはじまり。笑えるでしょう？　二〇一八年八月のことだった。私は友人の発言を最初は酔っ払っての冗談だと思ったんだけど、翌日、友人たちはすでにFacebookページを立ち上げ、ロゴまで完成していた。みんながマジなんだってわかったの。

こうして通勤者のグループ「Komyut」が設立した。セルナは、交通政策のシンクタンクであるMove Metro Manilaの一員であり、通勤者を代表するKomyutの代表であり、さらにMove! Move! Move! Peopleというアドボカシーグループのメンバーでもあった（Sidel 2020）。このアドボカシーグループは、政府の「Build! Build! Build!」（第六章参照）を揶揄してつけられたものだった。橋の増設や高速道路の車線を拡張するような政府のインフラ事業は、人々のモビリティを増進するものになっていなかった。彼女たちのグループは、人々の日常的なモビリティを中心にしたインフラ事業と交通政策を求めていった。Komyutは、政府や交通セクターが通勤者の声を代弁してきたことに対する重要な批判者となった。「一番の受け手となる人がその場にいない」状況を変え、そのテーブルに通勤者の椅子をつくり出したのである。彼女は、交通に関する政策、通勤者、アドボカシーを横断する自身のキャリアを「旅」（journey）と表現した。

二〇二三年三月二日の上院公聴会に参加したトイクス・セルナ

セルナは、市民社会と政策の場を往復しながら、通勤者という政治主体を立ち上げていった。Komyut は、Facebook 上で通勤者が日常的に経験する苦痛や困難を共有する場となっていく。こうしたSNSの活動は、別の組織にも模倣されていくことで通勤者による複数のオンライン・プラットフォームがつくられ、広がった。それまで個別のつぶやきに過ぎなかった経験は、セルナらがそれらをまとめ上げ、ディスカッションの場へと持ち出すことで政治的な声となった。そして、政治主体としての通勤者は、パンデミックによってさらに重要性を増していく。Move As One は、こうしたセルナの旅のなかでパンデミックを契機に設立したものだった。すでに計画と政策は、彼女たちの手にあり、そして、通勤者という主体もそこにあった。しかし、実行に移すための予算がなかった。ここでケン・アバンテという若き活動家が彼女を媒介した。

パンデミックから生まれた通勤者の連盟

二〇二〇年五月一〇日に Move As One 連盟は、設立とともに公式声明を発表した[10]。

我が国のポストコロナの公共交通システムは、時限爆弾のような状況にあります。危険に晒されているのは、自家用車を所有するほど裕福でない八八％の家庭の安全と移動手段です。危険に晒されているのは、学校まで歩いたり、自転車に乗ったり、公共交通機関を利用しなければならない二〇〇〇万人の学生です。危険に晒されているのは、適切な公共交通機関がないために何kmも歩かざるを得ない、五〇万人の医療従事者、ソーシャルワーカー、バランガイ労働者です。危険に晒されているのは、少なくとも一五〇万人の障がい者、一〇〇万人以上の妊婦と新生児、七・五万人の高齢者であり、これらの人々は役所や店舗、病院に行くための移動手段を必要としています。……パンデミック以前から、私たち通勤者はすでに非人間的な公共交通システムに苦しんできました。私たちの中には、朝三時に起きて八時の仕事に到着するために準備する人もいます。仕事が終わった後には、三時間から五時間もの移動に耐え、夜一一時に家に到着することもあります。多くの人々には選択肢がありません。私たちの限界を超えた公共交通システムが唯一利用できるものだからです。何十年にもわたる自動車中心の政策が私たちを圧迫してきました。そして、何もしなければ、状況はさらに悪化するでしょう。……しかし、これを防ぐことは可能です。私たちは、三段階で実施され、三年間で一一〇〇億ペソを投資する都市交通支援パッケージを提案します。

通勤者が主体となって交通システムの再構築を要請する声明は、マニラの長い都市計画の歴史においても初めてのことだった。Move As One は、政府がパンデミック下での経済景気への刺激策に用意したバヤニハン法（Bayanihan to Heal as One Act）において、公共交通とモビリティのための予算の必要性を訴えて一二〇億ペソを引き出した。

ケン・アバンテは、Move As One の主要メンバーであり、この予算獲得を可能にした人物である。[11] 彼はアテネオ大学で経営工学を学び、財務省で働いたのちにハーバード・ケネディ・スクールで公共行政と国際開発の修士号を取得した活動家である。彼が連盟の設立に与えた影響は大きい。パンデミックが起きた三月、彼はマニラ首都圏を離れ、ビコール地方の実家へと戻った。ロックダウンの開始とともに数々のイシューが噴出する。二〇二〇年三月から四月にかけて、彼も所属する市民予算ネットワーク（Citizens Budget Network）[12] はコロナ対策の予算の追跡をはじめた。なぜなら、彼の親族には地方の医療従事者や病院で働く労働者が多くいたが、かれらはマスクや手袋などの適切な防護具をもっていなかった。そこで、「私たちはそのような装備を病院に届けるために動き、民間の寄付や副大統領室から防護具を手に入れた」。次に論理的な疑問が生じたという。「予算はあるのになぜそれが最も必要とされる医療従事者に行き渡らないのか。私には予算に携わる訓練と実践経験があったので、予算追跡ソフトウェアをつくり、コロナ対応のために可決された予算と法律を追跡しはじめた。そして毎週そのエクセルシートを更新することを続けました」。この過程で、彼は素晴らしい仲間たちに出会ったという。「私たちの活動がピークに達したときには、六〇人のボランティアが自宅から予算の追跡やアドボカシーなど、様々なことを行っていた」。

前記の活動を知り、予算を必要としたセルナはアバンテにコンタクトを取った。アバンテは予算に関するワークショップを開き、かれらはMove As Oneの設立に向けて動きはじめた。Move As Oneの形成は、この二人を含むパンデミック下での問題に取り組む人々のあいだでの活発なコミュニケーションに由来する。

かれらは政府に対する予算要求の際、医療従事者が職場に向かうための代替手段の必要性を中心に置いた。アバンテは当時の状況を「政府は公共交通を停止しており、医療従事者が出勤するためだけに二時間も三時間も歩かなければならない状況だった。かれらの手が何よりも必要だとされる時に、かれらは自力で病院まで歩いていかなければならない、そんな馬鹿げた話があるでしょうか」、「私たちは当時の戦略において、パンデミック中に医療従事者が最も強力なセクターであることを認識していた。意思決定者に働きかける際には、私たちがどのように公に映るかを非常に意識した」と語る。

政府からの予算を獲得するために医療従事者を前景化することは、パンデミックにおける最大の武器となった。アバンテは、この決定が主要なセクターに関心を集中させることで、影響力の弱い通勤者というより広いセクターを育て強化していくために必要であったと評価する。そして、モビリティを求めるには、予算を政府からもってくるだけではなく、交通セクターとその労働者との関係を再構築することが必要であった。

ジープニーセクターと通勤者を結ぶ

Move As Oneが通勤者のみならず、交通セクターとのコミュニケーションを可能にしたのはレイセル・ベンダーニャによるところが大きい[13]。ベンダーニャは、アテネオ大学を卒業し活動家になったが、彼女の父は長年ジープニーのオペレーター兼ドライバーとして生計を立て、彼女のまさに誕生日に購入したジープニーと共に生きてきた。彼女の親族もジープニーコミュニティの一員であり、「私は交通労働者の家庭で育った」と語る。パンデミックによって政府が交通サービスを強制停止させたことをみて、「かれらが政府にとってもっとも後回しにしていい存在であることがわかった」という。Move As One の設立に際し、アバンテがベンダーニャを呼び込んだのは、彼女が交通セクターを熟知した活動家であったからだった。

二〇二三年三月のストライキについても、彼女の分析は優れている。「ジープニーコミュニティで育った私は、いつも通勤者が抱える問題をジープニーセクターが抱える問題と対立させ続けるフレーミングに腹を立ててきた。報道機関も政府のフレームをそのまま放送してきた」という。Move As One による介入と媒介がなされたのは、このジープニーセクターと通勤者や他の運動を分断し対立させ続けるフレームに対してであった。彼女によれば、Move As One はそのためにいくつものセクターから譲歩を引き出してきた。

第一に、通勤者との連帯である。もしジープニーセクターがなくなれば、通勤者も苦しむことになる。彼女は、「毎日私たちを目的地に送り出し、私たちが会いたい人に私たちを安全に送り届けることができるよう連帯が必要である」と訴えた。そこには、障がい者の方々からの譲歩も含まれていた。もちろん、誰にとっても利用可能な公共交通機関を望むのは当然である。彼女は、そのためにも慎重なプロセスを踏まえなければならないことを強調し、政府からも全面的な支援を受けることに通勤者ならびに障がい者とのあいだでの同意を得た。第二に、ジープニーコミュニティからの譲歩である。近代化には反対しないが、この事業が公正な移行プロセスで行われるべきであり、移行の過程で誰も取り残されないようにすることを同意した。第三に、フィリピンで最も強力な環境保護団体であるグリーンピースとは、近代化事業に関する公式声明で、「世界的な気候危機にあることは承知している。だが、ドライバーの生活が奪われないということであれば、少々遅れても構わない」という譲歩を引き出した。第四に、報道機関との対話を行ってきた。ラップラー社、インクワイアー社、フィリピンスター社などの報道関係者を集めて非公開の会合を開いた。彼女たちは通勤者とジープニーセクターを対立的にフレーム化することがいかに有害であるかを議論してきた。

彼女は、Move As One の活動について「すべての利害が共存できる世界への道筋」を模索することの重要性を指摘する。しかし、それが容易ではないことも十分に理解していた。こうした語りには、少しずつ前進させようと、互いに争い合うマニラの交通にかかわるセクター間をなんとか話し合わせ、媒介するための努力が滲み出ていた。とくにジープニーセクターでも Piston や ACTO といった政治組織については、近代化に対してつねに反対を表明していたこと、それでも交渉を続けることで変化が表れている点を指摘する。

Move As One が設立した二〇二〇年時点で、彼女は ACTO と Piston に参加を呼びかけたが、両者は拒否したという。しかし、パンデミックが長期化したこともあり、ACTO については二〇二二年の時点で近代化に対する全面的拒否の姿勢を徐々に軟化させていった。政府は近代化に強硬な姿勢を取り続ける場合には、有無もいわせずに廃止する方針をとっていた。そのため Piston についても二〇二三年に徐々に態度を変えており、「近代化に応じる用意があるが、必要な支援を与え、路線とフランチャイズの統合を強制しないでほしい」と要望するようになった。Move As One は、こうした政治組織から譲歩と協働を引き出し、通勤者と交通セクターの皆が望むモビリティに向けて社会的現実をつくり変えていくために尽力していた。

第3節　ストライキが現わす「真の近代」への道

二〇二三年三月のストライキは、Manibela や Move As One がパンデミックの状況で媒介し紡いできた諸関係によって可能になったものであった。しかし、ストライキをつくり出すものと、ストライキがつくり出すものは異なっている。このストライキではどういった連帯と要求が現われたのだろうか。本節では、SNSを中心に広まった二つのハッシュタグを考察する。一つは #NoToJeepney Phaseout（ジープニーの廃止に反対）、もう一つは #YesToGenuineModernization（真の近代化に賛成）である。

ストライキの実施を宣言したのは、マール・バルブエナだった。彼は Piston を含む他の交通セクターにコンタクトを取りながら準備を進めた。マールは、ストライキについて Move As One のセルナにも連絡を取っていた。通勤者の代表としてセルナも、交通セクターとのコミュニケーションの経路を確保し続けることが重要だという。

マールは電話で「これについてあなたの意見は？　あなたの立場は？」と聞いてきます。私たちは互いに調整し合います。時々、彼は「デモに参加してくれませんか？」と依頼してくることもありますが、私はデモに参加できません。私にも制約があり、話すことはできてもデモには参加できません。しかし、支援を提供することはできます。たとえば、ストライキが行われたとき、政府の立場はかれらのフランチャイズを取り消すというものでした。そこで私たちは、かれらがストライキを通じて異議を表明することは憲法で保護されていると主張しました。ストライキ自体を支持するとは明確には言いません。

彼女の属する市民社会の言葉でマールたちのストライキについて直接的な支持の表明は困難である。とくにPistonのような左派から影響を受けている活動を肯定することには慎重を要する。セルナが取れる選択肢は、「ストライキの権利、抗議と集会をする権利を支持する」ことになる。だからこそ、彼女はコミュニケーションの経路を開いておく必要性を語っていた。

私たちが公に発表する前に、お互いを理解するためのルートがあるのは大事なことです。なぜなら、時々、公に声明が出されて、人々がお互いに怒ることがあるからです。相手の立場がわからないままね。だから、個人的なコミュニケーションがあることで「これが私たちの立場です」と言えるのは良いことなんです。たとえば、「通勤者はこういう理由でこの立場を取ります」と言えるし、かれらも自分たちの立場を説明できる。そうすれば、意見の不一致があった場合でも、それが明確になります。問題が明確にされ、報道機関がグループ間の争いを強調するだけの話にしないためにね。

マールはＳＮＳでの活発な発信を続けながら、二月二七日にストライキについての記者会見を行った。その際、主要なジープニーの政治組織にも参加を呼びかけたが、どこからの支援も得られなかった。

三日間の予定だったストライキを記者会見の際には一週間とした。仮に一週間のストライキを継続する体力がなかったとしても、一週間という言葉で政府は慄くだろう。そうした目的で一週間とした。一種のブラフみたいなものだ。期間が長くなければ、政府は反応すらしない。広く拡散されてトレンドに入らなければ、私たちの存在は無視されてしまう。そこに本当のイシューがあっても、騒ぎ立てる者がいなければ、サポートを得ることもできない。

このブラフが功を奏するかのように、ＳＮＳ上で #NoToJeepneyPhaseout が拡散されていく。徐々に高まっていく #NoToJeepneyPhaseout を受けて、Piston は参加の声明を三月三日に出した。しかし、このストライキを見えない領域で支えていたのは、セルナ、アバンテ、ベンダーニャといった通勤者を媒介する人々でもあった。

通勤者による連帯：私たちは同じ船に乗っている

ストライキに際したSNS上での通勤者からの共感とその高まりについてマール自身は、それが「なぜ生じたのかわからない」と率直な意見を述べていた。しかし、セルナはこうした共感について、通勤者がジープニーセクターに対して「We are in the same boat」（私たちは同じ状況にいる）と気づいたこと、そしてパンデミックでの経験に由来することを説明した。彼女は、交通ストライキが発生すると、通勤者にとっては不便なので反対することを指摘しつつ、政府の公共交通車両近代化事業が多くのジープニードライバーやオペレーターから仕事を奪い、困窮化させる主な理由となっている状況では、通勤者も同じ状況に置かれているという。かれらが仕事を失うことは、通勤者にとっても移動手段を失い、乗車可能なジープニーの減少として経験される。そのため、状況を共有している。

またアリッサ・ベルダも、パンデミックによって多くの人がモビリティの制限による困難を経験したことを指摘する。とりわけ、前章でも述べた路上で物乞いをし、車両での生活を余儀なくされたドライバーたちについてのニュースは、多くの通勤者にとって他人事とはいえず、パンデミックによってもっとも被害を受けた存在として認識させた。

なかでも、さきのレイセル・ベンダーニャが「Twitter」に投稿したショート動画はトレンドとなり、五〇〇万回以上の視聴がなされた。ベンダーニャは、自身の経験からこのストライキがもつ意義を社会へと投げかけた。「なぜ交通ストライキが行われるのでしょうか？　二〇年以上にわたりジープニードライバーをしているレナートの娘である私レイセル・ベンダーニャがその理由を説明します。……ジープニードライバーたちは、様々なグループに属していても、共通の立場をもっています。私たちは近代化に反対しているわけではありませんが、かれらが取り残されないための正当な計画を求めています。……問題はあなたが交通労働者なら、どこにもいく場所がないことです。政府は近代化に対する正当な負担を負うべきです。……近代化のアイディアは、まるで政府とその友人がマカティの高級レストランで食事をしながら考えたようなものです。その代金を肩代わりするのは、ドライバー、とくに年老いたかれらなのです。私たちは、正しい真の近代化計画を政府に求めています。私たちの父の戦いは、私たち子どもにとっての戦いでもあります」と、自身の父親との関係をもとに、ジープニーのおっちゃんたちとの関係性について若年層に向けて発信したのである。

#NoToJeepneyPhaseoutは、ストライキ前日の三月五日にはフィリピンのTwitterのトレンドに入り、三月六日と七日のあいだ一位を記録した。ジープニーの廃止に反対することに加え、もう一つのハッシュタグ#YesToGenuineModernization(真の近代化に賛成)もトレンド入りした。二つのハッシュタグは、一見、正反対のように見える。一方はジープニーの廃止にノー!と叫び、一方は近代化を求めている。[14]

ストライキから現われるもの

ストライキがメディアとなって個的な経験は社会へと現われる。どんな言葉、どんな経験、どんな記憶が社会へと姿を現わしたのだろうか。それを目の当たりにした私の感覚をコラージュとして凝縮させたのが次のページに掲載してある。

それぞれは、ユーモアに溢れたもの、親子の絆を示すもの、おっちゃんらのちょっとした優しさ、車内での出来事、通勤者としての想い。千差万別でまるでジープニーのグラフィックのようだ。それらを結ぶのはさきの二つのハッシュタグである。このハッシュタグの意味するものを紐解く前に、いくつかの呟きを紹介しよう。

ユーモアに溢れるものとしては、寝顔のイラストに「ジープニーの中でしか寝不足を解消できないのに、それを取り上げるんですか?」や「おれたち(ドラゴンボールの悟空、スパイダーマン、スーパーヒロインのダルナ、モバイルレジェンドのレイラ)は別々の世界で戦っている。けどおれたちがついてるぜ」というイラストに「スーパードライバーマン、お前は強い」(*Si Tsuperman ang sakalam*)とメッセージを寄せている。車内のダッシュボードでスヤスヤと眠る「猫ちゃんもマノンドライバーと一緒にビヤへに出てるんだね笑」というキュートなもの。「近代ジープニーのデザインは本当に気が滅入る。政府のロゴや広告で埋め尽くされた醜い白い車体。一方、こっちはイロイロ市のレオンのジープニー、(フィリピンの英雄的ボクサーである)パッキャオの対戦相手のボコボコに腫れ上がった顔が描かれている」という皮肉。あるいは、車内であまりにもくつろいでカフェのようにお喋りする二人のおばちゃんに「ドライバーさん、あちらのお客さんにジュースを用意してくれませんか」といったもの。さらには、「二〇一七年に実際に起こった話。向かいに座っていたフィリピン人の高齢女性に合図を送りました。隣に座っていたアメリカ人の高齢男性の短パンから片方のタマがポロリしていたのです笑」という訳がわからない事柄までが押し寄せてくる。

より親密な言葉も現われていた。「私が悲しくなるのは、ジープニーにずっと乗ってきた身として、街で見かけるジープニードライバーがほとんど年配の方々であるという事実です。まるでかれらが生

Si Tsuperman ang sakalam #NoToJeepneyPhaseout
MAGKAIBA-IBA MAN TAYO NG UNIVERSE
NASA LIKOD MO RIN KAMI!
Tapos tatanggalin
NO TO PUV PHASEOUT
NO TO JEEPNEY PHASEOUT
Phaseout Paano na yung mga momints naming ganito?
PISTON

Ariana Grande Philippines
MARILOU
Sleek &
Simple
TXV 260
NO TO
JEEPNEY
PHASEOUT
WE ARE NOT THE SAME
Virgin MiniBus
VS
Chad Jeepney
•Kultura
BALIK-PASADA!!!
PILIPINAS
No To
JEEPNEY
PHASEOUT
MAVART
PHABOT
PO
SA LABAN
NG TSUPER
KASAMA ANG
KOMYUTER
TUTOL KAMI SA

きていくことを奪われているかのようです。ほとんどのジープニードライバーにとって、それが何年にもわたって唯一の収入源です。それをかれらの人生から取り上げるなんて考えられますか？　しかもこの経済状況で？　この経済状況で仕事を失うこと自体が大変ですが、生涯にわたって頼りにしてきたものを奪われるというのは、また別次元のことです」という慮る気持ち。ある個人の経験を彩る存在でもある。「マニラにいた頃、ママと一緒にディビソリアに行くときは、いつも交通渋滞がひどくて、ほとんどの思い出はジープニーの中で過ごした時間なんだ。本当に、おしゃべりしたり、渋滞にはまっている間に一緒に何か食べたりすることが多くて笑。懐かしいなあ」。ふとした時に手を差し伸べられたこと、「ある時、財布を盗まれてしまって、手持ちのお金が全くありませんでした。だから、ジープニーに乗る時、ドライバーの隣に座って、恥ずかしかったけどお願いしようと思いました。盗まれて、お金がないことを彼に伝えると、どこに帰るのかと聞かれました。私は別のジープニーに乗り換える必要がありますと応えました。すると、彼は私が家に帰れるように二〇ペソをくれました」。父との思い出、「昔、小学校の授業が終わるとモールの角でお父さんを待ちました。……夜になるとお父さんの運転するジープニーにはたくさんの乗客が乗るので、私は助手みたいな感じでした。小さい頃からお父さんがジープニードライバーだということをよく知っていました。ガレージに戻ると、いつもお父さんはジープニーに『今日もありがとう、また明日』と話しかけました。お父さんはジープニーに『リモ』という名前までつけていました。お父さんはリモにたくさんの犠牲を払ってきました。時には夜遅くまでかかって、リモのトランスミッションを修理しました。修理が終わるまでお父さんは決して食事をとらないんです。リモとお父さんはたくさんの乗客を運んできました。多くの人が無銭乗車を許してもらっていました。お父さんとリモのおかげで私はエンジニアになることができました。ジープニードライバーの子どもであることを誇りに思っています。お父さんのような人たちが、交通の変革に巻き込まれて生活（*kabuhayan*）を失い、若者たちが夢を奪われることがないように願っています」。

個々の経験はストライキによって媒介され、徐々に社会的現実が塗り替えられていく。それらをつらぬくのは「#NoToJeepneyPhaseout」という言葉だけだ。その言葉はジープニーへの愛着の表明である。ジープニーが社会からいなくなってほしくないという呼びかけの声がフィリピン中に響いていったのである。コラージュをじっとみてほしい。そこにマイクをもったサルディを探してほしい。彼もその声に励まされて、また元気に喋り出した。

もう一つのハッシュタグ「#YesToGenuineModernization」（真の近代化に賛成）は、ジープニーと共に近代を求める表明である。しかし、それが何を指し示すのかは不明瞭だ。Move As One のセルナも「正直に言って、私には真の近代化が何かわかりません。……そう、言葉遊びなんです。でも、こういった言葉遊びは人々の考え方に影響を与えますよね？」と述べている。事実、「真の近代化」という文言自体は、二〇一九年のストライキの際にも部分的に用いられていた。ストライキの発起人となったStop&Goは「公共交通車両の廃止に反対し、正しい近代化とリハビリテーションを求める同盟」と名乗った。しかし、当時のストライキでは、ジープニーセクターが苦し紛れ、あるいは延命のために付けた標語でしかなかった。誰も真の近代化を信じていなかった。しかし、二〇二三年のストライキでは、通勤者もジープニーセクターも、「真の近代化」という言葉を積極的に用いるようになっていた。少なくとも、二〇一九年の時点では、この言葉は左派や政治組織の文脈でつくられた戦略的意味合いしかもっていなかった。だが、言葉とは時代と状況においてその意味が変化する存在である。言葉に意味を読み込み、意味を与えるのは、人々のエージェンシーにかかっているからだ。

「真の近代化」とは、ジープニーと共に人々が暮らしやすい都市を実現する未来に向けた言葉である。ある人はこのハッシュタグとともに「本当に政府の連中は愚かだ。ジープニードライバーが、もし（近代車両の）二三〇万ペソを出せるなら、朝から夜明けまで苦労して運転を続けると思うのか？ 神様があなたたちをつくった時に頭も付けてくれたのだから、たまには使ってみろよ」、「政治家が公共交通機関を改善しないのは、自分たちが通勤していないからだ。自転車に乗らないから、自転車レーンも整備しない。インターネットが安定しているからオンライン授業を推進する。すぐに入院できるから病院も改善しない。問題に直面していないから、問題も解決しない」という手厳しい政府への批判の声をあげている。あるいは、「ドライバーやオペレーターが求めているのは、理解と思いやり、そして何よりもかれらの家族への支援です。かれらを強制する近代化は、かれらの生活を奪うことと同じです。私たちはこのような状況を望んでいません。これは失業や飢餓、問題をさらに引き起こすだけです」。近代化という言葉が徐々に政府が独占的に使用するものから引き剥がされていく。真の近代化という言葉の使用は、「私たち」が望み、考え、希求する言葉として近代と未来を取り返そうという模索のようだった。いまあるジープニーを廃棄するのでもなく、廃棄に反対するために近代化を諦めるのでもなく、ジープニーと共に近代をつくり出す道として「真の近代化」が立ち上がったのである。

ジープニーと共に近代を求めて

二つのハッシュタグをみていくと、SNS上にジープニーについての無数のイメージが溢れかえったことがわかる。コラージュが示したように、これらに込められているのは、決して一つにはまとめきれない無数の愛着、その具体的な表現であった。

「二度と立ち上がることができない」とサルディが語ったように、進歩の風がジープニーを過去に捨て去ろうとした瞬間、人々は瓦礫に埋もれていくその存在に関係、想い、記憶を観ていた。その風に抗って人々はジープニーを観たのだ。ストライキを契機に広がった光景は、ウォルター・ベンヤミンが「歴史の天使」と呼んだ、まさにそのまなざしのようであった[15]。「近代、成長、発展」、社会が推進していく単線的想像力は、いまここの存在を否定し、それを時代遅れとして葬り去ることで未来を描き続ける。このような未来への志向性は、私たちにとって政治家による約束や開発として経験される。未来が現在の否定、現在の過去への忘却を意味する場合、私たちに残されているのは、未だ到来しない存在だけである。この時、私たちは過去から現在まで世界をつくり続けている根源的なエージェンシー、つまり、世界を想像／創造する力も失うだろう。

序章で引用したキャロライン・ハウの言葉に戻りたい。フィリピンの大分断の知的伝統は根深いものがある。だがエリートと大衆は対立し引き裂かれているのではなく、両者をつらぬく「解放のための闘争という共通の経験」がありうることを彼女は論じていた（Hau 2017: 305）。彼女は、その言葉で差異ある歴史的主体のあいだでの「私たち」が成立することを暗に示している。ジープニーの廃止に反対し、真の近代化を求める人々のあいだにも無数の差異があり、決して一枚岩としての「私たち」

ではない。けれど、ジープニーと共により良い都市、より良い未来のために戦う共通の経験をしている。

現代フィリピンが「不安・切望と希望の政治」によって特徴づけられるとすれば、政府が提示してきた近代化とは、素晴らしい未来の約束であった。そうした未来のために規律が重んじられ、その過程でスクラップとされる人々がいることはすでに第六章や第八章で論じてきたとおりである。二〇二三年のストライキが現わしたのは、そうした独占され囲い込まれていく未来への想像力を人々が再び取り返し、「私たち」が望むジープニーや近代化をつくりなおしていく可能性である。そして、その媒体となったのはジープニーであった。ジープニー自体は、人々によって話され、観られ、議論し合われることで鼓動を取り戻していく。それだけではなく、ジープニーが未来への想像力を結ぶ具体的な媒体となって人々の、都市の未来を鼓動させていくのだ。そのとき、「私たち」が描く近代の姿は生（*buhay*）とケアにつらぬかれたものとなるだろう。このビヤヘがどのような軌跡を残していくかはまだ誰にもわからない。おっちゃんたちと皆がつくり出し、つくり変えていくマニラを心待ちにしている。

注

1　サラ・ドゥテルテ副大統領は、ストライキの実施に対して参加者を共産主義者かつテロリストとみなすレッドタギングの発言をしている。彼女は、一週間にわたる全国的な交通ストライキを「共産主義に影響された」「無意味な」「痛ましい妨害行為」であり、教育省が教育システムの問題解決に取り組む努力を妨げていると述べた（Rappler 2023）。

2　二〇二三年三月六日、bomboradyoph の TikTok への投稿。https://www.tiktok.com/@bomboradyoph/video/7207245906335354113

3　このストライキを皮切りに、反対運動は活発化している。二〇二三年には、七月二四日、一〇月一六日、一一月二〇日から二四日、一二月一四日から一五日、一二月一五日から二九日にストライキが実施された。続く二〇二四年も一月一六日、四月一五日から一六日、六月一〇日から一二日と継続している（二〇二四年七月現在）。

4　ド・ローレティスによる定義は、「経験とは『外の世界』と『内の世界』の記号論的相互作用から生じる習慣の複合体であり、自己または主体が社会的現実と継続的にかかわることを意味する」というものである（de Lauretis 1984: 182）。タディアーの引用と批判のポイントは、個的な経験がつねに世界と結びついている点を評価しつつ、ド・ローレティスの強調が受動性にあるのに対し、経験がより積極的に「外の世界」という社会的現実と「内の世界」という主体性を同時につくり出す点にある。媒介とは、この内と外の世界をつなぐ記号論的相互作用の経路を指している。

5　写真はYOKO氏から使用の許可を得ている。同氏の Facebook ページ（https://www.Facebook.com/profile.php?id=100090224970727）。

6　第七章の表7-1（二五二頁）を参照。代表のマールは、もともとアジア最大規模のショッピングモールであるSMモール・オブ・アジアによるターミナル管理に反対する政治組織 SMMITT の代表でもあった。

7　インタビューは、二〇一八年一〇月三〇日、二〇二三年九月二日、二〇二四年三月八日に実施した。

8　Manibela の設立に際し、マールは前職を辞職した。「まさか金融のブローカーから、交通セクターのブローカーになるとは」と、自身の選択をマールは笑い話にする。彼の上司がこう言ったそうだ。「なぜ辞職するんだ？　金にもならない、ストリートでの抗議は暑くてしんどいだろう？　家族のことはどうするんだ、お前の将来だってどうするんだ。仕事を辞めるべきではない」と、そう問われた。「私にもわからない（I don't know）。私が抗議やアクティヴィズムに献身する理由は、私にもわからないんです」と彼は答えた。会社の外でジープニーの会合がある度、上司に「今日、私は仕事ができません」と伝える。遅刻し休むことが増え、スマホには仕事中も外から何度も連絡が入るようになった。「私は自分の仕事をできないこと、それを上司に伝えることの恥ずかしさに耐えられなくなって辞職した」。

9　インタビューは二〇二三年九月一三日にFacebookのメッセンジャーの通話で実施した。

10　#MoveAsOne Advocate Guide（last updated 13 June 2021）からの抜粋。

11　インタビューは二〇二四年三月二五日にZOOMで実施した。

12　Citizens Budget Network は、国家の予算編成プロセスにおける透明性と市民参加の促進を目指す市民社会の運動である。このネットワークは、予算改革を推進し、透明で説明責任のある財政管理を求め、資金の不正使用につながる可能性のある一括配分のような仕組みに反対する役割を果たしている。

13　インタビューは二〇二四年三月一一日にZOOMで実施した。

14　ここで用いている「真の近代」という言葉は、多元的近代論（multiple modernities）やオルタナティヴ近代論（alternative modernities）と重複する印象を与えるものである（Eisenstadt 2003; Gaonkar 2001）。おそらくそうした議論からアプローチすることもできるだろう。しかし、本章で取り上げる「真の近代化」とは、あくまでかれらが自らの経験をもとにつくり出した言葉として理解している。同じ「近代」という言葉であっても、その意味や価値は文脈によって大きく異なるためである。本章にとって重要なのは、広く流布している「近代」の意味やそれをめぐる議論ではなく、かれらがその言葉に込めている意味と経験である。

15　「『新しい天使』と題されたクレーの絵がある。それにはひとりの天使が描かれていて、この天使はじっと見詰めている何かから、いままさに遠ざかろうとしているかに見える。……彼は顔を過去の方に向けている。私たちの眼には出来事の連鎖が立ち現われてくるところに、彼はただ一つの破局だけを見るのだ。その破局はひっきりなしに瓦礫の上に瓦礫を積み重ねて、それを彼の足元に投げつけている。きっと彼は、なろうことならそこにとどまり、死者たちを目覚めさせ、破壊されたものを寄せ集めてつなぎ合わせたいのだろう。ところが楽園から嵐が吹きつけていて、それが彼の翼にはらまれ、あまりの激しさに天使はもはや翼を閉じることができない。この嵐が彼を、背を向けている未来の方へ引き留めがたく押し流してゆき、その間にも彼の眼前では、瓦礫の山が積み上がって天にも届かんばかりである。私たちが進歩と呼んでいるもの、それがこの嵐なのだ」（ベンヤミン 1995: 653）。

終章　「人間の都市」宣言

汗が、オイルが、滲み、滴り、輝く。手で握り、回し、食い込み、その皮は厚くなる。おっちゃんたちも、かれらの奥さんも、貧弱で苦労を知らない私の手を笑う。かれらの身体がその存在を都市に刻み込み、かれらの肉体に都市が刻まれる。指にできた洗濯ダコを見せ、彼女は誇らしげな笑みを湛え、「あら、あなた、赤ちゃんみたいな手だね」と。愛のある冗談、悩む実存、生きてきた誇り、ユーモアと交感に満ちるかれらの精神が都市を織り上げ、都市がかれらの精神を織り上げる。叫び、集い、「私たち」の存在をともに喜び称え合い、生の希求は都市をつくり出し、ともに生きることの希求が都市をつくり変える。人間は都市だ、都市は人間だ。

本書は、人間がつくり、支え、支えられる存在として「都市」を再定義する。ジープニーとおっちゃんたちの姿は、人間の都市と呼ぶべきこの都市像をカラフルに暑苦しく映し出してきた。私たちは、キラキラ光るガラス張りの巨大な箱、首都高速のようなコンクリートの塊、商品で満たされたデパートを「都市」とみなすことから決別するべきである。つまり、人間くさい存在こそが都市である。私たちは、「都市」という言葉に込められる意味を取り返さなければならない。人間が支え、支えられ、実存が刻み込まれた「それ」が都市なのである。あの手この手がつまったスラム、壊れかけながら元気に走るジープニー、その人間らしさを映し出す言葉が「都市」となる。

本書は、徹底して「人間が都市をつくる」状況に身を置くことで、人々の住まう環境がどのようにつくり上げられるかを描き、人間の存在と切り離された極端に思弁的かつ物質的にイメージされてきた都市概念を脱構築した。そうした「都市」は、人間を治める／納める「箱」でしかなく、植民地支配者、計画者、建築家、独裁者の頭のなかにしか存在しない。「はじめに」で述べた「本書の核となったような私の感覚……はマニラという街への『愛おしさ』」という表現は、汗や想い、喜びや悲しみ、人間らしさが刻まれた都市から生まれる感情として湧き上がったものであった。本書は都市からその人間性を観た。都市という言葉は、個別具体的な対象から人間らしさへと至る窓となる。

人間性を映し出す都市

ここでの都市は、文化が意味するところと接近する。二人の人類学者による文化の定義を経由して、「人間の都市」という概念にアプローチしよう。

一八七一年の『原始文化』で、エドワード・タイラーは「文化」を「知識、信念、技術、道徳、法、慣習など、社会の成員としての人間が身につけるあらゆる能力と習慣からなる複合的な全体」と定義した（タイラー 2019: 9）。それから約半世紀を経てルース・ベネディクトは「人は誰しも、純粋な目で世界を見ることはできない。慣習や制度、考え方（文化のレンズ）によって編集された世界を観るのだ」と新しい定義を提示した（Benedict 1934: 2）。

前者は、人間による営みや制作物のほとんどのリストとそれを学習する過程を「文化」と呼んだ。

後者は、ある人間集団による世界を理解・認知するあり方を「文化」とした。日常生活、儀礼、習慣、制度、世界の見方、様々な事柄をカバーする文化の定義を理解するのは難しい。あれもこれも文化だ。しかし、両者が文化という言葉で、何を捉えようとし、何を観ようとするのかとその目的を考えれば分かりやすい。かれらは、「文化」という言葉でその地域や社会における「人間らしさ」や「人間性」を理解したいのだ。なぜなら、私たちは人間性を直接目で見ることはできない。そのため、具体的な物質や制度や集まりや規則に込められたものからそれを観ようとしてきた。

では、「都市」はどうだろうか。文化と同じくらい多くの定義がある。本書の提案は、何が都市かを定義することではなく、都市という言葉で何を捉え、何を観ようとするのかに賭けられている。提案とは、「都市」をその地域や社会における「人間らしさ」や「人間性」に向かう窓として捉えることである。人間が都市をつくる立場に立てば、つくった人々の人間性が都市に込められているのは当然のことだろう。文化から人間性を観るように、都市から人間性を捉えよう。

この都市への視角は、批判と創造を同時に可能にする。資本や権力の都市をつくり出している支配的な人間性とはどのようなものなのか捉える時は批判となる。一方で、よりマイナーなジープニーのおっちゃんたちに焦点が向かえば、マイナーな都市像から、そこに込められた人間性と創造力を増幅させることができる。以下では、二つの「人間の都市」をみてみよう。

イメルダ・マルコスの「人間の都市」

開発独裁をとったフェルディナンド・マルコスとその夫人イメルダは、「人間の都市」（City of

Man）を掲げた計画を実行した。その計画は、優れた建築家による荘厳な建築物によって観光、商業、経済を世界に顕示する都市へとマニラを再構築するものだった。マニラの負のイメージを払拭しようとするイメルダは、スラムを非人間的な存在として位置づけ、強制撤去を推進した。「醜悪で目障り」な存在を排除した上に、彼女の理想とする「都市」が構築される。この「都市」を象徴するのが、国際映画祭開催の会場としてつくられた古代ギリシアのパンテオンを模したマニラ・フィルムセンターであった。映画祭を締めくくるイメルダは「人間」（Man）の讃歌と解放を謳った。

私たちは、人間の進歩と運動を不朽のものにしなければなりません。……開会の挨拶で示唆したように、これは人間の解放に向けたさらなる一歩でした。人間の物語は、労苦と絶望、無知と恐怖、卑しさと凡庸さからの解放の物語です。私たちは、マニラ国際映画祭がそのヒューマンドラマの発展の重要な一部であることを願っています。したがって、私たちはその一部として永続的に存在することを目指します。……この映画祭が創造性を促進し、映画を観る人々にとって有益な喜びであったことは確かです。それ以上に、この「ヒューマニズムのための映画祭」は、私たちの社会における恵まれない人々に対して、物質的な利益と精神的な慰めをもたらしました。記憶に残る限り、我が国民と参加者にとって美的、道徳的、物質的、文化的、社会的価値を同時に達成した映画祭はありません。この映画祭は、人間の完全性に対して真に奉仕するものとなりました。

このスピーチの一年前、納期のために四〇〇〇人の労働者は三交代制で二四時間働いた。そのなか、建設中に足場が崩壊、一六九人の労働者が落下し、急速に乾いていくセメントのなかに生き埋めになった。イメルダは、労働者の遺体を下敷きに建設を継続するよう命じた。厳重な警備体制が敷かれたため、救助隊や救急車は現場に立ち入ることが許されなかった。「人間の都市」を建造するために埋められた人間がいたのだ。

この都市をイメルダの掲げた人間性の表現として捉える場合、私たちはこうした支配的な人間性を糾弾することになるだろう。私たちの鍛えられた目は、表面上の美醜を突き抜けて、不可視の領域にある暴力や創造性を観る。その不可視の領域を観ることで、表面の美醜に対する見方や基準を変える。

ある老婆の「人間の都市」

もう一つの「人間の都市」を紹介しよう。ケソン市のサンロケというスラムを訪れた時、そこで目にしたある老婆が強く印象に残っている。一度見ただけで、会話を交わすこともなかった彼女の姿を。曲がった腰で、何度もなんどもスラムの溝の詰まりを箒で掃いて流していた。その行為は自分のためだけではなく、あたかも必然であるかのように自然に行われていた。彼女は知っている。誰が「いまここ」をつくったのか。「私」、「私たち」がこの場所を、この都市をつくり、支えてきたことを。いかに劣悪だ、醜悪だ、非人間的な環境だ、と言われようとも、彼女（そしてその仲間）が何十年もかけてつくってきた「都市」は、その人間性の美しさを表現している。その美しさと強さは、台風で流されても刺さり続けるあの「杭」と同じものだ。

なぜ文化のように人間性の表現として都市を捉える必要があるのか、その理由がここにある。ジープニーやスラムを文化財として保護してほしいわけではない。現在の近代化やグローバル化がもたらす権力と資本の連携による計画や政策が、この文化、人間らしさ、歴史や想いを抹消していく現実について、真剣に考え向き合うためだ。[2] 開発による強制撤去で家を失った人々、政府は補償として再定住地を用意する。かれらが辛く苦しいのは、なにも住む家や仕事を失うことだけではない。そこでの思い出や記憶からかれらは傷ついているのに、多くの人が真剣にその話をしない。友人とスラムを歩いた、彼女は「昔、ここでデートしたのよ。あの陰に隠れてキスしたりして。あれは私のティーンエイジ、青春の思い出」と別れた旦那のことを語った。暗がりのなかで光を放つその場所が、その記憶が破壊され、失われていく。

現在の主流となっている「都市」概念の問題の一つは、あまりにも画一的な人間性を基準にしていることにある。さきのイメルダが掲げたヒューマニズムも、西洋と近代に則った人間性であり、それが別様な「人間性」を駆逐していく。惑星規模で進展する都市化とは、他なる人間性の破壊の上に成り立っている。本書で取り上げた近代化も、植民地支配から現代まで続く特定の人間性にもとづいて行われてきた。この支配的な人間性は、都市計画、法、慣習のなかに組み込まれている。「人間の都市」は、唯一とされる人間性を解きほぐし多面化するものだ。そして、いくつもの人間性が都市をつくってきた過程と歴史を可視化する。本書が描いた日々壊れながら走り、支えられながら支えるジープニーは、おっちゃんたちの人間性の表現である。その行為をしっかりと描き、記すことは、かれらの文化を記述することと同義である。

「人間が先、権利や法や制度は後」

都市を文化のように捉えるもう一つの理由は、現代世界において「文化」が異なる人間性を打ち立てる重要な言葉となっているからだ。マルクスの言葉を借りれば、多くの現代人は、先祖代々住み慣れた土地から切り離されることで「自由」を得る一方で、自らの労働力を商品として売る「自由」を生きている。文化なき人間の流れ着く場所が都市であり、市民や労働者とは脱色された人間を指す言葉であった。

かれらは、努力して新しい土地（都市）に自らを刻みつけ、育み、根づこうとする。だが、その土地はすでに国家や資本家の所有する領域である。第二部でみてきたように、おっちゃんたちは、ジープニーをケアし、生を探し求め、共に生きる場所をつくってきた。行為の積み重ねは、かれら自身の生活や権利の感覚を培う。だが、国家は法と政策によってそれらの正当性を容易に否定する。かれらは自らの正当性を示すことができない。なぜなら異なる文化や人間らしさが存在しないとみなされているからだ。だからこそ、都市を異なる人間性に向かう言葉として理解することは、かれらの行為とその積み重ねの正当性を認めることにつながる。独自の文化が自らの正当性を評価する基準として重要であることは、国家や資本とは異なる人間性の基準を打ち立てる可能性を示唆している。この基準の構築は、法や権利、制度を再検討し、新たな政治的枠組みを模索するための重要な道筋となる。第九章で論じた「真の近代」は、そのような都市を共につくり出していく具体的な事例を示していた。

簡潔にいえば、「人間や行為が先にあり、権利や法や制度はその後に続く」ということである[3]。ある特定の人間がつくり出した権利や法や制度は、違う人間を否定し排除する正当性を与える。第三部で展開したおっちゃんたちの政治とは、否定された人間による既存の権利や法への戦いであった。否定された人間あるいはサバルタンの政治とは、「〈あなたたち〉が認めなくても、おれたちも人間である」という宣言である。既存の権利や法のマトリックスによって存在を否定された人々は、自らが宣言し行為遂行的にその存在を現わす。たとえば、Black Lives Matter の「黒人の命は大切だ」という叫びは、かれらの生が粗末に扱われ、非人間化する現状の制度や人種差別を前提とする社会に向けられている。あるいは、移民や難民として先進国に移り住み、その都市の生産、再生産の一部として貢献しながらも市民権をもてない人々が権利を訴えることも、自分たちの人間性に立って権利の意味の変更、自分たちの存在を否定する法と社会、その基準となっている人間性の再編を求めている。

「人間の都市」は、平和で整然としたヒューマニスティックなものではない。不平等や搾取、差別や暴力、そうした「非人間」的と評価される都市を「ある人間」がつくり出し、「別の人間」がそれらを経験し、抗いながらつくり変えていくことに向けられた言葉である。おっちゃんたちとジープニーが描き出してきたのは、まさに支配的な人間像に抗ってつくられてきた都市の軌跡であった。通勤者がおっちゃんたちの都市に合流しながら、「真の近代」を求めることは、おっちゃんたちと通勤者の人間像がぶつかり、調整され、交渉しながら別様な都市（人間性）をつくり出していくことだ。

すべての人間の創造力を観るために

人間の都市とは、マイナー化された現実を増幅させ、メジャーな現実を揺さぶり、つくり変えるために必要な概念だ。人間がつくり出す都市をしっかりと描くことは、特定の人間性が支配する都市のなかで別様な「人間らしさ」が育まれてきたことを証明するものとなる。人間がつくり出した都市であれば、そこに人間性の痕跡が読み取れるのは当然のことだ。そう感じてもらうために、私自身がそのように確信をもって理解できるようになるまで、本書では、ジープニーとおっちゃんを、私の知り得る限りのすべてを用いて描き続けてきた。もし、今あなたがマニラを訪れ、湿度と熱気をかき分けながら迫り来るジープニーを目にしたなら、そこに人間の存在、その汗、オイル、輝きを観るだろう。それが人間の都市だ。

以前、ある日記を書いた。その時、自分自身でもその日記で何を表現したかったのか明確ではなかった。しかし、本書を描き上げる過程を経て、ようやくその日記の意味が自分自身にも明らかになった。

私がこの街をつくり、この街が私をつくる。気になるのは、私たちとして都市に蓄積していくもの。都市には幾重もの地層があり、それはその時々の私でもあった。地層であるからこそ、その表面の薄皮をみて、日々を生きていくために多くを考えることはない。むしろ、多くを考えない行為が地層たらしめる。けれど、地震、洪水、戦争、いい音楽を聞いた後には断層が現われる。束の間であれど、私をかたちづくるおそろしいまでの厚みをもった「何か」が足元にあることに気づかされる。美しくもあり、グロテスクでもある。時に酒を飲み過ぎて、街に飲まれるやつもいる。幸福で不幸なやつだ。街灯の明かりは線となって視界を流れ、地表の下にも暗い川が流れていることに気づく。私という地点は、無限に拡大し、また微分されていく。みてみたい、とおもう。レントゲンのように過去も地表もすべてを透かすように。目を瞑ることでしかみえないこの街のすべてをみてみたいとおもう。あなたをつくるこの街をみてみたいとおもう。欲望がぶつかり、せめぎ合い、時に滞留し、そして流れる。マニラ湾に沈む、遠くからやってきた何か。海岸に打ち上げられた無数のチェネラス（サンダル）。貝合わせのように一方を求めて波打ち際をさまよっている。リガヤを追ったフリオのように。一センチのゴムを挟んで、熱いアスファルトがある。（二〇一七年一〇月四日）

私たちは、先住民が先祖の営みと魂の満ちる土地のなかを生きるように、過去の人間の、過去のおっちゃんたちの生とその燃焼した灰が満ち堆積した都市のなかを生きる。ふだん、私たちはその表面だけを見ている。けれど、ふとした瞬間に知る。この都市はあの戦争で焼け落ち、かれらの魂が眠ること。あるいは、ある人が愛する人に出会った喜びが染み込んでいること。それらは、ふだんは見えないがふいに観えるようになる。もし私たちが、この都市をつくってきた人々のすべての行為を観えるようになったとしたら、都市は私たちにとって、すべての人間性につながる窓となるだろう。その時、私たちはガラス張りの箱を都市と捉えることができなくなる。私たちは新しい社会的現実を生きることになる。波打ち際を漂うチェネラスですら、そこに誰かの存在を感じさせる。先日の洪水が家々を襲い、玄関先からサンダルをさらい、この場所まで運んできたのだろう。サンダルを履いた足。その薄いゴムの下では、生と魂、汗、重油が交わり、創造力とともに煮詰まったアスファルトが熱を帯びている。本書は、すべての人間の創造力、そして個々の創造力を観るための一歩として描かれた。

注

1　これは過去の話ではない。二〇二二年に開催されたカタール・ワールドカップのインフラ開発に際し、六五〇〇人以上の移民労働者（主に南アジア出身）が亡くなった例など現在も継続している。タディアーの言葉を借りれば、インフラ（不変資本）となった人間である。

2　文化と人間性のつながりは以下の例を参考にするとわかりやすい。外国人観光客が奈良の唐招提寺金堂（国宝）の柱に爪で傷をつけた。多くの日本人がこの行為に怒りや悲しみを感じていた。それはその行為が、日本の文化＝人間性に対する攻撃や敬意の欠如として経験されたからだろう。

3　アンリ・ルフェーブルが「都市への権利」と呼んだものもこの叫びであろう（ルフェーブル 2011）。また、政治的な居場所を剥奪された「人間がその行為と意見にもとづいて人から判断されるという関係の成り立つシステムの中で生きる権利」とハンナ・アーレントが「権利をもつ権利」と呼ぶものも同様な意味をもつ（アーレント 1972: 281）。「権利をもつ権利」については、篠原を参照（篠原 2011）。

あとがき

思い起こすと本書は、山深い岐阜・中津川の実家とマニラで初めて目の当たりにしたスラム、二つの世界に通底する共通性にあったように思う。私が心惹かれたのは、その場所や土地をその場所や土地たらしめている目には見えない行い、その積み重ねであった。私の祖父の祖父は、冬になると背負子で石を担いでいたそうだ。春から夏のおわり、田んぼは稲をはぐくむ。水が流れれば、田んぼはすこし歪む。歪めば、それをなおし支えねばならない。そうして下の河原まで降りていき、石を拾っては担いで坂を登り、石垣をなおす。いまは亡き祖父も稲と田んぼを飽きることなくずっと見ていた。何を見ているのか、何が観えていたのか、当時の私にはわからなかった。祖父は車の免許もないのに、四台も草刈機をもっていた。彼もその土地と交わってきた。

私は、その土地、あのスラム、このジープニーをうつくしいと感じてきた。人間が刻み込まれたマニラの街をうつくしいと感じてきた。けれど、このうつくしさは、見た目の美醜とはほとんど関係がなかった。私にとって胸を打つようなうつくしさで溢れるマニラは、必ずしも他の人が同じように経験するものではなかった。祖父の観ている世界を当時の私が経験できなかったように。一冊の本を通せば、「あなた」にもそれが観えるようになるのだろうか。本書に賭けられているのは、見えない世界の厚みを「私たち」が再び観えるようになる可能性そのものであった。「あなた」にもあるのではないだろうか。世界の底に沈み、そして世界を底から支える、そうした存在が。「かれら」の存在と営みの上にしか私たちは生きることはないのだから。この可能性は、本書を手に取ってくださった「あなた」に委ねられています。どうかよろしくお願いします。

本書は、二〇二一年三月に提出された博士論文「分断都市マニラにおける『公共性』の地層：生活インフラストラクチャーとしてのジープニー」を基礎とし、大幅な修正および加筆を施した成果である。序章および終章に加え、第六章と第八章は本書のために書き下ろされたものである。各章の初出は以下の通りである。

第四章「不可視性に抗して〈観る〉ために：ジープニーをケアするインフラ労働」『モビリティと物質性の人類学』、春風社、二〇二三年、一三七―一六〇頁。
第五章『ジープニーに描かれる生：フィリピン社会にみる個とつながりの力』、風響社、二〇二二年。
第九章 *Between* Encroachment and Governmentality: Trajectories of Informality in the Jeepney Sector under Modernization in Metro Manila, *Aghamtao*, vol.32、一―二二頁。

博士論文では、主査である岡本正明先生、副査である町北朋洋先生、藤倉達郎先生にお世話になった。外部審査を引き受けてくださった小川さやか先生は、日本学術振興会特別研究員の受入研究者にもなってくださった。受け入れ先となった立命館大学から「立命館大学学術図書出版推進プログラム」の助成を受けたことで本書の出版が可能となった。また、本書の調査は、以下の研究助成を受けた。日本学術振興会「草の根の公共性に関する人類学的研究」（22KJ3022）、松下幸之助記念志財団の研究助成「新自由主義におけるつながりの両義性」、松下幸之助国際スカラシップ「交通インフラストラクチャーの変遷からみる都市変容」。

この本を世に出すことができたのは、「飲みゼミ」（飲み会の前の準備運動ゼミ）という場のおかげである。その主要メンバーである清水展先生、白石奈津子さん、師田史子さん、鈴木赳生さんに本当にお世話になりました。放っておくと視野狭窄となって本書以上に詩的な散文を撒き散らして走っていく私をアカデミアに引き留めてくださったのは、皆さんからの呆れまじりの愛情と言葉のおかげです。ふざけたような名前のゼミですが、ここより恐くて楽しい場所を私は知らない。そして、誰にでも開かれているわけではないけれど、求め必要とする人の前にはいつも開かれる「飲みゼミ」は、ギリギリと頭を使い、その時点での思考と感性の限界までギアと回転数を上げ、そしてオーバーヒートし、うなり声だけあげて言葉を見失うことの連続だった。その度の修理にも皆さんは付き合ってくださりました。まるで私自身がぶっ壊れながら修理されつつ走るジープニーの様でした。この自壊と再生の繰り返しは、遠くまで安心して見渡せる「巨人の肩の上」に（立てないくせに）立とうとすることをやめ、その肩から降りて自分で地面に立つこと（そして「おっちゃんたちと肩を組む」こと）へと私を進ませました。

マニラという都市で出会ったたくさんの人々に感謝します。とくに、フィリピン大学第三世界研究所の皆さんには、資料の探し方を含めて助けていただいた。また、私とフィリピンのアートの世界を繋いでくれた平野真弓さんとマーク・サルヴァトゥスさんに感謝しています。『現代フィリピンの地殻変動』で改めて一緒に議論をしてきた面々からもたくさんの刺激を受けました。なかでも、中窪啓介さんは本書一四頁と一二三頁に掲載されている地図を作成してくださりました。また古川不可知さん主催の「モビリティと物質性の人類学」研究会では、参加者の皆さまから助言をいただきました。前田賢哉さんは本書の原稿と日本語を細かくチェックしてくださりました。秋保沙央里さんはしんどい時に愚痴を聞いてくれました。たくさんの方々の友情に心から感謝申し上げます。

編著本に続き本書の編集を担当してくださった大澤茉実さん、原稿が全然出せず、大きな負担をかけてしまい、申し訳ありませんでした。大澤さんが辛抱強く、そして余白をもって待ってくださったおかげで、なんとか出版まで漕ぎ着くことができました。原稿の仕上げを担当してくださった濵田輝さんが最後の後押しをしてくださりました。ほんとうにありがとうございます。

本書をマニラで今日も元気に走っているおっちゃんたちに捧げる。

二〇二五年一月　特急「しおかぜ」の車内にて

【追記】

二〇二五年二月二二日、刊行間近と迫るなか、清水先生が逝去された。間に合わなかった。本書を読んだ先生から一言、「西尾くん、どんどん良くなってますよ」ともう一度いってもらいたかった。

亡くなる前日（二一日）、奇しくも私たちは飲みゼミで集まって鈴木くんの単著タイトル案を話し合っていた。清水先生からは数日前に「入院しているので、ズームでなら参加できますよ」とメールをいただいた。すでに相当な体調不良を実感しているであろうに、それでもいつものあの好奇心を宿らせた目とこころで返信くださったのでしょう。白石さんに「清水先生もたぶんあの場に来ていたんだよ」といわれ、「ああ、きっとそうだ」と思ったのです。すべてを出して真剣に議論する場がどれだけ楽しいのか、それを教えてくれたのが先生だから。

二〇一七年に清水先生が退職なされた時、以下の文章をお送りした。

大学院に入学した四月、春の柔らかい風がゼミ室へとするりと入ってくる日のことでした。陽気にあてられた先生は人類学の授業を開始するはずが、向かいの研究室のステレオからはっぴぃえんどの『風街ろまん』を流しました。そして、そのリズムに乗せて一九六〇年の横須賀を話し始めました。

風街ろまんには、二つの顔を持つ「はいからはくち」という楽曲が収められています。先生の語り口に引きつければ、詩人の感性をもたない私たちは、汗を流して愚直に調査をし、油汗をかぎながら論文に仕上げ、査読コメントを受け、冷や汗をかいて修正し、活字になって恥をかく。それはまさに身をよじる「はいからはくち（肺から吐く血）」な人々にほかありません。その一方で、そんな重さを抱えながら、酒を飲み、語らい、軽く、どこまでも巻き込まれていく先生の姿は、「はいからはくち（ハイカラ白痴）」でもあります。

二つの「はくち」に揺り動かされ、巻き込まれて、ここまで来たんでしょうか。友人からレコードを借り、横須賀の風を切って歩いた先生の姿を想像すると、その風は私たちのところまで吹きぬけていくように感じます。自由の風を求める人は、きっと周りの人をも自由にしていくのでしょう。『はっぴいえんど』の楽曲は、日本のロックのはじまりであって、おわりではありません。今後一層のご活躍をお祈りしております。

先生が巻き込まれながら巻き起こした自由の風は、私をつよく巻き込んでいます。その風は、私をとおりながらほかの人をも巻き込んでいくでしょう。その風は強くつよく巻き上がっていき、世界を変えていくはずです。「おお、西尾くん。それがロックンロールだよ」と先生ならいいますよね。路傍の石も揺れて転がり、バカ騒ぎし、交わり合う。あなたが巻き起こした風を浴びてきたのがこの本であり私です。私はこの本が大好きです。それは清水先生が教えてくれた自由と本気の議論で出来上がった本だからです。いつかあの世にいきますので、その時にいつものように楽しくお話ししましょう。では。

二〇二五年二月二五日　京都・松ヶ崎にて

索　引

・頻出する語については先行研究・定義・属性にかかわる頁のみを掲載している。
・事項名そのままの形でなくても、関連性の高い頁は掲載している。

人名・地名索引

ア行

カ行

サ行

事項索引

か行

さ行

参考文献

外国語文献

Adas, Michael, 2009, *Dominance by Design: Technological Imperatives and America's Civilizing Mission*, Harvard University Press.

Addie, Jean-Paul D., 2021, "Urban life in the shadows of infrastructural death: from people as infrastructure to dead labor and back again," *Urban Geography,* 42 (9): 1349-61.

Alvarez, Maria K., 2019, "Benevolent Evictions and Cooperative Housing Models in Post-Ondoy Manila," *Radical Housing Journal*, 1 (1): 49-68.

Alvarez, Maria K. and Kenneth Cardenas, 2019, "Evicting Slums, 'Building Back Better': Resiliency Revanchism and Disaster Risk Management in Manila," *International Journal of Urban and Regional Research*, 43 (2): 227-49.

Anand, Nikhil, 2017, *Hydraulic City: Water and the Infrastructures of Citizenship in Mumbai*, Duke University Press.

Anand, Nikhil, Akhil Gupta and Hannah Appel, 2018, *The Promise of Infrastructure,* Duke University Press.

Anderson, Warwick, 2006, *Colonial Pathologies: American Tropical Medicine, Race, and Hygiene in the Philippines*, Duke University Press.

Balisacan, Arsenio M., 1994, *Poverty, Urbanization, and Development Policy: A Philippine Perspective*, University of the Philippines Press.

Bankoff, Greg, 2012, "A Tale of Two Cities: The Pyro-Seismic Morphology of Nineteenth Century Manila," Greg Bankoff, Uwe Lubken, Jordan Sand ed., *Flammable Cities: Urban Conflagration and the Making of the Modern World*, University of Wisconsin Press, 170-89.

Bello, Mario Jr. M., 2022, "In-Country Situationers of the Philippine Contributions to the Seafarer's Global Labor Market," *European Online Journal of Natural and Social Sciences,* 11 (3): 803-15.

Benedict, Ruth, 1934, *Patterns of Culture,* Houghton Mifflin Company.

Brosio, Amador F. Jr., 2015, *Arsenio H. Lacson of Manila,* Anvil Publishing, Inc.

Bundang, Fides R. and Victoria R. de Castro, 1980, *The Metro Manila Bus Transportation Industry (1975-79): An Economic Analysis*, Master's thesis, School of Economics, University of the Philippines.

Calano, Mark J., 2015, "The Black Nazarene, Quiapo, and the Weak Philippine State," *Kritika Kultura* 25: 166-87.

Carsten, Janet, 2000, *Cultures of Relatedness: New Approaches to the Study of Kinship*, Cambridge University Press.

Cheng, Deborah, 2014, "The Persistence of Informality: Small-Scale Water Providers in Manila's Post-Privatisation Era," *Water Alternatives* 7 (1): 54-71.

Choate, Pat and Susan Walter, 1981, *America in Ruins: The Decaying Infrastructure,* Duke University Press.

Choi, Narae, 2016, "Metro Manila through the gentrification lens: Disparities in urban planning and displacement risks," *Urban Studies* 53 (3): 577–92.

Corwin, Julia E. and Vinay Gidwani, 2021, "Repair Work as Care: On Maintaining the Planet in the Capitalocene," *Antipode* (https://doi.org/10.1111/anti.12791).

Curato, Nicole, 2016, "Politics of Anxiety, Politics of Hope: Penal Populism and Duterte's Rise to Power," *Journal of Current Southeast Asian Affairs* 35 (3): 91-109.

De Coss-Corzo, Alejandro, Hanna A. Ruszczyk and Kathleen Stokes, 2019, *Labouring urban infrastructures,* A workshop magazine.

De Coss-Corzo, Alejandro, 2020, "Patchwork: Repair labor and the logic of infrastructure adaptation in Mexico City," *Environment and Planning D: Society and Space* 39 (2): 237-53.

________, 2021, "Maintain and Repair: Rethinking Essential Labor through Infrastructural Work," *Society for the Anthropology of Work* (https://doi.org/10.21428/1d6be30e.1220879d).

de Guzman, Arnel F., 1993, "Katas ng Saudi: The work and life situation of the Filipino contract workers in Saudi Arabia," *Philippine Social Sciences Review* 52: 1-56.

de Laet, Marianne and Annemarie Mol, 2000, "The Zimbabwe Bush Pump: Mechanics of a Fluid Technology," *Social Studies of Science* 30 (2): 225-

63.
de Lauretis, Teresa, 1984, *Alice Doesn't: Feminism, Semiotics, Cinema,* Indiana University Press.
Dick, Howard and Peter J. Rimmer, 2003, *Cities, Transport and Communications: The Integration of Southeast Asia Since 1850,* Springer.
Dobusch, Laura and Katharina Kreissl, 2020, "Privilege and burden of im-/mobility governance: On the reinforcement of inequalities during a pandemic lockdown," *Gender, Work & Organization* 27 (5): 709-16.
Doeppers, Daniel F., 1984, *Manila 1900–1941: Social Change in a Late Colonial Metropolis,* Ateneo de Manila University Press.
———, 2016, *Feeding Manila in Peace and War, 1850–1945,* University of Wisconsin Press.
Eisenstadt, Shmuel N., 2003, *Comparative Civilizations and Multiple Modernities: A Collection of Essays,* Brill.
Elyachar, Julia, 2010, "Phatic Labor, Infrastructure, and the Question of Empowerment in Cairo," *American Ethnologist* 37 (3): 452-64.
Fajardo, Kale B., 2011, *Filipino Crosscurrents: Oceanographies of Seafaring, Masculinities, and Globalization,* University of Minnesota Press.
Francisco-Menchavez, Valerie, 2018, *The Labor of Care: Filipina Migrants and Transnational Families in the Digital Age,* University of Illinois Press.
Fraser, Nancy, 1990, "Rethinking the Public Sphere: A Contribution to the Critique of Actually Existing Democracy," *Social Text* 25/26: 56-80.
Gaonkar, Dilip P., 2001, *Alternative Modernities,* Duke University Press.
Garrido, Marco Z., 2019, *The Patchwork City: Class, Space, and Politics in Metro Manila,* Chicago University Press.
Gatarin, Gina R., 2024, "Modernising the 'king of the road': Pathways for just transitions for the Filipino jeepney," *Urban Governance* 4 (1): 37-46.
Graeber, David, 2009, *Direct Action: An Ethnography,* AK Press.
Graham, Steve and Simon Marvin, 2001, *Splintering Urbanism: Networked Infrastructures, Technological Mobilities and the Urban Condition,* Routledge.

Grava, Sigurd, 1972, "The Jeepneys of Manila," *Traffic Quarterly* 26 (4): 465-83.

Guerrero, León María, 1946, *Twilight in Tokyo,* Manila Times.

Hage, Ghassan, 2021, *The Diasporic Condition: Ethnographic Explorations of the Lebanese in the World,* University of Chicago Press.

Hapal, Karl, 2021, "The Philippines' COVID-19 Response: Securitising the Pandemic and Disciplining the Pasaway," *Journal of Current Southeast Asian Affairs* 40 (2): 224-44.

Harvey, David, 2003, *New Imperialism,* Oxford University Press.

Hau, Caroline S., 2017, *Elites and Ilustrados in Philippine Culture,* Ateneo de Manila University Press.

Heiser, Victor, 1936, *An American doctor's odyssey: Adventures in forty-five countries*, W.W. Norton & Co.

Hernandez, Johnny T. and Corazon P. Magno, 1974, *A Study of Metropolitan Manila Bus Transportation Industry*, School of Economics, University of the Philippines.

Horn, Florence, 1941, *Orphans of the Pacific: The Philippines*, Reynal and Hitchcock.

Humphrey, Caroline, 2007, "Sovereignty," David Nugent and Joan Vincent ed., *A Companion to the Anthropology of Politics*, Wiley, 418-36.

Jackson, Steven J., 2014, "Rethinking Repair," Tarleton Gillespie, Pablo J. Boczkowski and Kirsten A. Foot ed., *Media Technologies: Essays on Communication, Materiality, and Society*, MIT Press, 221-39.

Jensen, Casper B. and Morita Atsuro, 2017, "Introduction: Infrastructures as Ontological Experiments," *Ethnos* 82 (4): 615-26.

Kishiue Akiko, 2003, *Urban Development and Transportation Infrastructure Development in Asian Context*. School of Urban and Regional Planning, University of the Philippines.

Kramer, Paul A., 2006, *The Blood of Government: Race, Empire, the United States, & the Philippines*, University of North Carolina Press.

Laquian, Aprodicio A., 1966, *The City in Nation-Building: Politics and Administration in Metropolitan Manila*. School of Public Administration, University of the Philippines.

Larkin, Brian, 2013, "The Politics and Poetics of Infrastructure," *Annual Review of Anthropology* 42: 327–43.

Latham, Alan and Jack Layton, 2019, "Social infrastructure and the public life of cities: Studying urban sociality and public spaces," *Geography Compass* 13 (7): e12444.

Liebelt, Claudia, 2011, *Caring for the "Holy Land": Filipina Domestic Workers in Israel*, Berghahn Books.

Malcolm, George, 1908, *The Manila charter as amended and the revised ordinances of the City of Manila*, Burea of Printing.

Markkula, Johanna, 2021, "'We move the world': the mobile labor of Filipino seafarers," *Mobilities* 16 (2): 164-77.

Marte-Wood, Alden Sajor and Stephanie D. Santos, 2021, "Circuits of Care: Filipino Content Moderation and American Infostructures of Feeling," *Verge: Studies in Global Asias* 7 (2): 101-27.

Martinez, Diana Jean Sandoval, 2017, *Concrete Colonialism: Architecture, Urbanism, Infrastructure, and the American Colonial Project in the Philippines*. Doctoral dissertation, Graduate School of Arts and Sciences, Columbia University.

McCoy, Alfred W., 1985, *Philippine Cartoons: Political Caricature of the American Era, 1900-1941*, Vera-Reyes.

Mendoza, Teodoro C., 2021, *Addressing the "blind side" of the government's jeepney "modernization" program*. UP CIDS DISCUSSION PAPER 2021-02.

Mojares, Resil B., 1997, *House of Memory: Essays*, Anvil Publishing.

———, 2012, ""Dakbayan": A Cultural History of Space in a Visayan City," *Philippine Quarterly of Culture and Society* 40 (3/4): 170-86.

Mutongi, Kenda, 2017, *Matatu: A History of Popular Transportation in Nairobi*, The University of Chicago Press.

Nakanishi Toru, 1990, "The Market in the Urban Informal Sector: A Case Study in Metro Manila, the Philippines," *The Developing Economies* 28 (3): 271-301.

Ortega, Arnisson Andre, 2016, *Neoliberalizing Spaces in the Philippines: Suburbanization, Transnational Migration, and Dispossession*,

Lexington Books.
Otsuka Keijiro, Kikuchi Masao and Hayami Yujiro, 1982, "Community and Market in Contract Choice: The Jeepney in the Philippines," *Economic Development and Cultural Change* 34 (2): 279-98.
Pante, Michel D., 2012, "The Cocheros of American-occupied Manila Representations and Persistence," *Philippine Studies: Historical and Ethnographic Viewpoints* 60 (4): 429-62.
———, 2014, "A Collision of Masculinities: Men, Modernity and Urban Transportation in American-Colonial Manila," *Asian Studies Review* 38 (2): 253-73.
———, 2016, "Urban Mobility and a Healthy City: Intertwined Transport and Public Health Policies in American-Colonial Manila," *Philippine Studies: Historical and Ethnographic Viewpoints* 64 (1): 73–101.
———, 2019, *A Capital City at the Margins*, Ateneo de Manila University Press.
Pinches, Michael, 1984, *Anak-Pawis: Class and Community in a Manila Shanty Town,* Doctoral dissertation, Department of Anthropology and Sociology, Monash University.
———, 1992, "Proletarian Ritual: Class Degradation and the Dialectics of Resistance in Manila," *Pilipinas* 19: 67-92.
Piocos, Carlos Ⅲ M., 2021, *Affect, Narratives and Politics of Southeast Asian Migration,* Routledge.
Quimpo, Susan F. and Nathan G. Quimpo, 2016, *Subversive Lives: A Family Memoir of the Marcos Years*, Ohio University Press.
Rasmussen, Jacob, 2012, "Inside the System, Outside the Law: Operating the Matatu Sector in Nairobi," *Urban Forum* 23 (4): 415-32.
Reed, Robert, 1978, *Colonial Manila: The Context of Hispanic Urbanism and Process of Morphogenesis*, University of California Press.
Robbins, Bruce, 2007, "The Smell of Infrastructure: Notes Toward an Archive," *boundary 2* 34 (1): 25-33.
Roberts, Gerrylynn K. and Philip Steadman, 1999, *American Cities and Technology: Wilderness to Wired City*, Routledge.
Roschlau, Michael W., 1985, "Provincial Public Transport," *Philippine*

Studies 33 (4): 431-58.
Roy, Ananya, 2011, "Slumdog Cities: Rethinking Subaltern Urbanism," *International Journal of Urban and Regional Research* 35 (2): 223-38.
Salcedo, Rodrigo and Alvaro Torres, 2004, "Gated Communities in Santiago: Wall or Frontier?," *International Journal of Urban and Regional Research* 28 (1): 27-44.
Santos, Stephanie, 2018, *The Kabuhayan Index: Gendered Dispossession and Resistance in the Philippines,* Doctoral dissertation, University of California Los Angeles.
Sassen, Saskia, 1991, *The Global City: New York, London, Tokyo,* Princeton University Press.
Scott, James C., 1990, *Domination and the Arts of Resistance: Hidden Transcripts,* Yale University Press.
———, 1998, *Seeing Like a State: How Certain Schemes to Improve the Human Condition Have Fail*, Yale University Press.
Scott, William Henry, 1992, *The Union Obrera Democratica: First Filipino Labor Union*, New Day Publishers.
Shatkin, Gavin, 2008, "The City and the Bottom Line: Urban Megaprojects and the Privatization of Planning in Southeast Asia," *Environment and Planning A: Economy and Space* 40 (2): 383-401.
Sidel, John T., 2020, "Averting "Carmageddon" Through Reform? An Eco-Systemic Analysis of Traffic Congestion and Transportation Policy Gridlock in Metro Manila," *Critical Asian Studies* 52 (3): 378-402.
Simone, AbdouMaliq. 2004. "People as Infrastructure: Intersecting Fragments in Johannesburg," *Public Culture* 16 (3): 407–29.
Star, Susan Leigh, 1999, "The Ethnography of Infrastructure," *American behavioral Scientist* 43 (3): 377-91.
Strathern, Maliryn, 2009, "Land: Intangible or Tangible Property?" Timothy Chesters ed., *Land Rights: Oxford Amnesty Lectures*, Oxford University Press, 13-46.
Sunio, Varsolo and Iderlina Mateo-Babiano, 2022, "Pandemics as 'windows of opportunity': Transitioning towards more sustainable and resilient transport systems," *Transport Policy* 116: 175-87.

Sunio, Varsolo, Sandy Gaspay, Guillen Marie D., Patricia Mariano and Mora Regina, 2019, "Analysis of the public transport modernization via system reconfiguration: The ongoing case in the Philippines," *Transportation Research Part A: Policy and Practice* 130: 1-19.

Suzara, Zy-za N, Kenneth I. Abante, Katreena Chang, Alyssa Encarnacion, Giorgino Naval, Christian J. Rojo, John G. Daos, Jeriesa Osorio, Lexxel, Tanganco, 2021, "Move People, Not Just Cars: Correcting the systemic underfunding in national road-based public transport in the Philippines (2010-2021)," *Ken Abante Lab.*

Tadiar, Neferti X. M., 1993, "Manila's new metropolitan form," *differences: A Journal of Feminist Cultural Studies* 5 (3): 154-78.

———, 1996, *Developing Subjects: Makings of Historical Experience and Contemporary Philippine Literatures,* Doctoral dissertation, Duke University.

———, 2004, *Fantasy-Production: Sexual Economies and Other Philippine Consequences for the New World Order,* Ateneo de Manila University Press.

———, 2009, *Things Fall Away: Philippine Historical Experience and the Makings of Globalization*, Duke University Press.

———, 2016, "City Everywhere," *Theory, Culture & Society* 33 (7–8): 57-83.

———, 2022, *Remaindered Life,* Duke University Press.

———, 2023, "Global Refuse, Planetary Remainder," *Filozofski vestnik* 44 (2): 133-60.

Thelen, Tatjana, 2015, "Care as social organization: Creating, maintaining and dissolving significant relations," *Anthropological Theory* 15 (4): 497-515.

Ugay, Jedd C, Varsolo Sunio, Chen-Wei Li, Harvy J. Liwanag, Jerico Santos, 2023, "Impact of public transport disruption on access to healthcare facility and well-being during the COVID-19 pandemic: A qualitative case study in Metro Manila, Philippines," *Case Studies on Transport Policy* 11: 1-17.

Wacquant, Loïc, 2008, *Urban Outcasts: A Comparative Sociology of Advanced Marginality,* Polity.

日本語文献

アパデュライ, アルジュン, 2020,『不確実性の人類学：デリバティブ金融時代の言語の失敗』中川理・中空萌訳, 以文社.

アーレント, ハンナ, 1972,『全体主義の起原 2』大島通義・大島かおり訳, みすず書房.

石岡丈昇, 2023,『タイミングの社会学：ディテールを書くエスノグラフィー』青土社.

イレート, レイナルド C., 2005,『キリスト受難詩と革命：1840 ～ 1910 年のフィリピン民衆運動』清水展・永野善子監督・川田牧人・宮脇聡史・高野邦夫訳, 法政大学出版局.

岡野英之, 2019,「民主的で官僚的なパトロン＝クライアント関係：内戦後シエラレオネにおけるバイクタクシー業と交通秩序」『文化人類学』84 (1): 19-38.

小川さやか, 2017,「タンザニアにおける路上商人の組合化とインフォーマル性の政治：抗争空間論再考」『文化人類学』82 (2): 182-201.

柿崎一郎, 2014,『都市交通のポリティクス：バンコク 1886 ～ 2012 年』京都大学学術出版会.

ギアツ, クリフォード, 1987,『文化の解釈学 I』吉田禎吾・柳川啓一・中牧弘允・板橋作美訳, 岩波書店.

グレーバー, デヴィッド, 2022,『価値論：人類学からの総合的視座の構築』藤倉達郎訳, 以文社.

日下渉, 2013,『反市民の政治学：フィリピンの民主主義と道徳』法政大学出版局.

齋藤純一・竹村和子, 2001,「対談 親密圏と公共圏の〈あいだ〉：孤独と正義をめぐって」『思想』925: 7-26.

酒井隆史, 2021,「『エッセンシャル・ワークの逆説』を超えて：『ブルシット・ジョブ』、ケア、再生産労働」『生活経済政策』296: 8-12.

篠原雅武, 2011,「アーレントの思想における『権利をもつ権利』の検討」『社会思想史研究』35: 118-36.

清水展, 1990,「植民都市マニラの形成と発展：イントラムロス（城壁都市）の建設を中心に」『東洋文化』72: 81–93.

———, 2013,『草の根グローバリゼーション：世界遺産棚田村の文化実践と生活戦略』京都大学学術出版会.

スコット, ジェームズ C., 2017,『実践 日々のアナキズム：世界に抗う土着の秩序の作り方』清水展・日下渉・中溝和弥訳, 岩波書店.
鈴木赳生, 2021,「ポスト多文化主義時代の共存：現代カナダにおける先住民–非先住民の関係再生の空間へ／から」京都大学博士論文.
———, 2022,「〈論文翻訳〉1989年の討論 社会の概念は理論的に時代遅れである（下）」『京都社会学年報』30: 129-61.
鈴木勉, 2012,『フィリピンのアートと国際文化交流』水曜社.
関本照夫, 1980,「二者関係と経済取引：中部ジャワ村落経済生活の研究」『国立民族博物館研究報告』5 (2): 376-408.
タイラー, エドワード, 2019,『原始文化』松村一男監修・奥山倫明・奥山史亮・長谷千代子・堀雅彦訳, 国書刊行会.
デ・ラ・コスタ, ホラシオ, 1977,「フィリピンの国民的伝統」メアリー・ラセリス・ホルンスタイナー編『フィリピンのこころ』山本まつよ訳, めこん.
ドゥルーズ, ジル・ガタリ, フェリックス. 1994.『千のプラトー：資本主義と分裂症』宇野邦一・小沢秋広・田中敏彦・豊崎光一・宮林寛・守中高明訳, 河出書房新社.
ハージ, ガッサン, 2022,『オルター・ポリティクス：批判的人類学とラディカルな想像力』塩原良和・川端浩平監訳・前川真裕子・稲津秀樹・高橋進之介・齋藤剛解説, 明石書店.
バトラー, ジュディス, 1999,『ジェンダー・トラブル：フェミニズムとアイデンティティの攪乱』竹村和子訳, 青土社.
———, 2018,『アセンブリ：行為遂行性・複数性・政治』佐藤嘉幸・清水知子訳, 青土社.
原民樹, 2023,「批判的序論　2010年代のフィリピン政治をどう理解するか：社会民主主義への転換」原民樹・西尾善太・白石奈津子・日下渉編『現代フィリピンの地殻変動：新自由主義の深化・政治制度の近代化・親密性の歪み』花伝社.
ハラウェイ, ダナ, 2000,『猿と女とサイボーグ：自然の再発明』高橋さきの訳, 青土社.
フェデリーチ, シルヴィア, 2017,『キャリバンと魔女：資本主義に抗する女性の身体』小田原琳・後藤あゆみ訳, 以文社.
フーコー, ミシェル, 2007,『安全・領土・人口 コレージュ・ド・フランス講

義 1977-1978 年』高桑和巳訳 , 筑摩書房 .
ブレナー , ニール , 2024,『新しい都市空間：都市理論とスケール問題』林真人監訳・玉野和志・中澤秀雄・齊藤麻人・平田周・金澤良太訳 , 法政大学出版会 .
ベンヤミン , ヴァルター , 1995,『ベンヤミン・コレクション 1』浅井健二郎編訳・久保哲司訳 , ちくま学芸文庫 .
ホアキン , ニック , 2005,『物語マニラの歴史』橋本信彦・澤田公伸訳 , 明石書店 .
細田尚美 , 2019,『幸運を探すフィリピンの移民たち：冒険・犠牲・祝福の民族誌』, 明石書店 .
森田敦郎 , 2012,『野生のエンジニアリング：タイ中小工業における人とモノの人類学』, 世界思想社 .
ラトゥール , ブリュノ , 2019,『社会的なものを組み直す：アクターネットワーク理論入門』伊藤嘉高訳 , 法政大学出版局 .
ルフェーブル , アンリ , 2011,『都市への権利』森本和夫訳 , ちくま学芸文庫 .
吉田舞 , 2023,「パンデミック・ショックと社会的断絶：マニラのストリート・ベンダーの事例から」『北九州市立大学法政論集』50 (3/4): 81-107.

新聞記事・雑誌記事

Al Jazeera, 2020, 'Shoot them dead': Duterte warns against violating lockdown, 2 April (https://www.aljazeera.com/news/2020/4/2/shoot-them-dead-duterte-warns-against-violating-lockdown).
Asia Philippines Leader (APL), 1972, Goodbye to the boundary? (by V.S. Marcelo), 14 April: 10-51.
CNN, 2020, Critics are accusing the Philippines government of using the coronavirus lockdown to crack down on dissent (by Ben Westcott and Anne Lagamayo), 3 August (https://edition.cnn.com/2020/08/03/asia/philippines-coronavirus-duterte-intl-hnk/index.html).
Financial Times, 2021, Duterte maintains firm support despite mishandling of Covid-19 (by John Reed), 28 January (https://www.ft.com/content/47e7bfda-ad5f-4f1c-b16c-e1108679d623).
Forbes, 2018, Duterte's Ambitious 'Build, Build, Build' Project To Transform The Philippines Could Become His Legacy (by Richard Javad

Heydarian), 28 February (https://www.forbes.com/sites/outofasia/2018/02/28/dutertes-ambitious-build-build-build-project-to-transform-the-philippines-could-become-his-legacy/#79b86bd61a7f).
Freedom, 1952, A Way Out of Manila's Traffic Jam (Horacio Q. Borromeo), 25 October: 8-9.
Manila Bulletin (MB), 2020, Over 100,000 jeepney drivers still jobless due to pandemic (by Alexandria Dennise San Juan), 30 October (https://mb.com.ph/2020/10/30/over-100000-jeepney-drivers-still-jobless-due-to-pandemic).
———, 2022, MVP-Led MPTC Invests in Jeepney Modernization Network through Byahe (by MB Technews), 30 March (https://mb.com.ph/2022/3/29/mvp-led-mptc-invests-in-jeepney-modernization-network-through-byahe).
Manila Chronicle (MC), 1945a, 17 June.
———, 1945b, 24 June.
———, 1945c, 27 June.
———, 1945d, 22 August.
Manila Times (MT), 1902, Converting the cochero, 21 February: 6.
———, 1946a, 7 Feburary.
———, 1946b, 19 July.
———, 1946c, 20 July.
———, 2020, The world's longest lockdown, oddest task force vs Covid-19 (by Yen Makabenta), 21 May (https://www.manilatimes.net/2020/05/21/opinion/columnists/topanalysis/the-worlds-longest-lockdown-oddest-task-force-vs-covid-19/726169) .
Mirror Magazine (Mirror), 1971, 30 January.
Philippine Daily Inquirer (PDI), 2016, Transport groups vow support for Roxas, 10 March, (https://newsinfo.inquirer.net/772646/transport-groups-vow-support-for-roxas)
———, 2020a, Eleazar: Number of ECQ violators, overall crime rate in PH down (by Ian Biong) 2 May, (https://newsinfo.inquirer.net/1268511/eleazar-number-of-ecq-violators-overall-crime-rate-in-ph-down).
———, 2020b, LTFRB chief: UV Express, jeepneys back next week (by

Krixia Subingsubing; Neil Arwin Mercado), 25 June (https://newsinfo.inquirer.net/1297026/ltfrb-chief-uv-express-jeepneys-back-next-week).
———, 2020c, Virus sidelines iconic Philippine jeepneys, drivers, 24 June (https://newsinfo.inquirer.net/1296592/virus-sidelines-iconic-philippine-jeepneys-drivers) .
———, 2020d, Lawmakers hit Palace for prolonging jeepney woes (by Julie M. Aurelio; Melvin Gascon), 26 June (https://newsinfo.inquirer.net/1297643/lawmakers-hit-palace-for-prolonging-jeepney-woes).
Philippines Free Press (PFP) 1931, Chivalry among cocheros, 16 May: 25, 44.
———, 1939, Manila's first woman cochero, 23 September: 17.
———, 1949, King of Road (by Paterno N. Alcudia), 16 July: 50.
———, 1956a, The Jeepney Jungle, 4 February: 3.
———, 1956b, Rotten Government Office-part four "ROYAL GTANT" TO ROYAL BUSES, 25 February: 10.
———, 1962a, Jeepney, Sampaguitas and coffee (by Jose J. Tena), 7 April: 52.
———, 1962b, THE BEST DRIVERS IN THE WORLD, 28 July: 38.
Philippine Star (PS), 2018a, DOTr: 15 MRT trains running after Holy Week (by Marvin Sy), 21 February (https://qa.philstar.com/headlines/2018/02/21/1789916/dotr-15-mrt-trains-running-after-holy-week).
———, 2018b. FULL TEXT: Duterte's 2018 SONA speech, 23 July (https://www.philstar.com/headlines/2018/07/23/1836195/full-text-dutertes-2018-sona-speech).
———, 2018c, WATCH: DOTr says public transportation should not be 'livelihood' (by Rosette Adel), 20 September (https://www.philstar.com/headlines/2018/09/20/1853174/watch-dotr-says-public-transportation-should-not-be-livelihood).
———, 2020, Hungry and homeless: Jeepney drivers hit by virus (by Ron Lopez), 16 August (https://www.philstar.com/headlines/2020/08/16/2035728/hungry-and-homeless-jeepney-drivers-hit-virus).
Padillo, Marc Adrian, 2019, "PUV Modernization: Here's What You Need To

Know," iMoney, 1 October (https://www.imoney. ph/articles/jeepney-puv-modernization-program/).

PortCalls Asia, 2017, DOTr, Land Bank Line Up P1B Loan Package for PUV Modernization, 11 May (https://portcalls.com/dotr-land-bank-line-p1b-loan-package-puj-modernization/).

Presidential Communications Operations Office (PCOO), 2020, Guidance of President Rodrigo Roa Duterte on the coronavirus disease 2019.

Rappler, 2015, Taming Manila traffic: Hits and misses of 2015 (by Katerina Francisco), 18 December (https://www.rappler.com/philippines/114643-2015-news-yearender-metro-manila-traffic-proposals/).

———, 2016a, Traffic, urban woes, and the Aquino administration's image problem (by Katerina Francisco), 12 June, (https://www.rappler.com/philippines/135481-aquino-administration-image-problem-urban-issues-traffic-transportation/).

———, 2016b, Aquino's letdowns, Duterte's promise (by Chay F. Hofileña), 27 June (https://www.rappler.com/newsbreak/in-depth/137306-aquino-letdowns-duterte-promise/).

———, 2017a, Duterte to jeepney drivers, operators: Modernize by year-end or get out (by Pia Ranada), 17 October (https://www.rappler.com/philippines/185600-duterte-jeepney-drivers-modernize-get-out/).

———, 2017b, Duterte administration details 'ambitious' infra plan (by Chrisee Dela Paz), 18 April (https://www.rappler.com/business/167256-dutertenomics-build-build-build-infrastructure-plan/).

———, 2019, #WalangPasok: Class suspensions, Monday, 30 September, (https://www.rappler.com/philippines/241327-september-30-2019-walang-pasok-class-suspensions/).

———, 2020, San Miguel completes Skyway Stage 3 (by Rey Aika), 13 October (https://www.rappler.com/business/san-miguel-completes-skyway-stage-3-october-2020/9).

———, 2023, Sara Duterte brings red-tagging to DepEd (by Bonz Magsambol), 28 April (https://www.rappler.com/newsbreak/in-depth/sara-duterte-brings-red-tagging-deped/).

Sunday Times Magazine (STM), 1957, The M.V.O. and the public (by Miguel

D. Parungao), 20 January: 4-5.
———, 1964, Jeepney ban, traffic jam (by Jean Pope), 29 November: 26-29.
The Diplomat, 2020, Jeepney Drivers Face Charges Amid Heightened Protest Crackdown in the Philippines (by Nick Aspinwall), 12 June (https://thediplomat.com/2020/06/jeepney-drivers-face-charges-amid-heightened-protest-crackdown-in-the-philippines/).
This Week, 1951, Vicente Manansala, 25 November: 19.
UNTV: C-News（2019 年 9 月 30 日）, (https://www.youtube.com/watch?v=4ErmJZDRt1Y).
VERA Files, 2019, VERA FILES FACT CHECK: Bong Go falsely claims Duterte never promised to solve Metro Manila's traffic woes, 25 October (https://verafiles.org/articles/vera-files-fact-check-bong-go-falsely-claims-duterte-never-p).

政府報告書・統計

Bureau of Public Works, 1950, *Philippine HIGHWAYS: A Study of the Highway Transport-System Requirements and Recommendations.*
ITPL (Integrated Transport Planning Ltd), 2014, *Metro Manila Road Transit Rationalisation Study*, World Bank and DOTC.
JICA, 2007,「フィリピン・マニラ首都圏における公共交通機関の燃料効率向上及び大気汚染緩和事業調査 : CDM/JI 事業調査結果データベース」, 公益財団法人地球環境センター .
PNA (Philippine News Agency), 2017, LTFRB launches driving academy for PUV drivers (by Aerol John Pateña), 17 August (https://www.pna.gov.ph/articles/1006656).
United Nations (UN), 2019, *World Urbanization Prospects The 2018 Revision,* the United Nations.
日本郵船 , 2021, *NYK レポート 2021,* 日本郵船株式会社 .

Webページ

Dempsey, Jessica and Geraldine Pratt, 2019, "Excess and the Outsides of Capitalism: A Conversation with Vinay Gidwani, Cindi Katz and Neferti Tadiar," *Antipode Online* (https://antipodeonline.org/2019/06/26/

excess-and-the-outsides-of-capitalism/).
FilipiKnow, 2015, “University of the Philippines: 30 Facts About Philippines' Premier University,” (https://filipiknow.net/university-of-the-philippines/).
Holtzman, Benjamin and Craig Hughes, 2010, “Points of Resistance and Departure: An interview with James C. Scott,” *Upping the Anti* 11 (https://uppingtheanti.org/journal/article/11-points-of-resistance-and-departure-an-interview-with-james-c.-scott).
JETRO, 2019,「世界最大の労働力輸出国フィリピンの現状と課題（前編）」(https://www.jetro.go.jp/biz/areareports/special/2019/0303/390d9735f469d1f6.html).
Mattern, Shannon, 2018, “Maintenance and Care,” *Public scholarship on architecture, landscape, and urbanism* (https://placesjournal.org/article/maintenance-and-care/).
PinoyWeek, 2011, “Komprontasyon, noon at ngayon,” (by Priscilla Pamintuan), 19 September (https://pinoyweekly.org/2011/09/komprontasyon-noon-at-ngayon/).
日下渉, 2020,「ドゥテルテ政権の新型コロナウイルス対策：なぜフィリピン人が厳格な『封鎖』に協力するのか」, シノドス (https://synodos.jp/opinion/international/23408/).
中野聡, 2016,「マニラ市街戦と『心の傷』: カルメン・ゲレロ・ナクピルと『マニラの死』」, Unofficial Site of NAKANO Satoshi (https://x.gd/EXvnD).

西尾善太（にしお・ぜんた）
愛媛大学法文学部・講師（文化人類学）。1989 年生まれ。京都大学大学院アジア・アフリカ地域研究研究科博士課程修了。博士（地域研究）。専門は都市人類学。著書に『ジープニーに描かれる生』（風響社、2022 年）、『分断都市マニラにおける「公共性」の地層』（京都大学、博士論文、2021 年）、編著に『現代フィリピンの地殻変動』（花伝社、2023 年）など。

人間の都市――マニラを鼓動させるジープニーとおっちゃん

2025年３月20日　初版第１刷発行

著者 ――― 西尾善太
発行者 ―― 平田　勝
発行 ――― 花伝社
発売 ――― 共栄書房
〒101-0065　東京都千代田区西神田2-5-11出版輸送ビル2F
電話　03-3263-3813
FAX　03-3239-8272
E-mail　info@kadensha.net
URL　https://www.kadensha.net
振替 ――― 00140-6-59661
装幀 ――― 北田雄一郎
印刷・製本― 中央精版印刷株式会社

ISBN978-4-7634-2165-4 C0036